本书为国家社会科学基金一般项目"民族地区战略性新兴产业的金融支持研究"（12BMZ073）的结题成果

民族地区战略性新兴产业的金融支持研究

翟华云　著

中国社会科学出版社

图书在版编目（CIP）数据

民族地区战略性新兴产业的金融支持研究/翟华云著.—北京：
中国社会科学出版社，2018.12
ISBN 978-7-5203-3775-5

Ⅰ.①民…　Ⅱ.①翟…　Ⅲ.①民族地区—新兴产业—金融支持—
研究—中国　Ⅳ.①F279.244.4

中国版本图书馆 CIP 数据核字（2018）第 283241 号

出 版 人	赵剑英
责任编辑	刘晓红
责任校对	冯英爽
责任印制	戴　宽

出　　　版	中国社会科学出版社
社　　　址	北京鼓楼西大街甲 158 号
邮　　　编	100720
网　　　址	http://www.csspw.cn
发 行 部	010－84083685
门 市 部	010－84029450
经　　　销	新华书店及其他书店

印刷装订	北京君升印刷有限公司
版　　　次	2018 年 12 月第 1 版
印　　　次	2018 年 12 月第 1 次印刷

开　　　本	710×1000　1/16
印　　　张	17
插　　　页	2
字　　　数	262 千字
定　　　价	78.00 元

目　录

第一章　绪论

第一节　研究背景

一　我国区域经济发展的不平衡

据 2012 年统计显示，地区 GDP 排在前五位的是广东、江苏、山东、浙江和河南，排在最后五位的地区是甘肃、海南、宁夏、青海和西藏，而且广东的 GDP（53477.408 亿元）是西藏（605 亿元）的 88.4 倍。从 2003—2012 年各地区 GDP 绝对额的排序来看，排在前三位的是广东、江苏和山东，排在倒数后三位的是宁夏、青海和西藏。从近 10 年地区 GDP 的增速来看，内蒙古在 2003—2009 年增速排序第一，除了 2012 年前 10 甲中民族地区占有 5 个席位之外，其他年份前 10 甲中民族地区仅占有 2 个省份。据统计显示，从 2002 年起，民族地区 GDP 一直以 10% 以上的速度高速增长，其增速高于全国平均水平，但是我国各地区经济发展的不平衡可见一斑，民族地区经济发展相对落后其他地区。为了缩小民族地区与东部发达地区发展差距，实现各民族共同发展繁荣，党的十八大再次明确强调要"加快民族地区发展"，经济发展是民族地区全方位发展的基础。因此，在实现我国各地区经济和谐发展，建设美丽中国的大背景下，必须要缩小民族地区与其他地区的经济发展差距。发展民族地区经济仍然是我国当前乃至以后的民族事业之一。

二 转变生产发展方式是推动我国民族地区经济发展的关键途径

我国民族地区有 610 多万平方公里的土地，占国土总面积的 64%，像水能、能源矿产资源等很多重要的资源都集中在我国民族地区，但其在经济发展的过程中仍然面临着以下问题：一是民族地区交通不便、信息闭塞等原因造成当地生产方式比较单一；二是民族地区产业结构虽然发生了一些变化，但是仍然是一种不合理状态，不仅是二三一的结构，而且主要以低端产业为主。据统计显示，民族地区的产业在 2000—2010 年期间已经发生了变化，2000 年的三次产业结构为 23.2∶38.3∶38.4，2010 年的产业结构为 14.1∶48.1∶37.8，第二产业在民族地区经济中占据了主导地位，而第一产业下降幅度较大。在第二产业中，虽然资源型工业总产值占相当大的比重，但主要以资源开采业等低端产业为主，造成了环境污染和资源的极端浪费。因此，转变经济发展方式对推动民族地区经济发展起着关键作用，民族地区要大力培育和发展战略性新兴产业，优化升级产业结构，提高核心竞争力；对于民族地区传统产业，要引导企业进行技术改造和产业升级，减少产业对资源的依赖，这些可以有效地推动民族地区生产方式的转变，从而促进民族地区经济发展。

三 我国"高消费低投资"型总需求结构对民族地区战略性新兴产业发展不利

21 世纪以来，我国形成了"高投资低消费"型总需求结构，这种需求结构以投资为主导，为我国民族地区固定资产投资提供了资金来源。从 2000—2010 年，民族地区总投资增长了近 10 倍，由 2000 年的 3474.6 亿元增加到 2010 年的 31644.7 亿元，其中固定资产投资的增长速度与总投资保持相当水平，由 2000 年的 3265.5 亿元增加到 2010 年的 30790 亿元。投资的主要领域为当地的基础设施和能源、原材料等资源型产业。经过近 10 年的投资，民族地区形成了能源矿产资源基地和产业聚集区，包括六盘水地区、桂西地区、柴达木盆地、宁东等。

我国"十二五"规划中提出了要建立扩大消费需求的长效机制，以后扩大内需的重点是扩大消费需求，那么，我国的总需求结构将会发生改变，由原来的"高投资低消费"型转向以扩大消费需求为主的"高消费低投资"型。如果以后以扩大消费需求为主，政府的投资比率将会下降，对民族地区的投资也会随之降低，另外，信贷融资条件也将会变得严格，融资的成本也会增加，而我国民族地区战略性新兴产业规模小，还处在发展的初级阶段，需要培育和引导，这就要求以政府的财政投入为引导。因此，"高消费低投资"型总需求结构造成我国民族地区战略性新兴产业的资金短缺，从而阻碍了其发展。

四 发展民族地区金融，促进其战略性新兴产业发展

在全国投资环境发生变化的情况下，民族地区战略性新兴产业的发展需要金融的大力支持。但是据统计显示，相比于东部地区，2012 年民族地区银行机构 26676 个，占比 13.1%；从业人数 399245 人，占比 11.6%，资产总额 105997.8 亿元，占比 8.2%。2001—2012 年民族地区金融贷款融资额总计 54497.6 亿元，总体呈现出递增态势，从 2001 年的 913.1 亿元增长到 2012 年的 9676.7 亿元，2010—2012 年民族地区战略性新兴产业上市公司长短期借款总额占民族地区金融贷款总额分别为 13.4%、15.91% 和 15.86%，占比较低；从债券市场来看，民族地区非金融机构部门债券（含可转债）国内融资 2027.1 亿元，仅占全国当年融资额 37064.7 亿元的 5.5%；相比之下，东部（10 省份）地区融资额 27301 亿元，占比 73.7%，可谓遥遥领先；从股票市场来看，截至 2012 年年底，全国 131 家证券总部设在辖内的证券公司中，95 家在东部地区，占 72.5%，9 家在民族地区；从国内上市公司数来看，东部地区上市公司 1807 家，而民族地区仅有 176 家，相比之下，与东部地区差距太大。从国内股票（A 股）筹资额来看，东部地区上市筹资 2886.1 亿元，达到 64.4%，而民族地区仅筹资 388.4 亿元，只占总筹资额的 8.7%。由此可见，民族地区金融市场的发展严重滞后，民族地区融资受到影响。

我国民族地区战略性新兴产业规模较小，还处于发展的初期阶段，究其原因，技术、管理、人才、资金等都是阻碍我国西部民族地区战略性新兴产业发展的重要因素，而资金支持又是资源、技术和管理等方面的支撑，只有将资金与资源、技术和管理相融合，战略性新兴产业才会

得以发展。

因此,我国民族地区战略性新兴产业发展如何,金融对该地区战略性新兴产业支持的现状和效率是我们研究的主要问题。

第二节　文献综述

国内外关于金融支持战略性新兴产业的研究主要集中三个方面,一是关于战略性新兴产业发展的金融支持存在的问题研究。二是测度战略性新兴产业发展的金融支持效率。三是金融如何更好地促进战略性新兴产业发展的对策研究。

一　国外相关研究

国外的研究大部分集中在金融发展影响经济增长、资本配置效率,进而影响产业效率方面,而对金融支持战略性新兴产业方面研究极少。

（一）金融发展对经济增长的影响

最早关于金融发展对经济增长的影响研究是 Schumpeter（1911）,他认为,技术创新和经济发展是金融机构服务的对象,而且,金融中介提供的功能也是促进技术创新和经济发展的最大动力,金融中介的功能包括储蓄功能、风险评估和规避功能等。[1] 在利用跨国数据验证金融发展对经济增长的作用中,Goldsmith（1969）[2] 认为,金融的比率可以反映金融结构与经济基础之间的关系,基于此,他发现了金融发展对经济增长的促进作用,但并没有发现它们之间的因果关系。随后 King 和 Levine（1993）[3] 的研究确定了它们之间的关系,这个因果关系的建立是通过 80 个国家的数据验证得到,他用人均 GDP 增长、资本积累率以及生产率来衡量经济增长,发现一国的金融发展可以提高该国的经济增长水平（Levine and Zervos,1998；Levine,1999；Beck,Levine and Loya-

---

[1] Schumpeter, J. A. , *The Theory of Eeonomic Development*, Harvard University Press, 1911：23.

[2] Goldsmith R. W. , *Financial Structure and Development*, Yale University Press, 1969：34.

[3] King, R. , Levine, R. , "Finance and Growth：Sehumpeter May be Right?", *Quarterly Journal of Eeonomics*, 1993（3）：717 –738.

za，2000[1]）。Luigi Guiso，Paola Sapicnz 和 Luigi Zingales（2002）的研究拓展到了区域金融发展和区域经济增长领域，他们构造了区域金融发展指数，并用自己构造的金融发展指数检验了区域金融发展对区域经济的影响。而有些学者的观点与他相反，认为金融对经济发展没有作用。比如，Robinson（1952）认为，虽然表面上看到随着一国的金融发展，该国的经济也增长了，实质上只是经济增长带动了该国金融的发展；Lucas（1988）认为，学者们过度地强调了金融对经济增长的作用，金融发展对一国经济增长的促进作用并不明显。[2] 随后的研究进入金融发展对微观企业的影响，因为 Love（2003）认为，经济增长的微观构成是企业，金融发展对经济增长的影响机理可以通过研究金融发展对企业行为影响来发现。Beck Demiruc－Kunt 与 Levine（2007）[3] 研究发现，金融发展可以降低贫困与不平等（Bittencourt，2010），Butler 和 Cornaggia（2011）研究发现，金融可获得性可以有效地促进生产率增长[4]，Cheng 和 Degyrse（2010）则发现金融发展对中国经济增长具有显著正面作用。[5]

（二）金融发展与资本配置效率研究

在金融发展对资本配置效率的影响中，Galbis（1977）研究了金融发展影响资本配置效率的作用过程，在利率自由化的环境下，资本可以自由转移，由于资本的趋利性，它会从生产率低的部门转移到生产率高的部门，资本配置到生产率较高的部门，从而提高了资本的效率。Levine（1997）在研究金融发展对经济增长的促进过程中讨论了金融发展对资本配置的作用，Levine 认为，金融发展可以通过资本的转移改善资本配置，资本配置效率的提高可以加速资本积累，积累的资本可以用于

---

① Beck，T.，Levine，R.，and Loyaza，N. V.，"Financial Intermediation and Growth：Causality and Causes"，*Journalof Monetary Economics*，2000（1）：31－77.

② Lucas，R. E.，"On the Mechanics of Eeonomic Development"，*Journal of Monetary Eeonomics*，1988（1）：3－42. King，R.，Levine，R.，"Finance and Growth：Sehumpeter May be Right?"，*Quarterly Journal of Eeonomics*，1993（3）：717－738.

③ Beck，H. T. L.，Demiruc－Kunt，A.，and Levine，R.，"Finance，Inequality and the Poor"，*Journal of Eeonomic Growth*，2007（12）：27－49.

④ Butler，A. W.，Cornaggia J.，"Does Access to External Finance Improve Productivity? Evidence from a Natural Experiment"，*Journal of Financial Eeonomics*，2011（1）：184－203.

⑤ 此段内容为课题组成员成果。

技术创新，从而促进了经济增长。Wurgler（2000）对金融体系资本配置效率进行开创性研究，Beck 和 Levine（2002）研究表明：金融发展程度与资本配置效率之间紧密相关，而且呈正相关关系。[①] Almeida 和 Wolfenzon（2005）发现，金融发展程度与资本配置效率显著正相关。Michael L. 和 Sebastian S.（2001）研究了 OECD 国家中金融对高科技产业资源配置以及增长的影响，发现金融支持了新企业的创新和投资。Beek 和 Levine（2002）研究了金融系统对资本配置效率的影响，通过比较市场导向型和银行导向型金融系统，发现这两种类型的金融系统在促进产业增长和资本配置效率方面没有区别，但是一国总体金融发展对产业增长有促进作用。后续学者研究了金融市场组成部分对资本配置效率的影响，Tadesse（2003）研究了股票市场对资本配置效率的影响，在对 38 个国家工业部门的数据检验后发现，资金流会向成长较快的行业流动，股票市场会引导资金的流向，从而影响了资本配置。

（三）金融支持战略性新兴产业研究

国外关于金融支持战略性新兴产业方面研究极少，Hirschman（1958）谈到了不平衡发展战略，由于发展中国家现有资源的稀缺，在产业发展中，国家应该首先集中资源发展一部分对经济有影响的重点产业，然后再以这些产业为带动力，来带动其他产业的投资和发展。Hicks（1969）研究了金融对产业发展的重要性，他认为，金融的发展可以促使资本积累的完成，资本积累又可以促使技术创新，而这些最终会在产业发展其作用，技术创新会使产业得到升级，从而调整了产业结构。在金融发展与产业结构的关系研究中，Goldsmith（1969）认为，金融发展和产业结构之间是一个相互作用的动态关系，即金融发展与产业结构具有相互推动的作用，这种交互式推动的过程，一方面体现在金融发展对产业结构的影响，另一方面是产业结构对金融发展的影响。在Rajan（1998）的研究中，他们验证了金融发展对产业结构的影响，认为金融发展是通过影响产业规模和集中度，从而影响了企业成长。Wurgler（2000）研究发现，金融发展可以引导该地区的产业调整

---

① Beck，T.，and R. Levine，"Industry Growth and Capital Allocation: Does Having a Market or Bank Based System Matter"，*Journal of Financial Economics*，2002，64：147 – 180.

（Greenwood，1990；King，1993；P. Arestis，1997；Beck，2000；Fishman，2003）。Rajan 和 Zingales（1998）认为，每个国家金融体系发展程度不同，这种不同的程度会影响产业的技术创新，而且对不同技术创新特点的产业影响也不同，从而影响了产业发展；[1] Marco DaRin 和 Thomas Hellmann（2002）研究了金融市场中的商业银行对产业成长的作用，认为银行有利于产业结构优化升级，主要是通过促进新兴产业发展，淘汰夕阳产业来完成。[2] Claesaens 和 Laeven（2003）研究了金融发展对行业成长性的影响，在对跨国数据检验的基础上，他们发现，金融市场的发展程度与行业成长性正相关，越是依赖外部融资的行业，这种相关性越明显。Fisman 和 Love（2003）基于跨国数据，检验了金融市场发展水平对产业增长率的影响，研究发现金融市场与产业增长率显著正相关，即一国金融市场发展水平越高，该国产业增长率也越高。Svalery 和 Vlachos（2005）以经合组织国家为研究样本，验证了资本市场与产业专业化之间的关系，检验结果证实资本市场对产业专业化有促进作用。[3] 在关于金融支持产业发展的效率方面，Suo 和 Wang（2009）以 DEA 方法测度了金融支持农业规模化发展、农民收入增长方面的效率问题，并用 LOGIT 模型证明金融支持是农业发展的重要影响因素。Simara 和 Wilson（2007）[4] 提倡用 DEA - Tobit 两阶段方法来评价金融支持战略性新兴产业的效率及其影响因素（Chilingerian 和 Sherman，2004；Ruggiero，2004）。

在对金融发展影响产业结构研究的同时，开始有学者关注金融发展与企业的关系，用来剖析金融发展对产业结构的影响。Rajan 和 Wurgler（1998）研究了金融如何通过影响企业，进而影响产业的发展。他们认

① Raghuram G. Rajan, Luigi Zingales, "Financial Dependence and Growth", *The American Economic Review*, 1998, 88 (3): 559 - 586.

② Marco DaRin and Thomas Hellmann, "Banks as Catalysts for Industrialization", *Financial Intermediation*, 2002 (10): 366 - 397.

③ Helena Svalery, Jonas Vlachos, "Financial markets, the pattern of industrial specialization and comparative advantage: Evidence from OECD countries", *European Economic Review*, 2005 (49): 113 - 144.

④ Leopold Simara and Paul W. Wilson, "Estimation and Inference in Two - stage, Semi - parametric Models of Production Processes", *Journal of Econometrics*, 2007, 136 (1): 31 - 64.

为，金融体系对企业的融资成本和盈利有影响，完善的金融体系可以通过减少信息不对称等方面降低企业的融资成本，进而增加企业利润，以达到促进该类产业增长的目的。Demirguc – kunt 和 Maksimovic（1998）研究了股票市场对企业发展的作用，在对 30 多个国家企业层面的数据进行检验后发现，金融对企业发展具有重要影响，能够进行上市融资的企业，其增长性更高，说明股票融资有利于企业发展。Demetriades 等（2008）对中国银行业是否能够促进企业全要素生产率进行了研究，通过对 1999—2005 年间的制造业为样本，检验后发现中国银行业发展与企业全要素生产率正相关。[①] Ayyagari 等（2010）对中国企业进行调查发现，正规的银行体系可以更有效地促进企业成长。[②]

二 国内相关研究

（一）民族地区战略性新兴产业发展的金融支持存在的主要问题研究

黄俊亮（2011）认为，资金短缺是阻碍民族地区战略性新兴产业的发展的因素之一；孙光慧等（2010）认为，民族地区资本形成不足制约了经济发展，造成生产率的低下；郑长德（2007）指出，民族地区浅层金融发展状态严重制约了经济的增长，民族地区经济发展要超前于金融中介发展，民族地区金融中介的发展还没对该地区的经济起到支持作用；时光等（2005）认为，由于民族地区企业效益较差、偿付能力弱，加之民族地区地处偏僻、交通不便等因素，阻碍了民族地区进一步扩大债券发行规模；黄朝晓（2013）指出，广西财税政策支持战略性新兴产业发展中存在问题，包括支持战略性新兴产业太过面广分散、重点领域投入强度不足，支持措施主要以供给面政策为主，而需求面政策不足，以及没有重视市场在产业结构调整优化的作用，偏重选择性产业政策。[③] 杨芳等（2013）分析认为，宁夏战略性新兴产业的研发投入

---

① Demetriades, P., J. Du, S. Girma, and C. Xu, "Does the Chinese Banking System Promote the Growth of Firms", *University of Leicester working paper*, 2008.

② Ayyagari, M., A. Demirgus – Kunt, and V. Maksimovic, "Fromal versus Informal Financacnce: Evidence from China", *Review of Financial Studies*, 2010, 23（8）: 3048 – 3097.

③ 黄朝晓：《广西发展战略性新兴产业财税政策问题及建议》，《经济研究参考》2013年第 35 期。

面临着严重不足,自主创新资本不足阻碍了宁夏战略性新兴产业的发展。王宇昕和吕伟(2013)认为,内蒙古财政政策在支持战略性新兴产业发展中存在:财政投入资金不足、政府采购政策效果不明显、税收优惠政策以及金融支持政策不到位等现象。迪力亚·穆合塔尔(2013)调研发现,融资环境差以及风险投资缺乏造成该地区研究开发经费投入不足,从而影响新疆科技创新能力不强,阻碍了该地区战略性新兴产业的发展。

(二)民族地区战略性新兴产业发展的金融支持效率研究

熊正德等(2011)从全国角度测度了战略性新兴产业金融支持效率,认为宏观经济形势良好,产业从金融市场上获取支持的效率较高,反之效率较低;何小三(2012)参考 Rajan 和 Zingales 的模型,对2001—2011年的战略性新兴产业上市公司分行业进行固定效应回归,股票市场对新能源、节能环保、新能源汽车和高端装备制造产业促进作用显著,中长期银行信贷对新能源汽车产业成长作用显著,公司债券融资对生物产业作用显著,创业风险投资对战略性新兴产业作用不明显;马军伟(2013)也从全国角度测量了我国七大战略性新兴产业的金融支持效率后发现,金融支持战略性新兴产业发展的资源配置效率呈现行业化差异,并没有达到最优化,金融结构和金融发展环境对新兴产业的支持也是作用大小不一。

(三)金融促进民族地区战略性新兴产业发展的对策研究

刘磊等(2010)认为,应加强少数民族地区金融支持,建立适合少数民族地区经济发展的保险制度和信用担保体系等;田孟清(2000)认为,应开拓国际债券市场,吸收国际资本参与民族地区经济开发;黄俊亮(2011)认为,完善和发展西部地区金融和资本市场、融资环境,充分高效利用社会资本、民间资本甚至是境外战略投资资本加大对战略性新兴产业的投入。杨芳等(2013)认为,发展宁夏战略性新兴产业,需要政府科技投入向战略性新兴产业倾斜,构建多层次的自主创新直接融资服务体系,完善创业风险投资和信用担保体系,以及推动技术产权、知识产权交易市场发展等措施。① 王宇昕和吕伟（2013）认为，发展内蒙古战略性新兴产业，需要加大财政对基础研究的投入力度，对该产业购买设备、产学研合作给与一定的补贴和税收优惠政策。迪力亚·穆合塔尔（2013）认为，新疆应该建立创业引导基金、完善财税政策，为该地区的战略性新兴产业注入资金。肖艳（2013）认为，贵州战略性新兴产业的金融支持手段包括：整合金融资源、调整信贷结构以及建立多层次的资本市场。陈蕊等（2013）认为，云南战略性新兴产业发展，需要加大财政支持力度，并落实税收激励政策，具体来说，要加大对战略性新兴产业技术创新、投资和消费的税收政策，加大信贷支持、创新金融产品，并鼓励战略性新兴产业公司在中小企业板和创业板上市。

三　文献评述

由上述可见，中外学者相关研究为本课题提供了借鉴和思路。但在研究内容上，国内对民族地区相关研究较少，而且集中在宏观或中观某一方面论述民族地区战略性新兴产业发展的金融支持问题，且多注重定性分析，鲜有文献从深层次系统且结合定量研究讨论民族地区战略性新兴产业发展的金融支持问题。上述研究存在几个待补充和完善的方面：一是研究 2010 年前后民族地区金融发展对战略性新兴产业的支持效率对比以及对七大战略性新兴产业间金融支持效率差异；二是如何通过金融服务创新，完善金融供给体系对民族地区战略性新兴产业发展进行股权融资，以及完善多层次信贷体系及担保体系对民族地区战略性新兴产业发展进行债权融资进行金融支持体系问题研究；三是如何对民族地区战略性新兴产业企业微观主体、中观市场、周边环境特别是金融支持体系进行政策扶持，予以理论的回答和充分的论证，正是本课题重点研究的问题。②

---

① 杨芳、易静华、赵功强：《宁夏战略性新兴产业自主创新能力培育机制研究》，《中国科技产业》2013 年第 2 期。
② 本段内容为课题组成员成果。

第三节 概念界定

在本课题研究中，主要涉及民族地区、战略性新兴产业和金融支持三个相关概念。

一 民族地区概念界定

目前，我国学者对民族地区、少数民族地区、民族自治区以及民族自治地方的概念表述没有明确界定（张晗，2015），通常是由学者根据研究范围自主界定，界定的地理范围主要包括：民族自治区、民族自治地方、民族八省区、西部民族地区、西南民族地区和西部地区（单德明，2014），表 1 – 1 中是民族地区概念的相关界定，民族地区界定不同，包含的地理范围也不相同。在研究民族地区时，考虑到近年来四川、重庆经济发展较快较好，因此，本项目将民族地区按照地理范围界定为民族八省区，包括 5 个民族自治区，再加上云南、青海和贵州 3 个省份。

表 1 – 1   民族地区概念相关界定

概念简称	概念界定	来源
民族自治区	主要包括内蒙古、新疆、西藏、宁夏和广西 5 个省级自治区	《中华人民共和国民族区域自治法》2001 年 2 月
民族自治地方	包括 5 个自治区、30 个自治州、120 个自治县，如果不将民族自治区中的自治州和自治县重复计算，则民族自治地方包括 5 个自治区、25 个自治州和 85 个自治县	《中国农村贫困监测报告 (2011)》，中国统计出版社 2011 年版
民族八省区	主要包括 5 个民族自治区以及少数民族人口比较集中的云南、贵州和青海三个省份，这三个省份在经济社会发展方面享受与自治地方相同的民族政策	单德明：《民族地区贫困的测度与减贫因素的实证研究》，博士学位论文，西南民族大学，2014 年

续表

概念简称	概念界定	来源
西部民族地区	是西部地区的民族自治地方，包括 5 个自治区、27 个自治州和 83 个自治县。在保证统计完整的前提下，可以将西部民族地区设定为内蒙古、广西、西藏、宁夏、新疆 5 个自治区和云南、贵州、青海、甘肃、四川、重庆 6 个多民族地省份和直辖市	郑长德：《中国西部民族地区的经济发展》，科学出版社 2009 年版
西南民族地区	在地理范围上包括四川、云南、贵州、西藏、广西、重庆以及湘西、鄂西等地区	李绍明：《西南民族研究的回顾与前瞻》，《贵州民族研究》2004 年第 3 期
西部地区	包括内蒙古、广西、重庆、四川、贵州、云南、西藏、陕西、甘肃、青海、宁夏和新疆 12 个省、自治区和直辖市，即通常所指的"西部十二省区"	《中华人民共和国国民经济和社会发展第十一个五年规划纲要》2006 年 3 月

注：本表根据单德明 2014 年的西南民族大学博士学位论文《民族地区贫困的测度与减贫因素的实证研究》整理而来。

二 战略性新兴产业概念界定

关于战略性新兴产业的概念，国外并没有给出明确界定，只是围绕如何找到突破新一轮经济增长点的产业政策方面提及新兴产业，他们认为，要想突破新一轮经济增长点，未来主导产业必须以新兴产业和新兴技术产业为主要内容。

国内对战略性新兴产业界定，主要是在政府出台了相关战略性新兴产业政策之后。早在 2009 年 2 月，国务院常务会议通过的《关于发挥科技支撑作用，促进经济平稳较快发展的意见》中概括性战略性高新技术产业包括新能源、生物、新材料、信息等产业[①]。

---

① 国务院：《发挥科技支撑作用　促进经济平稳较快发展》，2009 年 2 月，http: // govinfo. nlc. cn/jxsfz/jxzb/200919/201104/t20110414_ 693188. shtml。

自此之后，国务院多次会议提及战略性新兴产业，在 2010 年 9 月，
国务院常务会议审议并通过的《国务院关于加快培育和发展战略性新
兴产业的决定》（以下简称《决定》）中首次非常明确地对战略性新
兴产业进行了界定，《决定》将战略性新兴产业定义为：以重大技术
突破和重大发展需求为基础，对经济社会全局和长远发展具有重大引
领带动作用，知识技术密集、物质资源消耗少、成长潜力大、综合效
益好的产业"[①]。《决定》还提出战略性新兴产业应该包括的产业类
型："节能环保、新兴信息产业、生物产业、新能源、新能源汽车、
高端装备制造业和新材料"[②]。在此定义中，主要突出了这种产业的
"战略"意义，对"新兴"二字的含义提及较少。随后，国内学者根
据《决定》提出了战略性新兴产业不同的定义，具体情况如表 1 - 2
所示。

表 1 - 2　　　　　　　中国学者对战略性新兴产业概念界定

作者	概念界定	简评	来源
肖兴志 等 (2010)	是前沿性主导产业，不仅具有创新特征，而且能通过关联效应将新技术扩散到整个产业系统，能引起整个产业技术基础的更新，并在此基础上建立起新的产业间技术经济联系，带动产业结构转换	强调产业技术及其发展影响而忽视当前的影响	肖兴志等：《发展战略、产业升级与战略性新兴产业选择》，《财经问题研究》2010 年第 8 期
周晶、何锦义 (2011)	是指关系到未来经济与社会发展及产业结构优化升级，满足未来国内外市场需求，具有全局性、创新性、导向性特征的产业	强调产业未来影响和战略特征而忽视目前的产业特点	周晶、何锦义：《战略性新兴产业统计标准研究》，《统计研究》2011 年第 10 期

① 国务院：《国务院关于加快培育和发展战略性新兴产业的决定》，2010 年 9 月，http://www.gov.cn/zwgk/2010 - 10/18/content_ 1724848. htm。
② 同上。

续表

作者	概念界定	简评	来源
刘洪昌 (2011)	是指在国民经济中具有重要战略地位，关系到国家或地区的经济命脉和产业安全，科技含量高、产业关联度高、市场空间大、节能减排优的潜在朝阳产业，是新兴科技和新兴产业的深度融合，既代表着科技创新的方向，也代表着产业发展的方向	兼顾了产业影响和特点	刘洪昌：《中国战略性新兴产业的选择原则及培育政策取向研究》，《科学学与科学技术管理》2011年第3期
剧锦文 (2011)	是一个国家或地区因新兴科技与产业的深度融合而催生出的一批产业；尽管尚未形成市场规模，但掌握了核心关键技术，是具有广阔市场前景和科技进步引导能力的产业；它关系到国民经济长远发展和产业结构转型升级，代表着未来经济和技术的发展方向，对经济社会发展和国家安全具有重大和长远影响，是政府产业政策重点扶持的产业	强调战略性和新兴性以及潜在发展影响而忽视当前的影响	剧锦文：《战略性新兴产业的发展"变量"：政府与市场分工》，《改革》2011年第3期
王新新 (2011)	是指随着新一轮技术革命和产业革命而产生的科研成果、技术发明、知识创意、组织形式聚集吸引技术、人才、资金等生产要素形成的对一个国家经济的长期战略发展具有支柱性和带动性的产业	强调形成过程而忽视了特点	王新新：《战略性新兴产业的培育与发展策略选择》，《前沿》2011年第7期
霍国庆 (2012)	是指全球范围内因突破性技术创新催生的具备构成国家产业竞争优势的成长期产业	比较简略和笼统	霍国庆：《战略性新兴产业的研究现状与理论问题分析》，《山西大学学报》（哲学社会科学版）2012年第3期

续表

作者	概念界定	简评	来源
何小三 (2013)	是以重大技术突破和重大发展需求为基础，对经济社会全局和长远发展具有重大引领带动作用，知识技术密集、物质资源消耗少、成长潜力大、综合效益好的产业，将节能环保、新一代信息技术、生物、高端装备制造、新能源、新材料、新能源汽车等确立为现阶段的战略性新兴产业	引用的是《国务院关于加快培育和发展战略性新兴产业的决定》的定义和特征	何小三：《资本市场促进战略新兴产业成长研究》，博士学位论文，中国社会科学院研究生院，2013 年
石璋铭 (2014)	是立足现实而着眼未来做出的产业发展选择，其未来的发展方向必然是主导产业与支柱产业；是对国民经济发展具有重要战略意义的高技术新兴产业，其发展的核心驱动力是技术创新与高技术产业化；从静态角度来讲，它始终位于产业生命周期的前端；从动态角度来说，战略性新兴产业的内容随着经济社会的技术水平、制度条件、经济发展程度等因素的变化而变化；目的在于确保未来国家竞争优势	既强调现实又着眼未来，突出战略和新兴的含义	石璋铭：《战略性新兴产业发展的金融支持机制研究》，博士学位论文，武汉理工大学，2014 年

从表 1 - 2 中国内学者对战略性新兴产业的界定来看，虽然表述方式、侧重内容不同，但都是从宏观角度对战略性新兴产业进行的界定。战略性新兴产业概念表述不仅要体现"战略"加"新兴"的含义，更要体现出长期性和目前具体的特征类型，以便研究者以及实务工作者能够更好地研究和发展该产业。

战略性新兴产业与新兴产业、高新技术产业有一定区别和联系。首先，战略性新兴产业具有"战略" ＋ "新兴"的特点，因此，战略性新兴产业首先是新兴产业，但是它和新兴产业不同的是：新兴产业并不一定都是战略性新兴产业，新兴产业在能够引领经济社会全局，在国民经济中具有重要战略地位时才是战略性新兴产业。其次，高新技术产业并不等同于战略性新兴产业，但两者有重合的地方。两者的共同点在于：都是属于高新技术应用、需要技术创新、风险比较高的产业；两者的区别在于：战略性新兴产业的高新技术能够引领国家的技术进步，提高国家竞争力，具有战略性地位。

因此，本项目对战略性新兴产业的界定主要是根据国务院下发的《国务院关于加快培育和发展战略性新兴产业的决定》以及石璋铭（2014）在其《战略性新兴产业发展的金融支持机制研究》中的定义，将战略性新兴产业定义为："是以重大技术突破和重大发展需求为基础，对经济社会全局和长远发展具有重大引领带动作用，知识技术密集、物质资源消耗少、成长潜力大、综合效益好的产业，将节能环保、新一代信息技术、生物、高端装备制造、新能源、新材料、新能源汽车等确立为现阶段的战略性新兴产业。[①] 从长远角度来看，战略性新兴产业的内容随着经济社会的技术水平、制度条件、经济发展程度等因素的变化而变化；目的在于确保未来国家竞争优势。[②]"

三　金融支持概念界定

在国外研究中主要采用"金融发展"一词，探讨金融发展对经济增长、资本配置以及产业发展的功能作用（Schumpeter，1911；Galbis，1977；Hicks，1969 等）。Goldsmith（1969）从金融结构角度对金融发展内涵进行了界定；Mckinnon（1973）、Shaw（1973）、Merton 和 Bodie（1993）、Levine（1997）等分别从金融制度、金融功能和金融服务角度界定了金融发展的内涵，他们认为，金融发展是金融结构发生变化、金融功能发挥了作用以及金融服务方面得到提高。

在我国研究战略性新兴产业的金融服务或金融发展问题时，一般采用"金融支持"一词，主要是因为战略性新兴产业对国民经济发展具有深远影响，是未来的主导产业，但还具有新兴特征。目前，在"强位弱势"下，要发挥政府的作用。维基百科以及中国学者对金融支持

---

① 国务院：《国务院关于加快培育和发展战略性新兴产业的决定》，2010 年 9 月，http：//www.gov.cn/zwgk/2010 - 10/18/content_ 1724848. htm。

② 石璋铭：《战略性新兴产业发展的金融支持机制研究》，博士学位论文，武汉理工大学，2014 年，第 9 页。

的概念界定在表 1 – 3 中，从表中可以看出，不管是从金融工具、金融支持参与主体和金融服务的哪个角度，金融支持的概念都要包括政策性金融和市场性金融，而且金融工具、金融支持参与主体和金融服务是相互依托存在，整体构成了金融体系，而金融支持参与主体是载体。从战略性新兴产业发展来看，除了政策性金融作为引导作用外，市场性金融在其发展起着基础性作用，因此，本项目对金融支持的概念界定综合马军伟（2012）和刘志彪（2011）、潘功胜（2012）、朱颐和（2010）等的观念，定义为："金融支持是市场机制和政府推动的双重作用。市场性金融支持是基础性的支持机制，而政策性金融支持则是对市场性金融支持的引导和调节。① 金融支持是银行、资本市场、风险投资等主要参与主体通过创新金融工具和服务方式、搭建平台以及一系列的政策对产业在投融资等方面予以支持。"

表 1 – 3　　　　　　　　　学者对金融支持概念界定

作者	概念界定	简评	来源
维基百科（Wikipedia）	使一些项目从想法变成可能的金融资源供给	强调了金融功能的发挥以及金融支持的重要意义	Https：// zh. wikisource. org/wiki/
张兴胜（2002）	为以促进经济发展和体制转轨为目标，以政府对金融组织、金融市场、金融开放及国有金融机构的强控制为前提，利用利率优惠、信贷倾斜、资金供给及资本市场准入管制等手段，低成本地动员居民部门金融剩余，加快政府支持的重点公共企业部门的资本形成，促进社会经济结构转换的政策措施的总和	突出政策性金融	张兴胜：《经济转型与金融支持》，社会科学文献出版社 2002 年版，第 27 页

① 马军伟：《战略性新兴产业发展的金融支持研究》，博士学位论文，武汉大学，2012 年。

续表

作者	概念界定	简评	来源
张玉喜（2007）	认为支持国家产业政策及经济社会发展规划而制定和实施的金融产业发展政策及其他金融政策即为金融支持	包括政府行政手段的调节，也包括市场手段的配置	张玉喜：《产业政策的金融支持：机制、体系与政策》，经济科学出版社2007年版，第32页
张训（2012）	金融业通过自身的金融行为促进资金产出率和经济运行效率的提高从而起到缓解资金供求矛盾，最终实现对经济发展的推动、调度和润滑作用，即通过金融活动支持经济发展的作用	突出市场性金融	张训：《战略性新兴产业发展的金融支持研究》，硕士学位论文，长沙理工大学，2012年
刘志彪（2011）、潘功胜（2012）、朱颐和（2010）等	是商业银行、资本市场、风险投资等主要参与主体通过创新金融产品和服务方式、搭建平台以及一系列的政策对产业在投融资等方面予以支持	从金融支持参与主体角度	《南京社会科学》2011年第4期；《金融发展评论》2012年第12期；《湖北工业大学学报》2010年第6期
辜胜阻等（2011）	是一个金融支持体系，包括资本市场、债券市场、收购市场、商业银行、政策性银行、投资银行、担保机构、天使投资、风险投资、私募股权投资、产业投资基金等环环相扣和有机协同的投融资体系	主要包括金融参与主体的一个体系	辜胜阻等：《壮大新兴产业需要完备高效的投融资体系》，《中国经济时报》2011年10月12日
顾海峰（2011）	主要由以信贷市场为主导的间接金融体系、以资本市场为主导的直接金融体系、政策性金融支持机制、市场性金融支持机制四个部分组成	包括了政策性和市场性金融，也包括了金融参与主体的一个体系	顾海峰：《战略性新兴产业培育、升级与金融支持》，《改革》2011年第2期
马军伟（2012）	其金融支持需要市场机制和政府推动的双重作用。市场性金融支持是基础性的支持机制，而政策性金融支持则是对市场性金融支持的引导和调节	包括了政策性和市场性金融	马军伟：《战略性新兴产业发展的金融支持研究》，博士学位论文，武汉大学，2012年

第四节 主要内容与思路

一 研究的主要内容

本研究的主要内容由五大部分构成。

（一）金融支持战略性新兴产业发展的作用机理研究

本部分以战略性新兴产业相关理论、资本积累与金融发展相关理论为基础，构建了金融支持战略性新兴产业的理论框架，并用此框架分析了金融对战略性新兴产业发展的功能，包括为产业发展提供投融资功能、优化产业资本的存量功能、为产业发展提供增量配置功能、为产业发展提供定价和风险分散功能以及促进产业技术创新功能。然后分别从股权市场、证券市场、银行信贷以及担保体系四个方面分析了不同金融市场对战略性新兴产业发展的作用机制。

（二）民族地区战略性新兴产业发展中金融支持的考察

本部分首先梳理了全国以及民族地区战略性新兴产业支持政策，找出了产业发展支持政策的共性，并挖掘出民族地区战略性新兴产业支持政策的亮点。其次，在对民族地区进行调研的基础上，从广西、内蒙古、新疆、西藏、青海、贵州、云南、宁夏8个民族地区分析了战略性新兴产业的发展现状和金融支持现状。最后，与全国平均水平比较分析，找出民族地区战略性新兴产业发展以及金融支持战略性新兴产业方面的问题。

1. 全国与民族地区战略性新兴产业发展支持政策梳理

通过全国与各民族地区战略性新兴产业政策支持文件的梳理，可发现它们具有以下共性，第一，战略性新兴产业发展支持政策比较全面；第二，支持政策中都提出了战略性新兴产业的发展目标；第三，各民族地区都出台了财税金融扶持政策；第四，各民族地区提出支持战略性新兴产业发展的人力资源政策；第五，各民族地区提出了营造环境政策。同时，也发现各民族地区在战略性新兴产业目录划分、特色产业选择以及金融支持政策上有各自的亮点。

2. 民族地区战略性新兴产业发展的金融支持现状

为了深入了解民族地区战略性新兴产业发展面临的问题、金融支持等方面情况，课题组在2013—2016年期间奔赴广西、内蒙古、新疆等地调研，对这些地区的发改委、财政厅、高新技术开发区进行座谈，并向当地的战略性新兴企业发放了问卷。通过调研发现，民族地区战略性新兴产业目前已呈现出较好发展的势头，第一，重点战略性新兴产业已初具规模，行业分布比较集中；第二，战略性新兴产业呈现区域集聚的发展格局；第三，已形成一批具有特色的战略性新兴产业基地和产业链。在民族地区金融支持战略性新兴产业情况方面，一是描述了民族地区战略性新兴产业资金供求状况，发现产业资金存在缺口；二是归纳了民族地区战略性新兴产业资金来源渠道，包括自筹资金、国内贷款、财政资金、利用外资以及其他来源，企业通过发行债券方式筹集战略性新兴产业所需资金在民族地区属于空白；三是从财政资金、银行金融机构、证券市场和风险投资等方面具体分析了金融支持各个民族地区的现状。

3. 民族地区战略性新兴产业发展中金融支持的问题

通过对比分析，发现民族地区金融支持战略性新兴产业发展方面存在着产业资金供给不均衡、来源渠道单一、政府财政支持和引导功能不足、金融市场发展不完善、金融产品创新不够、风险投资对战略性新兴产业的支持缺位等问题。由于民族地区金融支持战略性新兴产业存在上述问题，造成民族地区自主创新能力不足、战略性新兴产业目前体量太小、企业规模不大、增长速度放缓、产业间和区域间发展不均衡、各地区重点发展的战略性新兴产业没有差异化等问题。

（三）民族地区金融市场支持战略性新兴产业发展的效率检验

本部分主要通过民族地区战略性新兴产业资本配置效率与东部地区的比较，说明两个地区产业资本配置效率的差异，在一定程度上说明区域金融市场发展的差异，导致了区域产业资本配置效率的不同；接着运用DEA分析方法，分析了全国、民族地区与东部地区战略性新兴产业金融支持效率的差异，并用LOGIT方法分析股票市场、债权市场对战略性新兴产业金融支持效率的影响；战略性新兴产业最大的特点是技术创新，因此，后续分析了风险投资对民族地区战略性新兴产业技术创新的效率，并分析了原因。

（四）金融支持战略性新兴产业的国际经验借鉴

通过对美国、德国、日本和芬兰四个国家金融市场支持战略性新兴产业的现状描述，可以看出这四国对战略性新兴产业发展日益重视。美国作为美洲的代表，最为发达的国家之一，完善的金融市场体系以及政府相关政策对其战略性新兴产业的扶持力度较大；德国和日本是以银行主导的金融市场体系，德国作为欧洲的代表，在发展新能源以及全能银行支持方面颇有建树；日本作为亚洲代表，中国的邻国，其在新材料和新能源汽车以及主银行制度、中小企业的银行体系建设方面可以被我国民族地区借鉴；芬兰作为北欧的代表，虽是小国但其创新能力位居全球第二，其公私协作金融模式对战略性新兴产业的支持可以为我国民族地区借鉴。

（五）民族地区战略性新兴产业的金融支持体系和路径创新

本部分通过构建民族地区战略性新兴产业金融支持体系、创新金融支持战略性新兴产业的路径、加强金融支持战略性新兴产业的保障措施，以期解决民族地区战略性新兴产业发展中金融支持问题。

1. 完善民族地区战略性新兴产业的金融支持体系

通过规划民族地区战略性新兴产业金融支持体系的思路，以坚持提高金融支持效率和降低金融风险为核心原则、统筹兼顾和针对性相结合原则、坚持政策性金融和市场性金融相结合原则以及金融支持体系与战略性新兴产业周期相匹配原则，本部分构建了有特色的民族地区战略性新兴产业发展的金融支持体系框架，包括金融环境体系、金融供给体系、金融服务体系和金融制度体系。

2. 民族地区战略性新兴产业的金融支持路径创新

民族地区金融业存在着多元化银行信贷体系不完整、多层次的资本市场没有建立、股权投资市场没有形成、金融服务需要继续提高、金融制度亟待加强、金融环境有待改善的状况，为改善民族地区金融支持战略性新兴产业现状，提高金融支持效率，结合民族地区金融发展现状和战略性新兴产业发展现状，具体金融支持路径创新如下：第一，完善多元化银行体系，满足民族地区区域间、战略性新兴产业间的融资需求；第二，完善民族地区多层次资本市场，以上市公司引领战略性新兴产业聚集发展;第三,扩大民族地区风险投资规模,为战略性新兴产业接力;第四,以政府资金为引导,鼓励民间资本进入民族地区战略性新兴产业;第五,加强政策性金融对民族地区战略性新兴产业的支持力度;第六,加强中介机构体系建设,提高金融服务水平;第七,加强金融制度体系建设,为民族地区战略性新兴产业金融支持保驾护航;第八,建设金融环境体系,民族地区战略性新兴产业金融支持营造良好氛围。

3. 民族地区金融支持战略性新兴产业发展的保障措施

民族地区金融支持战略性新兴产业发展路径的实施需要有相应的保障措施,首先,民族地区应该提升战略性新兴产业发展的内在动力,以提高资金利用效率;其次,民族地区应该加快金融企业发展,提高资金支持能力;最后,资金的使用效率和支持效率需要一个健康的外部环境。

二 研究思路

首先,基于对民族地区战略性新兴产业融资困境分析入手,通过产业发展理论和金融发展理论,分析民族地区战略性新兴产业金融支持的作用机理;其次,对民族地区战略性新兴产业发展中金融支持的现状和效率等进行对比分析和实证检验,找出民族地区战略性新兴产业发展中金融支持存在的问题;最后,在借鉴国际经验的基础上,构建了民族地区战略性新兴产业金融支持体系,创新了民族地区战略性新兴产业金融支持路径,并提出了民族地区战略性新兴产业金融支持的保障措施。基本思路如图 1–1 所示。

三 主要观点

第一,民族地区作为经济欠发达地区,其战略性新兴产业以及金融支持体系的总体发展水平仍旧处于落后状态,资金是制约民族地区经济发展的"瓶颈",进而影响区域经济的和谐发展以及市场经济建设的进程。

第二,民族地区战略性新兴产业的融资困境有其自身发展实力较弱、信用制度不完善等内因,也有民族地区外部环境如法规体制特别是金融支持体系不完善、金融产业政策及财政政策倾斜不大等外因。

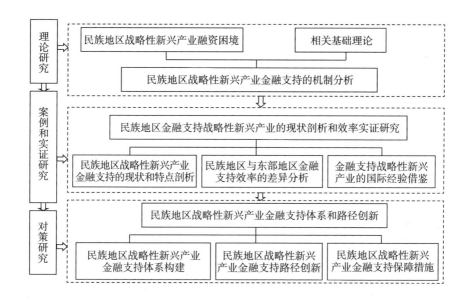

图 1 – 1　基本思路

第三，提高民族地区战略性产业金融支持效率一方面是需要通过完善民族地区的金融支持体系来实现，另一方面是通过金融支持路径创新来实现。

第四，构建民族地区战略性新兴产业金融支持体系应坚持以提高金融支持效率和降低金融风险为核心原则、统筹兼顾和针对性相结合原则、坚持政策性金融和市场性金融相结合原则以及金融支持体系与战略性新兴产业周期相匹配原则，构建体系框架包括金融环境体系、金融供给体系、金融服务体系和金融制度体系。

第五，民族地区战略性新兴产业金融支持路径创新是指在民族地区特殊的经济环境、文化、宗教和习俗下，提出有针对性的、多层次和多元化的创新路径，包括以政府资金为引导，完善多元化银行信贷体系、建立多层次的资本市场、扩大民族地区风险投资规模、提高金融服务、加强金融制度体系和改善金融环境。

第六，民族地区金融支持战略性新兴产业发展路径的实施需要有相应的保障措施，提升民族地区战略性新兴产业发展的内在动力，以提高资金利用效率；加快民族地区金融企业发展，提高资金支持能力；一个健康的外部环境是提高资金使用效率和支持效率根本保障。

　　第七，加大政策性金融对民族地区战略性新兴产业发展的扶持力度，但在金融支持民族地区战略性新兴产业发展过程中，仍然是政府作用为辅，发挥市场资源配置作用为基础。

第二章 金融支持战略性新兴产业发展的作用机理研究

以战略性新兴产业相关理论、资本积累与金融发展相关理论为基础，构建了金融支持战略性新兴产业的理论框架，并用此框架分析了金融对战略性新兴产业发展的功能，包括为产业发展提供投融资功能、优化产业资本的存量功能、为产业发展提供增量配置功能、为产业发展提供定价和风险分散功能以及促进产业技术创新功能。然后分别从股权市场、证券市场、银行信贷以及担保体系四个方面分析了不同金融市场对战略性新兴产业发展的作用机制。

第一节 相关理论

一 战略性新兴产业发展相关理论

（一）优势理论

优势理论主要包括亚当·斯密的"绝对优势理论"、大卫·李嘉图的"相对优势理论"以及日本经济学家提出的"动态比较优势理论"，这三种理论所包含的思想，都是关于一个国家或地区利用自己的优势选择性生产产品或发展产业。大卫·李嘉图的"相对优势理论"是对"绝对优势理论"的发展，该理论延伸到了一个国家产业的发展选择，提出发达国家应该重点发展技术密集型产业，可以看出，"相对优势理论"已经具体到短期内一个国家或地区应该发展的产业。但是从长期来看，一个国家或地区的优势产业是变化的，现在的非优势产业可能转化成未来的优势产业，那么一个国家应该如何发展产业呢？日本经济学家提出的"动态比较优势理论"提出一个国家应该发展对该国国民经济具有重要意义的产业，未来有潜力的产业，在该产业发展过程中，需要政府的扶持。由此可以看出，"绝对优势理论"、"相对优势理论"以及"动态比较优势理论"对一个国家或地区如何调整产业结构和决定产业未来发展趋势，如何确定短期和长期的产业发展目标具有指导和实践意义。

具体到我国战略性新兴产业的概念界定，即包含了当前和未来的产业发展目标，也体现了对国民经济和经济结构转型的战略作用，再加上政府对战略性新兴产业的各种扶持政策，体现了"优势理论"在我国战略性新兴产业发展中重要的指导作用。

（二）创新与产业发展理论

熊彼特在提出的创新驱动经济理论中对创新进行了界定，他认为，创新是"新产品、新生产方式（新商业模式）、新市场、供应新渠道和新产业组织形式五个新要素的重新组合"。运用创新的概念，熊彼特提出了创新与产业结构的两个范式，他的理论对今天产业发展的指导意义在于：提出了创新是产业发展的驱动力，产业集中度越高，就越有利于创新。后续的研究者发展了熊彼特创新驱动经济理论，他们认为，产业是动态发展的，产业发展包括产业的萌芽、成长、衰退和退出，创新与产业动态发展的联系是多维度的，但不管如何发展，创新是产业发展的核心动力一直是"创新与产业发展理论"发展的中心思想。

我国在战略性新兴产业的特征中明确提出，战略性新兴产业要具有创新性，在 2010 年 9 月，《国务院关于加快培育和发展战略性新兴产业的决定》中提出的战略性新兴产业应该包括的七种产业类型中也包含新品种、新材料、新技术等创新的思想。所以说创新仍然是战略性新兴产业发展的核心动力，创新与产业发展理论对我国战略性新兴产业发展具有指导意义。

二 资本积累和金融发展相关理论

（一）马克思的社会再生产理论

马克思在批判继承古典学派再生产理论基础之上，提出了社会再生产理论，马克思认为，生产规模的扩大必须要有资本积累，因为在生产的过程中要不断投入新的资本，而生产要能扩大必须具备两个条件：一是投入的资本在使用的过程中效率要不断提高，二是在效率提高的基础上实现资本增值。我们从中可以看到，资本积累和生产规模扩大是相互促进的。资本积累促进产业的发展可以描述为这样一个过程：随着资本的不断积累，储蓄也会增加，增加的储蓄为了获得价值增值，势必会投入到实体产业，从而促进了实体产业的生产规模，在实体产业中的资本在使用的过程中效率要不断提高，并实现资本增值，因此，会提高实体产业的生产效率，从而实现了资本的再积累，资本的再积累又可以增加储蓄继而转化为投资，因此，在整个资本积累和生产规模扩大相互促进的过程中，带动了金融市场的发展，而金融市场发展又促进了产业发展。生产规模的迅速扩大最终表现为经济系统中各个产业的发展，产业发展需要两个前提条件，一要保证诸如土地、劳动力、资本、技术和管理等生产要素供给增加，二要使各种要素之间有效率地结合。从资本的角度来看，土地、劳动力、技术和管理的获取和提高都需要资本投入，也就是说，产业发展过程中所需的生产要素的供给增加，是和资本积累密不可分的，并且是相互影响的，资本积累为生产要素的供给增加提供了条件，并在此基础上促进了产业发展。

产业发展具有一定生命周期，它包括产业从萌芽、培育、成长，最后进化的过程，每个产业的生命周期都是相同的，可以描述为投入期、成长期、成熟期和衰退期。产业的生命周期可以描述为：同类企业开始形成时，便是产业最初产生的过程，此时新技术、新业务的出现，造成这种同类型的新企业大量出现，产业的基本特点开始具备；随着企业数量增加和生产实践的发展，同类型的企业形成了产业，而且产业技术水平也会不断地发展和完善；在进一步提高之后，同类型企业数量又不断增加，新兴产业不断发展，甚至成长为主导产业和支柱产业；产业的生产能力扩张到一定阶段后，就达到一个稳定发展的阶段，这时，该产业的生产规模、技术水平以及市场供求都很稳定，这时成熟期的产业就有可能会成为一国的支柱产业；随着时间的流逝、人类文明进步和需求增加，产业需要更新或升级，需要更高的技术创新来改造企业。可以看出，技术创新在整个产业发展的过程中起着关键作用，它决定着产业的产生、成长和进化过程，对于新兴产业来讲更是如此。因此，技术创新是产业发展和升级的根本。

在索洛的经典分析中，索洛模型及以后的拓展都将技术进步设定为一个独立的参数来表示，或者外生，或者内生，但是与资本积累都是分开的。关于技术进步的理论，包括"哈罗德中性"理论和"希克斯中性"理论中谈到的技术进步，都需要必要的资本，这些资本可以用来扩大再生产。因此，在现实中，要实现技术进步，需要一定的物质支撑。新技术的有效应用是需要诸如新的机器设备、新的基础设施、新的生产要素、新的人才以及新的组织形式，而这些生产要素的投入大都是需要投资的，投资带来了资本积累，促进了技术进步。而且根据 Conlisk 的研究，技术进步的一个前提条件就是当前的资本密度水平，而且经济增长是由资本积累和技术进步共同作用产生的结果。由此可见，技术创新促进产业发展的前提条件是资本投入，资本与技术创新相结合能够促使产业发展，在资金投向高技术产业的过程中，技术创新要被应用，并实现商业化，必须借助于资本的力量，并由此促进了产业在更高层次上的发展，产业发展过程中必不可缺的两个条件是资本积累和技术创新，而技术创新也必须依靠资本积累。因而，我们可以得出这样的结论：产业发展离不开资本积累，更离不开金融市场。

（二）新金融发展理论

随着经济的金融化、虚拟化及国际化的不断发展，关于金融发展与经济增长关系的研究也形成了很完整的体系，包括 R. W. Goldsmith（1969）、R. I. Mckinnon（1973）和 E. S. Shaw（1973）分别提出的金融结构理论、金融控制理论和金融深化理论。金融结构理论提出了衡量金融发展的数量研究，并且揭示了金融深化的路径，而且第一次系统地将金融因素与经济增长的关系研究进行了模型化。后续为了更好地解释发展中国家金融因素与经济增长的关系，Mckinnon（1991）在原有理论基础上又进一步提出了金融控制理论。传统金融发展理论在实践中出现了一些负面影响，在这种情况下，产生了新金融发展理论。

新金融发展理论的核心问题是金融体系对经济发展的机制问题，其作用模式表现为：金融机构和金融市场要发展，会将更高比例的储蓄转变为投资，并通过提高资本配置效率以及改变社会储蓄率来刺激经济的增长。在这个过程中，金融中介起着信息传递的作用，通过信息传递，金融市场会将资本配置到收益低的安全技术和收益高的风险技术，这样资本配置效率就会提高，如果金融机构拥有大量资产组合，完全可以化解风险对总体生产率的冲击，那么更高的资本生产率必然导致更高的经济增长率。在后续建立的内生增长模型中认为，经济增长的关键因素是金融和创新，金融体系提高经济增长率的途径可以描述为：金融市场和金融工具在评估、甄别投资项目，以及为投资项目聚集资金的同时，也为个人和企业家分散风险，并为他们预测与披露投资项目利润等。

新金融发展理论比较关注于金融发展与经济增长、产业发展之间的关系，而且大量的研究也证明，金融发展对经济增长、产业发展以及企业成长都具有显著的正向影响。

（三）金融成长周期理论

产业是由同类型的企业组成的，具体到微观，产业的发展关系到企业的成长。根据企业的成长过程，可以把企业成长的过程分为发展初期、成熟期和衰退期，企业的融资来源与企业的成长阶段紧密相连，于是，Weston 和 Brigham 在 1978 年扩展了企业成长理论，之后发展成为企业金融成长周期理论，在原有理论基础上，将企业成长的三阶段扩展为六个阶段，增加了成长期，并把成长期划分为 3 个阶段，并认为企业的资本结构、销售额和利润等特征决定了企业的融资来源，企业金融周期理论并没有考虑到企业信息的隐性特征。因此，Berger 和 Udell 在 1998 年修正了企业金融成长周期理论，他们充分考虑了信息约束、企业规模和资金需求等基本因素，并将信息不对称理论运用到企业融资模型中，最后推导出这样的结论：企业成长阶段不同，企业规模、资金需求和信息不对称程度也不相同，而这些因素又会影响企业的融资结构，对于初创期的企业，其内部的技术和管理，外部的市场不同，对外界信息了解不够，因此，企业主要依赖内源融资，即业主和所有者的自由资金；成长到一定阶段后，企业就有了一定资产和一定的信用，这个时候可以采用抵押资产和信用的融资方法，获得一定的外源融资；等企业达到成熟期后，企业可以公开上市，信息透明度比较高，可以通过发行债券等方式融资，这时候外部融资渠道也不断拓宽；等到衰退期的时候，资金开始从企业撤出，原来生产的产品或服务都会下线，企业这个时候要进行新的产品开发。应该说,发展初期的企业融资渠道相对狭窄,外源融资途径少,当企业进一步发展时,外源融资会逐步增加,而自有资金也会增加。因此,企业不同的发展阶段呈现出不同的特点,也对应着不同的融资方式。

第二节 金融促进战略性新兴产业发展的作用机理

一 金融对战略性新兴产业发展支持功能

金融结构对战略性新兴产业的作用可归纳为:为战略性新兴产业提供投融资、优化产业资本的存量、为产业发展提供增量配置、为产业发展提供定价和风险分散,以及促进产业技术创新。

（一）为产业发展提供投融资功能

按照马克思的社会再生产理论,产业发展的前提条件是资本投入,资本与技术创新相结合能够促使产业发展,在资金投向高技术产业的过程中,资本可以促进技术创新的商业化应用,产业在此基础上实现转型升级,这体现了资本积累和技术创新是产业发展过程中两个不可或缺的方面,而技术创新也必须依靠资本积累。因而,我们可以得出这样的结论:产业发展离不开资本积累,更离不开金融市场。

金融市场的功能之一就是产业投融资功能,金融市场通过在资金供需双方之间搭建桥梁,可以将社会闲置的资金聚集为资本,输送到战略性新兴产业中来,这些增量资本可以有效地引导资本流向国家要大力发展的战略性新兴产业,并扶持该产业的发展,通过扶持和引导,促使我国产业结构优化。金融市场的这种中介功能,是通过银行、股票市场、债券市场以及创业风险投资等平台实现的,银行通过信贷政策以及业务创新将吸收的存款贷给战略性新兴产业,股票市场可以通过企业上市或者增发股票的方式将闲散资金融资到战略性新兴产业中来,债券市场可以通过企业发行债券等方式为战略性新兴企业提供资金支持,天使投资、风险投资以及私募股权投资则可以为战略性新兴产业的培育期、初创期和成长期提供初始的资金支持。因此,股权投资市场、股票市场、银行信贷以及债券市场等都为战略性新兴产业的不同成长阶段提供了相应的投融资功能。

（二）优化产业资本的存量功能

根据马克思的社会再生产理论以及金融成长周期理论，产业的发展具有周期性，而且在产业发展的不同阶段，产业的融资安排不同。产业发展过程可表现为：同类企业开始形成时，便是产业最初产生的过程，此时新技术、新业务的出现，造成这种同类型的新企业大量出现，产业的基本特点开始具备；在进一步提高之后，同类型企业数量又不断增加，新兴产业不断发展，甚至成长为主导产业和支柱产业；产业的生产能力扩张到一定阶段后，就达到一个稳定发展的阶段，这时，该产业的生产规模、技术水平以及市场供求都很稳定，此时成熟期的产业就有可能会成为一国的支柱产业；随着时间的流逝、人类文明进步和需求增加，产业需要更新或升级，需要更高的技术创新来改造企业。

在产业形成期，主要依靠内源融资和风险投资，在产业成长期，可以通过银行贷款和中小板、创业板市场融资，在产业成熟期，可以融资的渠道较多，银行贷款、主板市场以及债券市场都可以为战略性新兴产业融资，在产业的衰退期，产业需要升级和优化，可以通过资本市场的并购、重组等功能实现产业转型。可以看出，通过金融市场的定价功能，产业资本可以价值化、货币化和证券化，并能够在金融市场流通和交易；而且，根据资源的配置功能，金融市场可以引导资本流向优势产业，实现资本在整个国民经济中的合理配置，从而优化产业结构，并促进产业结构的升级。

（三）为产业发展提供增量配置功能

产业的发展需要资本，资金要转化为资本，需要金融市场这个平台，因此，金融市场既是一个汇集资金的平台，也是一个提供资金的平台。金融市场为产业发展提供增量配置的功能主要体现在以下几个方面：首先，产业的发展需要增量资本。在产业的成长期，要扩大规模，就要不断地注入资金，但是多余的资金最初表现为现金或是银行存款，只有通过金融市场，这些现金或银行存款才可以在这个平台转变为新增的资本。这些新增的资本再通过金融市场的配置功能，将增量资本配置到具有发展前景的战略性新兴产业，从而弥补了战略性新兴产业资金的不足。其次，在产业升级和优化时也需要增量资本。产业的升级和优化需要金融市场提供定价功能，通过金融市场的定价功能，产业资本可以价值化、货币化和证券化，并能够在金融市场流通和交易，这样存量资本通过金融市场可以进行转化。另外，产业升级和优化时，不但需要存量资本，还需要增量资本，因为，产业的升级和优化，需要对产业进行技术改造，通过增加技术含量来创造新的需求，技术创新本身需要增加资本，况且金融市场也会将增量资本配置到有技术含量以及有发展前景的产业中来。可见，金融市场在产业发展中的作用，是通过市场配置机制，将增量资本配置到相应产业中去。

（四）为产业发展提供定价和风险分散功能

金融市场具有定价和风险分散功能，具体到战略性新兴产业，这些功能体现在：一是在产业并购和重组过程中需要金融市场的定价和风险分散。在产业并购和重组过程中，需要资产的定价信息，由资产定价理论可知，资产价格由两部分组成，其一是资产普通的市场风险，其二是资产自身特有风险，而且风险偏好不同、市场机制不同，最终反映的价格信号也不相同，这些价格信号由市场进行归集和处理，并最终在市场上反映为公开信息，并反映在资产价格中，这些资产价格的形成是通过金融市场形成的。二是在产业融资的过程中需要金融市场的定价和风险分散。产业融资的过程实际上也是投资者投资的过程，投资者将资金投向不同的产业或企业，会依据不同风险偏好、不同的金融产品定价，最后将资本资源在不同产业之间的风险配置，金融市场的投资组合为具有不同流动性偏好的投资者提供了投资选择的场所，能尽可能分散所投资行业或者企业的特殊风险。

（五）促进产业技术创新

产业的成长和升级都需要技术创新，技术创新是产业发展的内在动力。技术创新促进产业发展的前提条件是资本投入，资本与技术创新相结合能够促使产业发展，在资金投向高技术产业的过程中，资金帮助技术创新实现商业化的应用，产业在技术创新运用的同时，实现了升级，这些体现了资本积累和技术创新是产业发展过程中两个不可或缺的方面，而技术创新也必须依靠资本积累。

技术创新的演进，离不开金融支持。技术创新需要研发，而研发需要资金支持，没有金融的支持，研发得不到保障，技术创新不能完成；因此，金融市场在产业发展过程中的技术创新、成果应用等方面给予了资金支持，并保障了技术产业化，而新兴产业也是由此产生的。

总的来说，金融市场的投融资功能、提供存量资本和增量资本功能，以及定价和风险分散功能、促进技术创新功能，促使战略性新兴产业培育、发展和升级。金融市场的定价和风险分散、投融资功能是产业发展的基础，金融市场提供增量资本以及促进技术创新功能则可以使战略性新兴产业升级，并最终成为国家的支柱产业。

二　金融体系各构成主体对战略性新兴产业发展影响的机理分析

（一）股权投资对战略性新兴产业支持的机理分析

股权投资主要包括天使投资、私募股权投资以及风险投资。一般而言，天使投资侧重于创业企业的种子期，风险投资会比较关注企业的发展期，而私募股权投资则更偏重投资于企业上市前的后期。但是，这三种资本都具有一个共同的特点，比较偏好风险大、收益较大的项目，资本量较小。

战略性新兴产业具有高风险、高收益的特点，除此之外，还需要大量资金的投入，而且在我国，特别是民族地区，战略性新兴产业还处于发展的初期，规模小；对于创业风险投资者来讲，他们具有其他资本相同的增值和保值的需求，但是，他们更有动机去追求高额回报的项目，因此，创业风险投资追求高额回报的特性促使资本投向高风险、未来发展潜力较大的企业。战略性新兴产业的特点与创业风险投资的特性不谋而合，因此，股权投资市场的发展，对于我国民族地区战略性新兴产业的培育起着不可忽视的作用。股权市场除了对战略性新兴产业提供发展初期需要的资金外，这些创业风险投资者会直接参与企业的经营，向企业提供增值服务，这些服务包括企业的发展战略、市场营销方式、管理经验、资本运作方式等，目的是使被投企业能够快速发展和壮大，从而达到价值提升。

（二）证券市场对战略性新兴产业支持的机理分析

股票市场、债券市场和产权交易市场组成了证券市场的基本内容。股票市场又分为主板市场、中小企业板、创业板和新三板市场，它们为不同类型、不同规模的企业提供了资金支持。主板市场主要是为发展成熟、规模较大的企业提供上市和增发股票。中小企业板市场主要为那些条件达不到主板市场的要求的中小型企业设置，它是相对于主板市场而言，板块内公司普遍具有收入增长快、盈利能力强的特点。创业板市场的主要目的是为创新型和高成长型中小企业提供一个融资渠道，还可以帮助其发展和拓展业务；对于那些从事高科技业务的公司，由于规模较小，业绩也不够突出，没有办法在主板或中小企业板上市，但是它们具备的高成长性以及未来的发展潜力，可以在创业板上市。全国中小企业股份转让系统也称为新三板市场，相对于主板、中小企业板和创业板而言，新三板的成立主要是为那些不能在主板、中小企业板和创业板上市的公司准备的融资渠道，因此，具有挂牌门槛低、成本低和审核效率高的特点，对于成长型和创新型中小企业，可以在新三板进行股份转让和定向融资。从股票市场不同板块的特征可以看出，对于战略性新兴企业而言，在刚开始的发展期，由于规模小，但是具有创新性特点，可以在新三板上市，等发展到一定阶段，可以通过转板的方式，到创业板或中小企业板上市，而对于大型的、发展成熟的战略性新兴企业，可以选择在主板上市，股票市场为处在发展期和成熟期的战略性新兴企业的资金融通提供了平台。除此之外，企业上市之后，股票市场会对上市企业的信息披露、内部控制等进行规范，这也在一定程度上完善了战略性新兴企业的管理，从而更好地促进其发展壮大。

对于企业融资来讲，债券市场的条件较高，但是可以通过产品创新等方式为中小型企业发行集合债来融资。因此，债券市场一般比较适合于规模较大、发展比较成熟的企业。而战略性新兴产业通过培育和发展之后，要成为中国的支柱产业，在战略性新兴企业的发展和成熟阶段，债券市场可以为其融资。产权交易市场可为战略性新兴产业提供产权交易的场所，战略性新兴产业的发展需要新技术，技术产权交易市场可以为科技成果、企业股权、技术外参股权、股份经营权以及专利信托凭证等交易提供场所，战略性新兴产业通过产权交易市场可以吸引资金流向该产业，从而更有效地促进战略性新兴产业的科技创新。

（三）银行信贷对战略性新兴产业支持的机理分析

在战略性新兴产业发展初期，由于规模较小，风险大，只能通过民间借贷或小额贷款公司来为其提供资金，国家也可以通过制定一系列的信贷政策鼓励银行为战略性新兴产业贷款。商业银行信贷基本是为具有一定规模的企业提供贷款，只有在战略性新兴产业发展到一定阶段后，商业银行才会为其提供信贷。因此，要发展信贷体系为战略性新兴产业的培育、发展以及升级提供金融支持。现代体系包括商业银行、政策性银行、小额及民间借贷公司，小额及民间借贷公司为培育期的战略性新兴产业融资，政策性银行为处于发展期的战略性新兴产业提供资金，商业银行则为规模较大、发展比较稳定的战略性新兴企业融资。

（四）担保体系对战略性新兴产业支持的机理分析

战略性新兴产业是一个新兴产业，目前该产业内大部分企业规模较小，技术研发风险较高，具有较多的以知识产权等无形资产为主的资产，在融资的过程中有形资产较少，因此，各种形式的担保对战略性新兴产业融资都具有极其重要的作用。以知识产权质押融资担保的形式可以为中小型战略性新兴企业提供融资担保，也可以通过再担保、联合担保及担保与保险相结合等方式减少战略性新兴企业的风险。对于规模较大的战略性新兴企业，具有一定的信誉，可采用信用担保的方式为其提供融资担保。

第三章　民族地区战略性新兴产业
发展中金融支持的考察

本章首先梳理了国家层面和民族地区战略性新兴产业金融支持政策，找出了产业发展金融支持政策的共性，并挖掘出民族地区战略性新兴产业金融支持政策的亮点；其次，在对民族地区进行调研的基础上，从广西、内蒙古、新疆、西藏、青海、贵州、云南、宁夏八个民族地区分析了战略性新兴产业发展现状和金融支持现状；最后，与全国平均水平比较分析，找出民族地区战略性新兴产业发展以及金融支持战略性新兴产业方面的问题。

第一节　战略性新兴产业发展支持政策梳理

通过查阅国家发展改革委员会、财政部、证监会、中国人民银行网站，以及民族地区八个省份的发展改革委员会、财政厅、税务局等网站，我们收集到了全国战略性新兴产业支持政策和八个省份的战略性新兴产业支持政策，国家层面（见附表1）与民族地区战略性新兴产业发展支持政策列于表3-1至表3-8中，从中分析可以发现，我国整体战略性新兴产业发展的金融支持政策与各民族地区战略性新兴产业发展支持政策的共性和各民族地区政策的亮点。

一　全国与民族地区战略性新兴产业发展支持政策的共性

通过分析国家层面与各民族地区战略性新兴产业政策支持文件，可发现它们具有以下共性。

（一）战略性新兴产业发展支持政策比较全面

从全国支持政策来看，主要涉及发展战略性新兴产业的决定、战略性新兴产业分类和标准、战略性新兴产业关键技术标准、知识产权保护、发展规划以及七大战略性新兴产业发展相关文件；在财政、金融和税收支持政策上，主要包括专项资金、引导基金、民间资本、证券市场、银行、税收等方面如何支持战略性新兴产业的发展；从民族地区支持政策来看，在基于全国战略性新兴产业支持政策的文件上，各地区也制定了相关的支持政策。

（二）支持政策中都提出了战略性新兴产业的发展目标

各民族地区的战略性新兴产业政策文件中都提出了各自的发展目标，虽然各民族地区依据当地发展规划所制定的奋斗目标有所差异，但都是为抓住国家重点培育和发展战略性新兴产业的重大机遇，提升自主创新能力，推动战略性新兴产业健康有序发展，为经济社会可持续发展提供强有力的支撑而努力。

到 2020 年，全国整体战略性新兴产业支持政策分为国民经济支柱产业和国民经济先导产业，其中节能环保、新一代信息技术、生物、高端装备制造产业为第一种类，即国民经济支柱产业，新能源、新材料、新能源汽车产业为第二种类，即国民经济先导产业；各民族地区结合当地实际情况，确定了产业重点发展方向，主要有新材料、高端装备制造产业、新能源以及新一代信息技术等，并对接国家相关产业政策出台了各地区的战略性新兴产业指导目录，开展战略性新兴产业统计监测调查，掌握产业发展动态。各民族地区依据国家级产业化基地建设为核心，按照统筹规划、整合资源、突出地方特色、集聚发展、面向国际国内市场的原则，各自建立一批战略性新兴产业示范基地，辐射带动相关产业发展。

（三）各民族地区都出台了财税金融扶持政策

各民族地区对接国家战略性新兴产业财税金融扶持政策，设立政府专项资金支持战略性新兴产业技术创新、技术研究与开发等项目，这些项目重点用于支持战略性新兴产业中关键技术的研发、产业发展中的重大项目建设、战略性新兴产业创新平台搭建、促进科技创新成果产业化、标准制定和产业基地建设、落实税收优惠政策等。此外，各民族地区为加强金融政策和财政政策支持，在金融政策方面，鼓励金融机构创新金融组织和金融工具加大对战略性新兴产业企业的信贷支持，完善多层次资本市场对战略性新兴产业的融资功能，增加战略性新兴产业的多元化直接融资渠道，支持符合条件的企业上市融资；在财政政策方面，利用政府资金引导创业投资和股权投资基金更多地投入战略性新兴产业发展，也包括政府资金的直接投入。

（四）各民族地区提出支持战略性新兴产业发展的人力资源政策

各民族地区对接国家战略性新兴产业整体支持政策，共同提出面向国内外，引进高端研究开发人才、高技能生产人才、高层次管理人才和经营人才，最大限度吸纳外部科技资源和高素质人才资源，推行股权、期权等中长期激励办法，引导和鼓励科研机构、高校创新人才向战略性新兴行业企业流动；并构建适应产业发展的人才培养体系，加大学科专业结构调整力度，增加急需的专业学位类别，构建新兴产业学科体系，加快培养战略性新兴产业急需的高层次人才。

（五）各民族地区提出了营造环境政策

在营造环境政策方面，首先，各民族地区都在完善市场准入制度，营造良好的市场公平竞争环境。包括建立有利于战略性新兴产业发展的相关行业标准体系、认证认可及检验检测体系。其次，通过运用行政手段，为战略性新兴产业的产品开辟进入市场的绿色通道，包括使更多的战略性新兴产业产品进入政府采购目录和范畴。最后，强化有利于战略性新兴产业发展的知识产权意识，包括加强民族地区知识产权政策和法制环境建设，构建政产学研合作平台，支持各方在战略性新兴领域开展自主创新活动。

二 各民族地区战略性新兴产业发展支持政策的亮点

通过表3-1中各民族地区关于战略性新兴产业支持政策的解读可以了解到，各民族地区关于支持当地新兴产业发展具有其独特的亮点，具体内容如下。

（一）贵州省

在战略性新兴产业发展政策方面，贵州省只出台了关于"新兴产业"的相关政策，查看文件，即为"战略性新兴产业"，包括战略性新兴产业发展规划、重点产业和服务目录、技术发展规划、示范基地创建等方面的政策。在 2013 年其出台的产业目录中，与国家战略性新兴产业重点目录划分略微不同，分为 8 类，增加了现代服务业，在其他细目中，贵州省根据该省资源、产业基础和山地发展优势，列出了不同的细目，包括贵州特殊钢、甘蔗收割机、贵州特殊苗药和山地特色农业等。

在金融支持战略性新兴产业发展政策方面，贵州省除了政府专项资金支持该产业外，还提出了鼓励社会资本投资现代山地高效农业等相关领域政策（见表 3 - 1）。

表 3 - 1　　　　　　贵州省战略性新兴产业的金融支持政策

时间	发文机关	文件名
战略性新兴产业发展整体政策		
2011 年 1 月 30 日	贵州省政府	贵州省"十二五"新兴产业发展规划（黔府办发〔2011〕17号）
2012 年 6 月 5 日	贵州省政府	贵州省中长期科学和技术发展规划纲要（2006—2020 年）
2013 年 12 月 17 日	贵州省经信委	省经济和信息化委关于公示省级新型工业化产业示范基地（省级工业园区）名单的通知
2013 年 12 月 24 日	贵州省经信委	省经济和信息化委关于公布 2013 年省级新型工业化产业示范基地（省级工业园区）名单的通知（黔经信园区〔2013〕40 号）
2014 年 1 月 19 日	贵州省经信委	《贵州省技术创新示范企业认定管理办法（试行）》（黔经信技质〔2014〕52 号）
2014 年 2 月 19 日	贵州省经信委	关于召开 2014 年贵州省新兴产业工作座谈会的通知（黔经信技质〔2014〕2 号）
2014 年 4 月 28 日	贵州省经信委	《贵州省 2014 年工业强基专项行动工作方案》（黔经信办〔2014〕35 号）
2015 年 2 月 5 日	贵州省经信委	关于组织申报 2015 年技术创新项目的通知（黔经信技质〔2015〕4 号）
2015 年 3 月 30 日	贵州省经信委	关于转发工信部《关于做好 2015 年工业企业知识产权运用能力培育工程的通知》的通知（黔经信技质〔2015〕8 号）
2015 年 4 月 15 日	贵州省经信委	关于组织开展 2015 年度贵州省新型工业化产业示范基地创建申报工作的通知（黔经信园区〔2015〕10 号）

续表

时间	发文机关	文件名
2015 年 4 月 15 日	贵州省经信委	关于做好贵州省新型工业化产业示范基地复核工作的通知（黔经信园区〔2015〕9 号）
2015 年 5 月 13 日	贵州省经信委	省经济和信息化委关于组织开展 2015 年度国家级工业设计中心申报工作的通知（黔经信产业〔2015〕4 号）
2015 年 5 月 18 日	贵州省经信委	关于申报 2015 年国家技术创新示范企业的通知（黔经信技质〔2015〕17 号）
2015 年 8 月 6 日	贵州省经信委	关于举办"互联网＋"与现实产业转型实务专题讲座的通知（黔经信人教〔2015〕24 号）
2015 年 8 月 11 日	贵州省经信委	关于组织申报 2015 年贵州省技术创新示范企业的通知（黔经信技质〔2015〕31 号）
2015 年 8 月 11 日	贵州省经信委	关于收集《贵州省"十三五"新兴产业发展规划》项目的通知（黔经信技质〔2015〕33 号）
2015 年 8 月 11 日	贵州省经信委	贵州省关于做好工业强基项目储备工作的通知（黔经信技质〔2015〕36 号）
2015 年 8 月 28 日	贵州省"民营企业服务年"办公室活动办公室	关于 2015 年"大众创业、万众创新"示范园的公示（黔民服办发〔2015〕10 号）
2015 年 10 月 8 日	贵州省经信委	关于 2015 省级新型工业化产业示范基地的公示（黔经信园区〔2015〕24 号）
2015 年 11 月 30 日	贵州省政府	《省人民政府办公厅关于明确企业投资项目前置审批等相关要求的通知》（黔府办函〔2015〕26 号）
节能环保		
2011 年 3 月 8 日	贵州省发改委	《贵州省省级循环经济示范园区（基地）、企业认定暂行办法》
2012 年 8 月 24 日	贵州发改委、财政厅	关于印发《贵州省 2012 年中央财政补贴高效照明产品（节能灯）推广工作实施方案》的通知
2012 年 9 月 28 日	贵州省政府	贵州省 LED 产业发展规划（2011—2020 年）

续表

时间	发文机关	文件名
2013 年 11 月 1 日	贵州省人民代表大会常务委员会	贵州省节约能源条例（2013 年第 9 号）
新材料		
2012 年 4 月 16 日	贵州省政府	贵州省"十二五"新材料产业发展规划
2013 年 4 月 12 日	省经信委材料工作处	加快淘汰落后产能促进冶金行业结构调整
2014 年 6 月 13 日	贵州发改委、经信委	贵州省墙体材料规范条件（黔经信原材料〔2014〕19 号）
2016 年 2 月 26 日	贵州省国家税务局	贵州省 2015 年度享受新型墙体材料和资源综合利用增值税优惠政策
生物医药		
2014 年 7 月 8 日	贵州省经信委	关于组织申报 2014 年度中药材生产扶持项目的通知（黔经信消费函〔2014〕12 号）
2015 年 8 月 14 日	贵州省经信委	关于征集大健康医药产业技术需求与技术成果的通知（黔经信技质〔2015〕35 号）
2015 年 11 月 17 日	贵州省经信委	关于组织申报 2015 年度工业转型升级资金中药材提升和保障领域项目的通知（黔经信消〔2015〕19 号）
先进制造业		
2014 年 2 月 29 日	贵州省经信委	关于举办装备制造智能化与数字技术发展及应用升级高研班的通知
2015 年 4 月 30 日	贵州省经信委	关于组织推荐 2015 年智能制造试点示范项目的通知（黔经信装备〔2015〕9 号）
2015 年 11 月 16 日	贵州省经信委	省经济和信息化委关于开展智能制造点示范工作的通知（黔经信装备〔2015〕29 号）
2015 年 12 月 31 日	贵州省经信委	省经济和信息化委关于公布 2015 年贵州省智能制造试点示范项目名单的通告（黔经信装备〔2015〕41 号）
新一代信息技术		
2014 年 4 月 16 日	贵州省经信委	贵州省经济和信息化委员会关于组织申报 2014 年度电子信息产业发展基金项目的通知（黔经信信产办〔2014〕6 号）

续表

时间	发文机关	文件名
2015 年 5 月 7 日	贵州省经信委	关于开展贵州省"十三五"信息化发展规划调研的函（黔经信信产办函〔2015〕29 号）
2015 年 12 月 1 日	贵州省经信委	关于举办贵州省"互联网＋"协同制造高级研修班的通知（黔人社厅通〔2015〕487 号）
新能源		
2014 年 3 月 14 日	贵州省经信委	关于组织申报 2014 年光伏产业重点项目的通知（黔经信信产办〔2014〕2 号）
2014 年 3 月 21 日	贵州省经信委	关于印发《2014 年贵州省甲醇燃料推广应用工作方案》的通知（黔经信原材料〔2014〕11 号）
新能源汽车		
2015 年 1 月 15 日	贵州省经信委	关于报送 2015 年新能源汽车推广应用工作有关情况的函（黔经信装备函〔2015〕1 号）
2016 年 1 月 20 日	贵州省财政部办公厅	关于开展新能源汽车推广应用核查工作的通知（财办建〔2016〕6 号）
财政、金融、税收对战略性新兴产业支持政策		
2013 年 8 月 14 日	贵州省财政厅	关于印发《战略性新兴产业发展专项资金管理暂行办法》的通知（黔财建〔2012〕1111 号）
2014 年 5 月 14 日	贵州省经信委	关于组织申报 2014 年度国家物联网发展专项资金项目的通知（黔经信技质〔2014〕23 号）
2014 年 6 月 30 日	贵州省政府	贵州省"十二五"战略性新兴产业发展专项规划
2014 年 8 月 22 日	贵州省发改委	贵州省发展改革委关于发布首批鼓励社会资本参与投资项目的通知（黔发改投资〔2014〕1457 号）
2015 年 2 月 10 日	贵州省经信委	关于改进和加强 2015 年省工业和信息化发展专项资金项目申报工作的通知（黔经信规划〔2015〕1 号）
2015 年 4 月 22 日	贵州省财政部、科技部、工业和信息化部发展改革委	关于 2016—2020 年新能源汽车推广应用财政支持政策的通知（财建〔2015〕134 号）
2015 年 4 月 30 日	贵州省经信委	省经济和信息化委关于制定传统支柱产业振兴方案的通知（黔经信办〔2015〕20 号）

续表

时间	发文机关	文件名
2015 年 5 月 12 日	贵州省财政厅	新型墙体材料专项基金（黔建墙革通〔2015〕193 号）
2015 年 6 月 24 日	贵州省发改委	省发展改革委关于组织申报 2015 年节能减排省级专项资金和省预算内基本建设投资备选项目的通知（黔发改环资〔2015〕971 号）
2015 年 6 月 29 日	贵州省财政厅	关于风力发电增值税政策的通知（财税〔2015〕74 号）
2015 年 6 月 29 日	财政部、国家税务总局	关于新型墙体材料增值税政策的通知（财税〔2015〕73 号）
2015 年 7 月 5 日	贵州省人民政府办公厅	省人民政府关于贵州省创新重点领域投融资机制鼓励社会投资的实施意见（黔府发〔2015〕25 号）
2015 年 9 月 11 日	贵州省财政厅	水污染防治专项资金管理办法（财建〔2015〕226 号）
2016 年 1 月 26 日	贵州省财政部	关于开展新能源汽车推广应用补助资金专项检查的通知（财监〔2016〕1 号）
2016 年 2 月 5 日	贵州省经信委	关于做好 2016 年省工业和信息化发展专项资金申报工作的通知（黔经信规划〔2016〕4 号）

（二）云南省

云南省出台的战略性新兴产业发展政策包括加快培育战略性新兴产业决定的意见、发展规划、产业园区转型、产业转型等方面的政策。在 2012 年其出台的发展规划中，将云南省战略性新兴产业划分为 6 类，减少了新能源汽车产业，在 6 类产业具体发展政策中，关于生物产业和节能环保产业政策较多，其他的寥寥无几。在六大产业细目中，云南省根据现有基础和区域特点，围绕产业链打造、重大应用示范、提高自主创新能力，重点培育云南特色区域创新体系，以生物产业作为支柱产业，大力发展卷烟、花卉、蔗糖、茶叶、咖啡、橡胶等生物育种及生物医药制造；重点培育光电子产业，以红外及微光夜视、光电子信息材料等为主导产业，以光机电一体化设备、半导体照明、OLED 等产业为补充推进光电子产业大力发展；对于高端装备制造业、节能环保业以及新材料、新能源业，云南省依据当地特有资源，建立产业集群发展的优势企业、太阳能光伏利用产业链、高端电力装备产业链、稀贵金属基础材料产业链、钛材料产业链、锡基新材料产业链、煤基新材料产业链等特色产业链，建立以昆明为中心，以曲靖、玉溪、大理等为次中心的新兴产业基地，带动区域经济协调发展。

在金融支持战略性新兴产业发展政策方面，除了出台专项资金支持战略性新兴产业发展的实施方案外，还出台了政府与社会资本合作模式实施方案，该PPP模式在2015年9月开始在云南省实施（见表3-2）。

表3-2   **云南省战略性新兴产业的金融支持政策**

时间	发文机关	文件名
战略性新兴产业发展整体政策		
2012年 7月9日	云南省人民政府	云南省人民政府贯彻国务院关于加快培育和发展战略性新兴产业决定的意见（云政发〔2012〕7号）
2012年 12月21日	云南省人民政府	云南省战略性新兴产业"十二五"发展规划
2014年 4月11日	云南省人民政府	云南省人民政府关于加快产业转型升级促进经济平稳较快发展的意见
2014年 10月23日	云南省工信委、发改委	云南省工业和信息化委 云南省发展和改革委关于加快推进重化工业转型升级的实施意见（云工信材料〔2014〕817号）
2015年 9月18日	云南省工信委	云南省人民政府关于推动产业园区转型升级的意见（云政发〔2015〕43号
2016年 2月27日	云南省人民政府	云南省人民政府关于稳增长开好局 若干政策措施的意见（云政发〔2016〕19号）
生物医药		
2015年 5月14日	云南省人民政府	云南省人民政府关于加快中药（民族药）产业发展的指导意见（云政发〔2015〕27号）
2015年 10月15日	云南省人民政府	云南省人民政府办公厅关于加快推进生物经济跨越发展的意见（云政办函〔2015〕212号）
2015年 11月2日	云南省人民政府	云南省人民政府办公厅关于印发全省发展中医药大会重点任务分解方案的通知（云政办函〔2015〕231号）

续表

时间	发文机关	文件名
2015 年 12 月 4 日	云南省人民政府	云南省人民政府办公厅关于贯彻落实中药材保护和发展规划（2015—2020 年）的实施意见（云政办发〔2015〕89 号）
2015 年 12 月 7 日	云南省人民政府	云南省人民政府办公厅关于贯彻落实中药材保护和发展规划（2015—2020 年）的实施意见（云政办发〔2015〕89 号）
2016 年 2 月 3 日	云南省人民政府	云南省人民政府办公厅关于印发云南省中医药健康服务发展规划（2015—2020 年）的通知（云政办发〔2016〕14 号）
节能环保		
2012 年 7 月 11 日	工业和信息化部	工业和信息化部关于进一步加强工业节能工作的意见（工信部节〔2012〕339 号）
2015 年 10 月 20 日	云南省人民政府	云南省人民政府关于加快发展节能环保产业的意见（云政发〔2015〕76 号）
2016 年 1 月 10 日	云南省人民政府	云南省人民政府关于印发云南省水污染防治工作方案的通知（云政发〔2016〕3 号）
2016 年 1 月 21 日	云南省人民政府	云南省人民政府办公厅关于推行环境污染第三方治理的实施意见（云政办发〔2016〕8 号）
2016 年 1 月 25 日	云南省人民政府	云南省人民政府关于印发云南省水污染防治工作方案的通知（云政发〔2016〕3 号）
2016 年 4 月 7 日	云南省人民政府	云南省人民政府办公厅关于印发云南省加强节能标准化工作实施方案（云政办发〔2016〕31 号）
新材料		
2015 年 9 月 20 日	云南省人民政府	云南省人民政府办公厅关于加快木本油料产业发展的实施意见（云政办发〔2015〕72 号）
生物农业		
2014 年 1 月 7 日	省工业和信息化为、省财政厅	云南省工业和信息化委　云南省财政厅关于做好 2014 年云南省蔗糖产业发展专项资金申报工作的通知（云工信运行〔2014〕15 号）
2015 年 7 月 9 日	省工业和信息化委、省财政厅	云南省 2015 年工业发展专项资金蔗糖产业项目拟扶持计划
2015 年 10 月 27 日	云南省人民政府办公厅	云南省人民政府办公厅关于加快转变农业发展方式推进高原特色农业现代化的意见（云政办发〔2015〕80 号）

续表

时间	发文机关	文件名
		新能源
2014 年 4 月 11 日	云南省人民政府	云南省人民政府关于促进煤炭产业转型升级实现科学发展安全发展的意见（云政发〔2014〕18 号）
		财政、金融、税收支持政策
2011 年 12 月 23 日	云南省财政厅	关于做好 2012 年第一批新型工业化发展专项资金项目申报工作的通知（云工信园区〔2011〕978 号）
2012 年 2 月 1 日	云南省财政厅	关于做好 2012 年度可再生能源发展专项资金项目申报工作的通知（云财企〔2012〕2 号）
2012 年 2 月 1 日	云南省财政厅	关于做好 2012 年度技术创新暨产业发展专项资金项目申报工作的通知（云财企〔2012〕6 号）
2012 年 12 月 21 日	云南省财政厅	云南省战略性新兴产业发展专项资金管理办法
2013 年 7 月 18 日	云南省人民政府	关于印发云南省新型工业化发展专项资金管理办法（云政办发〔2011〕165 号）
2013 年 8 月 6 日	云南省财政厅	云南省 2013 年可再生能源发展专项资金项目公示
2013 年 8 月 13 日	云南省财政厅	关于做好 2013 年云南省蔗糖产业发展专项资金申报工作的通知（云工信运行〔2013〕754 号）
2013 年 12 月 31 日	云南省财政厅	关于做好 2014 年度云南省地方特色产业中小企业发展资金项目申报工作的通知（云财企〔2013〕478 号）
2014 年 1 月 14 日	云南省财政厅	关于申报 2014 年度技术创新暨产业发展专项资金项目的通知（云财企〔2014〕5 号）
2015 年 1 月 30 日	云南省财政厅	关于做好 2015 年工业发展专项资金工业园区建设发展项目申报工作的通知
2015 年 6 月 3 日	云南省人民政府办公厅	推广运用政府和社会资本合作模式实施方案（云政发〔2014〕73 号）
2015 年 7 月 2 日	云南省财政厅	云南省 2015 年可再生能源发展专项资金拟扶持项目公示
2015 年 10 月 29 日	云南省人民政府办公厅	云南省人民政府关于印发推进财政资金统筹使用实施方案的通知（云政发〔2015〕78 号）

续表

时间	发文机关	文件名
财政、金融、税收支持政策		
2016 年 2 月 24 日	云南省人民政府办公厅	云南省人民政府关于印发云南省财政科技计划（专项、基金等）管理改革方案的通知（云政发〔2016〕21 号）

（三）宁夏回族自治区

宁夏回族自治区出台的战略性新兴产业发展政策不多，基本内容在其 2013 年战略性新兴产业发展规划中，将宁夏回族自治区战略性新兴产业划分为 6 类，减少了新能源汽车产业，在 6 类产业具体发展政策中，关于新材料产业发展政策几乎没有。在六大产业细目中，宁夏回族自治区依托得天独厚的资源禀赋条件，重点发展风能、太阳能光伏产业，开发中药和回药，开展新型煤化工、装备制造、现代农业、生态建设等领域科技攻关，组织实施煤电化一体化、煤制油制气、先进装备和智能制造、稀有金属和镁铝轻金属、农业优良品种选育、节水高效农业、节能环保、生态环境治理和修复等重大科技专项。

在金融支持战略性新兴产业发展政策方面，虽然宁夏回族自治区没有出台政府与社会资本合作模式实施方案，但也在按照国家出台的相关政策实施 PPP 合作模式（见表 3 – 3）。

表 3 – 3　　宁夏回族自治区战略性新兴产业的金融支持政策

时间	发文机关	文件名
战略性新兴产业发展的整体政策		
2012 年 2 月 29 日	宁夏回族自治区发展和改革委员会	关于组织实施 2012 年自治区高新技术产业基地战略性新兴产业项目的通知（宁发改高技〔2012〕48 号）
2013 年 4 月 9 日	宁夏回族自治区发改委、财政厅	关于组织实施 2013 年自治区高新技术产业基地战略性新兴产业项目的通知
2013 年 11 月 7 日	宁夏回族自治区发展和改革委员会	宁夏回族自治区战略性新兴产业发展"十二五"规划（宁政发〔2013〕53 号）

时间	发文机关	文件名
2014 年 4 月 15 日	宁夏回族自治区发展和改革委员会	关于组织实施 2014 年自治区高新技术产业基地战略性新兴产业项目的通知（宁发改高技〔2014〕138 号）
2015 年 5 月 25 日	宁夏回族自治区经信委	国务院关于印发中国制造 2025 的通知（国发〔2015〕28 号）
2016 年 2 月 3 日	宁夏回族自治区人民政府	自治区人民政府关于创新财政支农方式加快发展农业特色优势产业的意见（宁政发〔2016〕27 号）
2016 年 2 月 24 日	宁夏回族自治区人民政府	自治区人民政府关于印发宁夏回族自治区国民经济和社会发展第十三个五年规划纲要的通知（宁政发〔2016〕30 号）
各种战略性新兴产业发展政策		
节能环保		
2012 年 2 月 3 日	宁夏回族自治区人民政府	自治区人民政府办公厅关于印发宁夏回族自治区绿色建筑发展"十二五"规划的通知（宁政办发〔2012〕12 号）
2014 年 9 月 22 日	宁夏回族自治区财政局、发改委、工信局	关于转发《财政部办公厅 国家发改委办公厅关于组织申报 2014 年节能减排财政政策综合示范城市的通知》的通知〔宁财（建）发〔2014〕794 号〕
新能源		
2011 年 8 月 10 日	宁夏回族自治区人民政府	自治区人民政府关于印发《宁夏回族自治区风电和太阳能光伏发电项目建设用地管理法》的通知（宁政发〔2011〕103 号）
2013 年 6 月 25 日	宁夏回族自治区发展和改革委员会	自治区发展改革委争取国家下达我区 2013 年战略性新兴产业（能源）中央预算内投资计划
2015 年 5 月 6 日	宁夏回族自治区财政厅	关于转发《财政部 科技部 工业和信息化部 发展改革委关于 2016—2020 年新能源汽车推广应用财政支持政策的通知》的通知（宁财（建）发〔2015〕429 号）
2015 年 11 月 27 日	宁夏回族自治区人民政府	我区城市公交车成品油价格补助政策将与新能源汽车推广数量挂钩
2016 年 2 月 2 日	宁夏回族自治区发展和改革委员会	关于配套 2015 年光伏扶贫试点项目地面光伏电站的公告（国能新能〔2015〕73 号）
生物农业		
2012 年 3 月 16 日	宁夏回族自治区人民政府	自治区人民政府关于加快推进现代农作物种业发展的实施意见（宁政发〔2012〕46 号）

续表

时间	发文机关	文件名
2015 年 4 月 27 日	宁夏回族自治区财政厅	农牧厅财政厅关于印发《2015 年加快推进农业特色优势产业发展若干政策意见实施细则》的通知
新一代信息技术		
2013 年 7 月 9 日	宁夏回族自治区发展和改革委员会	自治区发展改革委批复了宁夏隆基宁光仪表有限公司基于物联网的智能化能源计量仪表的研发及产业化项目资金申请报告
2014 年 5 月 30 日	宁夏回族自治区财政厅	关于印发《国家物联网发展及稀土产业补助资金管理办法》的通知（财企〔2014〕87 号）
先进装备制造业		
2013 年 4 月 11 日	宁夏回族自治区经济与信息化委员会	宁夏回族自治区装备制造业发展"十二五"规划
2015 年 11 月 12 日	宁夏回族自治区发展和改革委员会	关于银川通用航空产业园产业发展规划的批复宁发改审发〔2015〕105 号
财政、金融、税收对战略性新兴产业支持政策		
2012 年 4 月 6 日	宁夏回族自治区国税局	关于深入实施西部大开发战略有关企业所得税问题的公告（国家税务总局公告 2012 年第 12 号）
2012 年 4 月 27 日	宁夏回族自治区国税局	关于《国家税务总局关于深入实施西部大开发战略有关企业所得税问题的公告》的解读
2014 年 1 月 2 日	宁夏回族自治区国税局	关于《落实节能服务企业合同能源管理项目企业所得税优惠政策有关征收管理问题的公告》的解读
2014 年 11 月 17 日	宁夏回族自治区发展和改革委员会	关于组织实施 2015 年自治区高新技术和战略性新兴产业专项的通知（宁发改高技〔2014〕636 号）
2015 年 12 月 28 日	宁夏回族自治区发展和改革委员会	关于做好资源节约和环境保护中央预算内投资备选项目储备的通知（发改投资〔2015〕1463 号）
2016 年 3 月 4 日	宁夏回族自治区发展和改革委员会	关于组织实施 2016 年自治区高新技术和战略性新兴产业专项的通知（宁发改高技〔2016〕88 号）

（四）青海省

青海省关于战略性新兴产业发展政策散见于其他文件中，在这些文件中，青海省将战略性新兴产业划分为5类，减少了节能环保产业，将新能源和新能源汽车合并为新能源制造产业，在5类产业具体发展政策中，只有关于新能源制造、电子信息和生物医药产业相关文件。在5大产业细目中，青海省依托资源优势和产业基础等方面的比较优势，着力构建在全国具有重要影响力的千亿元锂电、光伏光热、新材料产业集群；在生物制药方面，积极推进冬虫夏草、大黄产业链，扩大中藏药材种植，带动保健养生行业发展。此外，推动牦牛相关产品深加工，开发高附加值生物制品；综合利用当地中草药资源，推进生物医药业发展，不断挖掘新的战略性新兴产业增长点。

在金融支持战略性新兴产业发展政策方面，青海省政府、财政厅、金融办、银监局等部门出台了关于专项资金、银行、社会资本等支持战略性新兴产业发展的相关政策，政策比较全面（见表3-4）。

表3-4   青海省战略性新兴产业的金融支持政策

时间	发文机关	文件名
		战略性新兴产业发展的整体政策
2012年 3月16日	青海省人民政府	关于应对当前工业经济突出问题的十项举措（青政〔2011〕87号）
2012年 4月10日	青海省人民政府	关于坚持科学发展安全发展促进安全生产形势持续稳定好转的实施意见（青政〔2012〕20号）
2015年 11月10日	青海省人民政府	青海省地理空间数据交换和共享管理办法（省政府令〔第112号〕）
2015年 11月27日	青海省人民政府	关于促进开发区（园区）转型升级创新发展的实施意见（青政办〔2015〕210号）
2016年 3月21日	青海省人民政府	关于2015年度青海省科学技术奖励的决定（青政〔2016〕16号）
2016年 3月22日	青海省人民政府	关于加快林产业发展的实施意见（青政办〔2015〕18号）
2016年 3月25日	青海省人民政府	关于印发青海省发展产业、易地搬迁等七个脱贫攻坚行动计划和交通、水利等九个行业扶贫专项方案的通知（青政办〔2016〕29号）
2016年 4月6日	青海省人民政府	关于成立青海省新能源新材料产业发展工作领导小组的通知（青政办〔2016〕43号）

续表

时间	发文机关	文件名
2016 年 4 月 6 日	青海省人民政府	关于印发全省新农村新牧区建设 2016 年八项实事工程安排计划的通知（青政办〔2016〕41 号）
各种战略性新兴产业发展政策		
新能源		
2014 年 4 月 1 日	青海省人民政府	关于促进青海光伏产业健康发展的实施意见（青政办〔2014〕53 号）
2015 年 2 月 3 日	青海省发展和改革委员会	关于分布式光伏发电有关事宜的通知（青发改能源〔2015〕46 号）
2015 年 4 月 14 日	青海省人民政府	关于印发加快青海省新能源汽车推广应用实施方案的通知（青政办〔2015〕77 号）
2015 年 5 月 27 日	青海省发展和改革委员会	关于青海省投资集团有限公司青海黄河大河家水电站项目核准的批复（青发改能源〔2015〕360 号）
2015 年 6 月 12 日	青海省发展和改革委员会	关于青海东方华路新能源投资有限公司德令哈尔海二期49.5 兆瓦风力发电项目核准的批复（青发改能源〔2015〕412 号）
2015 年 6 月 12 日	青海省发展和改革委员会	关于督促光伏发电项目业主做好项目竣工验收的通知（青发改能源〔2015〕415 号）
2015 年 10 月 12 日	青海省发展和改革委员会	关于编制《青海省充电基础设施建设规划》的通知（青发改能源〔2015〕894 号）
2015 年 11 月 13 日	青海省发展和改革委员会	关于盐湖至流沙坪 330 千伏输变电工程项目核准的批复（青发改能源〔2015〕904 号）
2015 年 12 月 25 日	青海省财政厅	《青海省新能源汽车推广应用购置补贴管理办法》的通知（青财建字〔2015〕2201 号）
2016 年 3 月 22 日	青海省人民政府	关于印发青海省三网融合推进实施方案的通知（青政办〔2016〕22 号）
生物医药		
2015 年 5 月 13 日	青海省发展和改革委员会	关于 2015 年藏区特殊原因果洛州农村牧区饮水安全工程实施方案的批复（青发改农牧〔2015〕330 号）
2015 年 5 月 21 日	青海省人民政府	关于公布青海省第二批重点保护野生植物名录的通知（青政〔2015〕44 号）
2015 年 7 月 20 日	青海省人民政府	关于推进农牧区产权流转交易市场建设的指导意见（青政办〔2015〕138 号）

续表

时间	发文机关	文件名
2015 年 12 月 31 日	青海省人民政府	关于加强野生黑果枸杞资源管理工作的指导意见（青政办〔2015〕224 号）
2016 年 1 月 4 日	青海省人民政府办公厅	关于加快转变农牧业发展方式促进高原特色现代生态农牧业发展的实施意见（青政办〔2015〕229 号）
电子信息		
2014 年 12 月 26 日	青海省人民政府	关于印发青海省加快电子商务发展政策措施的通知（青政〔2014〕71 号）
2016 年 4 月 5 日	青海省人民政府	关于印发青海省运用大数据加强对市场主体服务和监管实施方案的通知（青政办〔2016〕35 号）
财政、金融、税收对战略性新兴产业支持政策		
2012 年 3 月 16 日	青海省人民政府	关于印发青海省支持小型和微型企业发展的若干政策措施的通知（青政〔2012〕16 号）
2014 年 4 月 30 日	青海省人民政府	关于印发青海省深入推动金融改革发展若干政策措施的通知（青政〔2014〕30 号）
2014 年 4 月 30 日	青海省人民政府	关于印发青海省深入推动金融改革发展若干政策措施的通知（青政〔2014〕30 号）
2014 年 6 月 12 日	青海省人民政府	关于青海省金融服务"三农三牧"发展的实施意见（青政办〔2014〕109 号）
2014 年 9 月 9 日	青海省人民政府	转发省金融办省财政厅关于青海省金融支持地方经济社会发展奖励办法的通知（青政办〔2014〕149 号）
2014 年 9 月 9 日	青海省人民政府	转发省金融办省财政厅关于青海省金融支持地方经济社会发展奖励办法的通知（青政办〔2014〕149 号）
2015 年 1 月 19 日	青海省人民政府	关于加快发展多层次资本市场的实施意见（青政〔2015〕7 号）
2015 年 2 月 9 日	青海省人民政府	关于进一步加强审计工作的意见（青政〔2015〕18 号）
2015 年 2 月 16 日	青海省人民政府	关于印发《青海省切块财政支农资金及项目管理办法（试行）》的通知（青政办〔2015〕40 号）
2015 年 2 月 28 日	青海省人民政府	关于着力缓解企业融资难融资贵问题的实施意见（青政办〔2015〕45 号）

时间	发文机关	文件名
2015 年 4 月 16 日	青海省人民政府	关于印发《青海省深化对外贸易及投资体制改革的若干措施》的通知（青政办〔2015〕82 号）
2015 年 6 月 24 日	青海省人民政府	转发省金融办青海保监局关于青海省创业创新小额贷款保证保险实施方案的通知（青政办〔2015〕122 号）
2015 年 7 月 9 日	青海省人民政府	转发青海银监局关于发展普惠金融指导意见的通知（青政办〔2015〕135 号）
2015 年 7 月 9 日	青海省人民政府	转发青海银监局关于发展普惠金融指导意见的通知（青政办〔2015〕135 号）
2015 年 9 月 3 日	青海省人民政府	转发人民银行西宁中心支行关于推动全省加快发展普惠金融、绿色金融、移动金融的指导意见的通知（青政办〔2015〕163 号）
2015 年 9 月 3 日	青海省人民政府	转发人民银行西宁中心支行关于推动全省加快发展普惠金融、绿色金融、移动金融的指导意见的通知（青政办〔2015〕163 号）
2015 年 10 月 16 日	青海省人民政府	关于改革省级财政科技计划和资金管理的实施意见（青政〔2015〕80 号）
2015 年 10 月 26 日	青海省人民政府	转发省金融办等部门关于金融支持文化旅游产业加快发展意见的通知（青政办〔2015〕193 号）
2015 年 11 月 10 日	青海省人民政府	关于全面做好农村牧区金融服务工作的通知（青政办〔2015〕200 号）
2015 年 11 月 10 日	青海省人民政府	关于全面做好农村牧区金融服务工作的通知（青政办〔2015〕200 号）
2015 年 12 月 3 日	厅办公室	关于拨付青海康普生物科技股份有限公司上市融资中介费用补贴的通知（青财金字〔2015〕2136 号）
2015 年 12 月 9 日	青海省人民政府	转发省金融办关于促进金融租赁行业发展实施意见的通知（青政办〔2015〕212 号）
2016 年 1 月 10 日	青海省人民政府	关于创新重点领域投融资机制鼓励社会投资的实施意见（青政〔2016〕3 号）
2016 年 1 月 28 日	青海省财政厅金融处	关于征集政府和社会资本合作（PPP）项目的通知（青财金字〔2016〕43 号）
2016 年 2 月 4 日	青海省人民政府	关于改革和完善省对下财政转移支付制度的意见（青政〔2015〕104 号）

（五）广西壮族自治区

在战略性新兴产业发展政策方面，广西壮族自治区出台文件较多，也比较全面，包括战略性新兴产业发展规划、重点产品和服务目录、发展实施方案、产业园区建设等方面的政策。在2015年其出台的产业目录中，与国家战略性新兴产业重点目录划分不同，分为10类，增加了养生长寿健康产业和海洋产业，并将生物产业分为生物医药产业和生物农业。广西壮族自治区10类产业的具体发展政策也很详细，该省依据产业发展基础和技术特点重点攻克新材料、石墨烯、机器人、生态环保等重点领域关键共性技术，研发天然药物、中药、壮瑶等民族药物，开发特色保健食品、海洋医药、海洋生物制品以及海洋工程装备等。

在金融支持战略性新兴产业发展政策方面，广西壮族自治区出台的文件也很全面，包括政府专项资金项目支持、建立引导基金、增值税减免扣除、金融支持、企业利用债券市场融资、引入民间资本、深化投融资体制改革等举措。特别是2012年发布引入民间资本的函，这在民族地区是较早的举措（见表3-5）。

表3-5   广西壮族自治区战略性新兴产业的金融支持政策

时间	发文机关	文件名
战略性新兴产业发展的整体政策		
2009年12月25日	广西壮族自治区人民政府	关于印发广西壮族自治区高新技术产业调整和振兴规划的通知（桂政发〔2009〕110号）
2011年2月23日	广西壮族自治区人民政府	关于加快培育发展战略性新兴产业的意见（桂政发〔2011〕17号）
2011年5月10日	广西壮族自治区人民政府	关于印发广西壮族自治区国民经济和社会发展第十二个五年规划纲要的通知（桂政发〔2011〕27号）
2011年7月18日	广西壮族自治区人民政府	关于印发广西创新计划（2011—2015年）的通知（桂政发〔2011〕35号）
2012年1月30日	广西壮族自治区人民政府	关于加快建设南宁内陆开放型经济战略高地的若干意见（桂政发〔2012〕85号）
2012年3月29日	广西壮族自治区发改委	广西壮族自治区战略性新兴产业发展"十二五"规划（桂发改规划〔2012〕302号）

续表

时间	发文机关	文件名
2012 年 8 月 10 日	广西壮族自治 区发改委	中国—东盟南宁空港经济区发展规划（桂发改规划〔2012〕960 号）
2012 年 8 月 20 日	广西壮族自治 区发改委	关于联合印发我区战略性新兴产业发展指导目录的通知（桂发改高技〔2012〕493 号）
2012 年 9 月 14 日	广西壮族自治 区人民政府	关于加快推进战略性新兴产业发展实施方案（桂政办发〔2012〕208 号）
2012 年 9 月 18 日	广西壮族自治 区人民政府	关于中国—马来西亚钦州产业园区开发建设优惠政策的通知（桂政发〔2012〕67 号）
2012 年 11 月 12 日	广西壮族自治 区人民政府	关于加快建设南宁内陆开放型经济战略高地的若干意见（桂政发〔2012〕85 号）
2012 年 12 月 17 日	广西壮族自治 区人民政府	关于印发加快推进　东兴重点开发开放试验区建设若干政策的通知（桂政发〔2012〕93 号）
2014 年 2 月 10 日	广西壮族自治 区发改委	加快推进战略性新兴产业发展实施方案（征求意见稿）
2014 年 2 月 26 日	广西壮族自治 区人民政府	关于下达广西壮族自治区 2014 年国民经济和社会发展计划的通知（桂政发〔2014〕19 号）
2014 年 8 月 22 日	广西壮族自治 区发改委	广西战略性新兴产业重点产品和服务指导目录（2014 年度）（征求意见稿）
2014 年 10 月 11 日	广西壮族自治 区人民政府	中国—马来西亚钦州产业园区建设自治区改革创新先行园区总体方案
2014 年 11 月 27 日	广西壮族自治 区人民政府	中国—马来西亚钦州产业园区管理办法（广西壮族自治区人民政府令　第 107 号）
2015 年 3 月 12 日	广西壮族自治 区发改委	关于印发广西战略性新兴产业重点产品和服务指导目录（2015 年度）的通知（桂发改高技〔2015〕438 号）
2015 年 4 月 23 日	广西壮族自治 区工信委	广西农业科技园区管理办法
2016 年 2 月 3 日	广西壮族自治 区人民政府办 公厅	关于印发推动广西工业产业转型升级专项行动方案的通知（桂政办发〔2016〕7 号）
2016 年 3 月 16 日	广西壮族自治 区人民政府	关于印发广西壮族自治区国民经济和社会发展第十三个五年规划纲要的通知（桂政发〔2016〕9 号）

时间	发文机关	文件名
各种战略性新兴产业发展政策		
新材料		
2009 年 12 月 25 日	广西壮族自治区人民政府	关于印发加快循环生态型铝产业发展的意见的通知（桂政发〔2009〕111 号）
2009 年 12 月 25 日	广西壮族自治区人民政府	关于印发广西新材料产业发展规划的通知（桂政发〔2009〕112 号）
2012 年 11 月 19 日	广西壮族自治区人民政府	关于促进稀土行业持续健康发展的实施意见（桂政发〔2012〕86 号）
2012 年 12 月 11 日	广西壮族自治区人民政府	关于印发广西河池生态环保型有色金属产业示范基地规划的通知（桂政发〔2012〕94 号）
2015 年 7 月 28 日	广西壮族自治区发改委	关于南宁市通用航空产业园市企战略合作协议意见的函（桂发改工业函〔2015〕1694 号）
节能环保		
2009 年 12 月 25 日	广西壮族自治区人民政府	关于印发广西节能产业与环保产业振兴规划的通知（桂政发〔2009〕113 号）
2011 年 12 月 27 日	广西壮族自治区人民政府	关于印发"十二五"节能减排综合性实施方案的通知（桂政发〔2011〕80 号）
2012 年 10 月 25 日	广西壮族自治区人民政府办公厅	转发自治区发展改革委等部门关于加快推行合同能源管理促进节能服务产业发展实施意见的通知（桂政办发〔2012〕296 号）
新能源汽车		
2010 年 9 月 2 日	广西壮族自治区人民政府	关于推进新能源汽车产业发展的意见（桂政发〔2010〕40 号）
2012 年 11 月 19 日	广西壮族自治区财政厅	关于组织申报 2012 年度国家新能源汽车产业技术创新工程项目的通知（桂财企〔2012〕154 号）
2015 年 7 月 20 日	广西壮族自治区人民政府办公厅	关于加快新能源汽车推广应用的实施意见（桂政办发〔2015〕51 号）
2016 年 1 月 13 日	广西壮族自治区财政厅、工信委	关于完善广西城市公交车成品油价格补助政策加快广西新能源汽车推广应用的通知（桂财建〔2016〕3 号）

续表

时间	发文机关	文件名
新能源		
2012 年 12 月	广西壮族自治区发改委	广西陆上风电场建设规划的通知（桂发改能源〔2012〕1317 号）
2012 年 12 月	广西壮族自治区发改委	关于进一步加强我区风电开发建设和管理的通知（桂发改能源〔2012〕359 号）
2015 年 1 月 20 日	广西壮族自治区发改委	广西壮族自治区分布式光伏发电项目备案管理暂行办法的通知（桂发改能源〔2014〕946 号）
2015 年 3 月 25 日	广西壮族自治区发改委	关于实施分布式发电示范工程的通知（桂发改能源〔2015〕310 号）
2015 年 5 月 7 日	广西壮族自治区发改委	关于在全区能源领域开展建设工程落实施工方案专项行动的通知（桂发改能源〔2015〕485 号）
2015 年 11 月 27 日	广西壮族自治区发改委	关于加强和规范我区生物质发电项目管理有关要求的通知（桂发改能源〔2015〕450 号）
2016 年 2 月 1 日	广西壮族自治区发改委	关于调整下达战略性新兴产业（能源）2015 年第一批中央预算内投资计划的通知（桂发改能源〔2016〕66 号）
海洋产业		
2012 年 6 月 1 日	广西壮族自治区发改委	广西海洋事业发展规划纲要（2011—2015 年）（桂发改规划〔2012〕586 号）
2016 年 3 月 15 日	广西壮族自治区发改委	关于印发促进海运业健康发展实施方案的通知（桂政办发〔2016〕22 号）
养生长寿健康产业		
2013 年 9 月 1 日	广西壮族自治区发改委	关于成立巴马长寿养生国际旅游区开发建设工作领导小组的通知（桂政办发〔2013〕107 号）
2013 年 11 月 18 日	广西壮族自治区发改委	转发自治区体育局关于创建国家民族传统体育保护传承示范区工作方案的通知（桂政办发〔2013〕124 号）
2014 年 3 月 21 日	广西壮族自治区发改委	关于组织实施 2014 年新能源、养生长寿健康、海洋、生物农业等战略性新兴产业专项的通知
生物农业		
2012 年 5 月 8 日	广西壮族自治区人民政府	关于加快推进现代农作物种业发展的实施意见（桂政发〔2012〕43 号）

续表

时间	发文机关	文件名
2013 年 5 月 30 日	广西壮族自治区人民政府办公厅	转发广西农业区划办关于加强农业遥感监测体系建设提高遥感监测能力实施方案的通知（桂政办发〔2012〕328 号）
2013 年 7 月 1 日	广西壮族自治区人民政府	广西壮族自治区人民政府关于促进我区糖业可持续发展的意见（桂政发〔2013〕36 号）
2014 年 1 月 20 日	广西壮族自治区人民政府办公厅	广西甘蔗良种繁育推广体系建设实施方案（桂政办函〔2013〕70 号）
2014 年 10 月 9 日	广西壮族自治区人民政府办公厅	关于印发广西 2015 年优质高产高糖糖料蔗基地建设实施方案的通知（桂政办发〔2014〕89 号）
2014 年 12 月 22 日	广西壮族自治区人民政府办公厅	关于印发广西现代特色农业（核心）示范区建设管理暂行办法的通知（桂政办发〔2014〕107 号）
2015 年 2 月 12 日	广西壮族自治区人民政府	关于授予南宁市隆安县金穗香蕉产业（核心）示范区等示范区广西现代特色农业（核心）示范区称号的决定（桂政发〔2015〕5 号）
2016 年 1 月 28 日	广西壮族自治区人民政府办公厅	关于印发广西推进"双高"基地生产全程机械化实施方案（2015—2020 年）的通知（桂政办发〔2016〕3 号）
新一代信息技术		
2014 年 12 月 5 日	广西壮族自治区人民政府办公厅	关于印发广西推进物联网有序健康发展实施方案的通知（桂政办发〔2014〕105 号）
2016 年 3 月 15 日	广西壮族自治区人民政府	关于印发促进地理信息产业发展实施方案的通知（桂政办发〔2016〕23 号）
生物医药产业		
2011 年 12 月 7 日	广西壮族自治区人民政府	关于印发广西壮族自治壮瑶医药振兴计划（2011—2020 年）的通知（桂政发〔2011〕61 号）

续表

时间	发文机关	文件名
2013 年 9 月 9 日	广西壮族自治区人民政府办公厅	关于印发实施壮瑶医药振兴计划 2013 年主要工作安排的通知（桂政办发〔2013〕43 号）
2015 年 1 月 21 日	广西壮族自治区人民政府办公厅	关于支持玉林市加快打造"南方药都"的若干意见（桂政办发〔2014〕114 号）
2015 年 12 月 9 日	广西壮族自治区人民政府办公厅	关于印发中药材保护和发展规划（2015—2020 年）广西实施方案的通知（桂政办发〔2015〕110 号）
先进装备制造业		
2014 年 4 月 1 日	广西壮族自治区人民政府	关于促进民航业发展的意见（桂政发〔2014〕23 号）
2014 年 8 月 2 日	广西壮族自治区人民政府办公厅	关于印发广西推进北斗导航产业发展工作方案的通知（桂政办发〔2014〕82 号）
2016 年 1 月 7 日	广西壮族自治区人民政府办公厅	关于印发自治区推进国际产能和装备制造合作实施方案的通知（桂政办发〔2015〕126 号）
财政、金融、税收对战略性新兴产业支持政策		
2010 年 12 月 19 日	广西壮族自治区人民政府	关于加快发展金融业的实施意见（桂政发〔2010〕89 号）
2012 年 1 月 6 日	广西壮族自治区发改委	关于做好国家鼓励发展的国内投资项目进口设备免税确认有关工作的通知（桂发改规划〔2012〕11 号）
2012 年 6 月 8 日	广西壮族自治区国家税务局	关于充分发挥税收职能作用全力支持和促进全区经济平稳较快发展的实施意见（桂国税发〔2012〕150 号）
2012 年 10 月 16 日	广西壮族自治区发改委	关于发布 2012 年广西引入民间资本项目的函（桂发改经体函〔2012〕1571 号）
2012 年 11 月 16 日	广西壮族自治区人民政府办公厅	关于印发金融支持实体经济发展若干意见的通知（桂政办发〔2012〕304 号）

时间	发文机关	文件名
2012 年 11 月 26 日	广西壮族自治区人民政府办公厅	转发自治区财政厅关于进一步鼓励和引导金融支持中小微企业等实体经济加快发展若干意见的通知（桂政办发〔2012〕310 号）
2012 年 11 月 27 日	广西壮族自治区人民政府办公厅	转发自治区财政厅关于加大扶持力度推动企业上市若干意见的通知（桂政办发〔2012〕305 号）
2012 年 12 月 22 日	广西壮族自治区人民政府办公厅	转发人民银行南宁中心支行等部门关于进一步加快推进广西企业利用债券市场融资意见的通知（桂政办发〔2012〕326 号）
2013 年 1 月 9 日	广西壮族自治区财政厅	关于印发广西壮族自治高效节能工业产品推广补贴资金申请拨付办法的通知（桂财企〔2013〕10 号）
2013 年 7 月 12 日	广西壮族自治区财政厅	关于组织申报 2014 年生态广西建设引导资金项目的通知（桂财建〔2013〕134 号）
2013 年 9 月 18 日	广西壮族自治区科技厅	关于鼓励和引导民间投资和支持广西科技创新发展的实施意见（桂科条字〔2013〕62 号）
2014 年 4 月 16 日	广西壮族自治区发改委	关于组织申报资源节约和环境保护 2014 年中央预算内投资备选项目的通知（桂发改环资〔2014〕403 号）
2014 年 7 月 2 日	广西壮族自治区财政厅	关于印发 2014、2015 年度广西甘蔗良种繁育推广基地建设项目申报指南的通知（桂财农〔2014〕120 号）
2014 年 8 月 31 日	广西壮族自治区人民政府办公厅	2014 年自治区层面统筹推进重大项目增补计划的通知（桂政办发〔2014〕85 号）
2014 年 11 月 12 日	广西壮族自治区国税局	关于资源综合利用产品及劳务增值税退（免）税管理有关问题公告（公告〔2012〕5 号）
2015 年 2 月 9 日	广西壮族自治区国税局	关于在制糖行业试行农产品增值税进项税额核定扣除办法的公告（2014 年第 7 号）
2015 年 2 月 9 日	广西壮族自治区国税局	关于发布《企业所得税税收优惠管理办法（试行)》的公告（公告〔2012〕4 号）
2015 年 2 月 9 日	广西壮族自治区国税局	支持和促进广西经济平稳较快发展的主要税收优惠政策及服务举措（桂国税函〔2012〕150 号）

续表

时间	发文机关	文件名
2015 年 6 月 5 日	广西壮族自治 区国税局	自治区国家税务局关于企业所得税税收优惠管理问题的通知 （桂国税函〔2015〕214 号）
2015 年 6 月 5 日	广西壮族自治 区国税局	自治区国家税务局关于执行西部大开发企业所得税税收优惠政 策有关问题的通知（桂国税函〔2015〕138 号）
2014 年 7 月 28 日	广西壮族自治 区人民政府	关于印发政府核准的投资项目目录（广西壮族自治 2014 年本） 的通知（桂政发〔2014〕50 号）
2014 年 11 月 27 日	广西壮族自治 区人民政府	关于进一步深化投融资体制改革的指导意见（桂政发〔2014〕 70 号）
2014 年 11 月 28 日	广西壮族自治 区财政厅	关于组织开展 2015 年自治区粮食及农业优势特色（种养及农业 产业化）产业扶持资金和农民专业合作组织发展资金项目申报 工作的通知（桂财农〔2014〕245 号）
2015 年 6 月 23 日	广西壮族自治 区财政厅	关于贯彻落实能减排补助资金管理暂行办法的通知（桂财建 〔2015〕103 号）
2015 年 11 月 16 日	广西壮族自治 区人民政府	关于印发广西再担保有限公司组建方案的通知（桂政发 〔2015〕55 号）
2015 年 11 月 23 日	广西壮族自治 区人民政府	关于设立广西政府投资引导基金的意见（桂政发〔2015〕56 号）
2015 年 12 月 8 日	广西壮族自治 区人民政府	广西壮族自治人民政府关于设立广西政府投资引导基金的意见 （桂政发〔2015〕56 号）
2015 年 12 月 31 日	广西壮族自治 区财政厅	关于加大财政扶持力度推动股权投资基金行业加快发展的通知 （桂财金〔2015〕102 号）
2016 年 2 月 28 日	广西壮族自治 区财政厅	广西北部湾经济区重大产业发展专项资金管理办法（桂财建 〔2016〕20 号）
2016 年 3 月 18 日	广西壮族自治 区财政厅	关于征集广西政府投资引导基金 2016 年度投资意向的公告

（六）内蒙古自治区

在战略性新兴产业发展政策方面，内蒙古自治区出台文件门类齐全，包括战略性新兴产业发展目标及重点、产业分类目录、产业实施意见、重点开发开放试验区建设、实施创新驱动发展战略等。在 2013 年的产业分类目录中，内蒙古自治区将战略性新兴产业划分为 8 类，增加了煤炭清洁高效利用产业和高技术服务业，减少了新能源汽车产业。内蒙古8类产业的具体发展政策也很详细，内蒙古自治区主要依据其区位和能源优势大力发展光伏产业、草产业、生态畜牧业，建立农牧业优良畜种繁育示范基地，进行农牧业深加工，形成农牧业的龙头企业。此外，贯彻落实《中国制造二〇二五》，发展大型煤炭机械设备、智能输变电设备、煤化工成套设备，促进煤电用一体化；并加快发展清洁能源，大力开发风能、太阳能发电，有序开发利用油气资源，鼓励可再生能源分布式利用。

在金融支持战略性新兴产业发展政策方面，除了出台专项资金支持战略性新兴产业发展政策外，还出台了全区煤炭资源税适用税率的通告以及内蒙古自治区参股创业投资基金管理机构的通知（见表3-6）。

表3-6 　　　　　内蒙古自治区战略性新兴产业的金融支持政策

时间	发文机关	文件名
战略性新兴产业发展的整体政策		
2009年5月11日	内蒙古自治区人民政府	内蒙古自治区人民政府关于贯彻落实国家重点产业调整和振兴规划的实施意见（内政发〔2009〕40号）
2011年1月7日	内蒙古自治区人民政府	内蒙古自治区人民政府关于承接产业转移发展非资源型产业构建多元发展多级支撑工业体系的指导意见（内政发〔2011〕5号）
2011年11月6日	内蒙古自治区发改委和外资与经济协作处	关于征集2012年自治区重点招商引资项目的通知（内发改外经字〔2011〕2972号）
2012年3月5日	内蒙古自治区科技厅	内蒙古"十二五"期间战略性新兴产业发展目标及重点
2012年7月30日	内蒙古自治区人民政府	内蒙古自治区人民政府关于促进小型微型企业持续健康发展的意见（内政发〔2012〕88号）
2012年9月13日	内蒙古自治区人民政府	关于加快培育和发展战略性新兴产业的实施意见
2013年10月1日	内蒙古自治区统计局	内蒙古自治区战略性新兴产业分类目录（试行2013年）

续表

时间	发文机关	文件名
2014 年 2 月 19 日	内蒙古自治区人民政府	内蒙古自治区人民政府关于下达 2014 年自治区国民经济和社会发展计划的通知（内政发〔2014〕1 号）
2014 年 2 月 26 日	内蒙古自治区人民政府	内蒙古自治区人民政府办公厅关于印发《内蒙古满洲里重点开发开放试验区建设总体规划》重点工作分工方案的通知（内政办字〔2014〕38 号）
2014 年 7 月 7 日	内蒙古自治区人民政府	内蒙古自治区人民政府关于实施创新驱动发展战略的意见（内政发〔2014〕79 号）
2014 年 10 月 16 日	内蒙古自治区人民政府	内蒙古自治区人民政府关于支持二连浩特国家重点开发开放试验区建设的若干意见（内政发〔2014〕113 号）
2014 年 12 月 31 日	内蒙古自治区人民政府	内蒙古自治区人民政府关于发布自治区政府核准的投资项目目录（2014 年本）的通知（内政发〔2014〕139 号）
2015 年 5 月 4 日	内蒙古自治区人民政府	内蒙古自治区人民政府关于加快发展生产性服务业促进产业结构调整升级的实施意见（内政发〔2015〕52 号）
新能源		
2008 年 4 月 11 日	内蒙古自治区人民政府	内蒙古自治区人民政府办公厅关于做好鄂尔多斯盆地能源开发利用总体规划编制工作的通知（内政办发〔2008〕28 号）
2009 年 2 月 19 日	内蒙古自治区人民政府	内蒙古自治区人民政府关于进一步加快内蒙古电网建设的意见（内政发〔2009〕12 号）
2013 年 9 月 11 日	内蒙古自治区人民政府	内蒙古自治区人民政府印发关于促进全区煤炭经济持续健康发展有关措施的通知（内政发〔2013〕95 号）
2014 年 2 月 19 日	内蒙古自治区能源局	《内蒙古自治区 2013－2020 年太阳能发电发展规划》
2014 年 5 月 20 日	内蒙古自治区人民政府	内蒙古自治区人民政府关于加快发展重点煤炭企业的指导意见（内政发〔2014〕55 号）
2014 年 8 月 6 日	内蒙古自治区人民政府	内蒙古自治区人民政府关于促进光伏产业发展的实施意见（内政发〔2014〕89 号）
2014 年 10 月 9 日	内蒙古自治区经济与信息委员会	内蒙古自治区经济和信息化委员会关于对成立自治区新能源汽车推广应用工作领导小组意见的函（内经信装工函〔2014〕283 号）

时间	发文机关	文件名
2015 年 1 月 8 日	内蒙古自治区经济与信息委员会	内蒙古自治区经济和信息化委员会关于鄂尔多斯市新华结晶硅有限公司年产 30 万吨乙二醇项目备案的通知（内经信投规字〔2015〕15 号）
2015 年 12 月 16 日	内蒙古自治区发展与改革委员会	内蒙古自治区发展和改革委员会关于巴彦淖尔市 2015 年度光伏发电建设指标增补的通知（内发改能源字〔2015〕1566 号）
2015 年 12 月 18 日	内蒙古自治区发展与改革委员会	内蒙古自治区发展和改革委员会关于赤峰市 2015 年度光伏发电建设指标增补的通知（内发改能源字〔2015〕1639 号）
2015 年 12 月 18 日	内蒙古自治区发展与改革委员会	内蒙古自治区发展和改革委员会关于乌兰察布市 2015 年度光伏发电建设指标增补的通知（内发改能源字〔2015〕1565 号）
2015 年 12 月 30 日	内蒙古自治区发展与改革委员会	内蒙古自治区发展和改革委员会关于同意鄂尔多斯市 2015 年度增补光伏发电指标建设实施方案的通知（内发改能源字〔2015〕1655 号）
2016 年 2 月 2 日	内蒙古自治区发展与改革委员会	内蒙古自治区发展和改革委员会关于下发我区 2015 年度增补光伏发电指标建设实施方案及在建项目有关问题的通知（内发改能源字〔2016〕72 号）
2016 年 3 月 9 日	内蒙古自治区发展与改革委员会	内蒙古自治区发展和改革委员会关于下发我区 2015 年度增补光伏发电指标建设实施方案及在建项目有关问题的通知（内发改能源字〔2016〕72 号）
节能环保业		
2011 年 11 月 9 日	内蒙古自治区人民政府	内蒙古自治区人民政府关于印发自治区"十二五"节能减排综合性工作方案的通知（内政发〔2011〕129 号）
2013 年 7 月 25 日	内蒙古自治区人民政府	内蒙古自治区人民政府关于加快推进大宗工业固体废物综合利用的意见（内政发〔2013〕79 号）
2014 年 1 月 10 日	内蒙古自治区发改委	《内蒙古自治区合同能源管理项目节能服务机构管理办法》（内节能字〔2013〕25 号）
2015 年 1 月 6 日	内蒙古自治区经济与信息委员会	内蒙古自治区经济和信息化委员会关于核准巴彦淖尔市银海新材料有限责任公司稀土产品废弃物综合利用年产 5000 吨多种单一稀土化合物产品项目的通知（内经信投规字〔2015〕12 号）

续表

时间	发文机关	文件名
2015 年 12 月 31 日	内蒙古自治区人民政府	内蒙古自治区人民政府办公厅关于印发水污染防治工作方案的通知（内政办发〔2015〕155 号）
2016 年 3 月 9 日	内蒙古自治区发展与改革委员会	内蒙古自治区发展和改革委员会关于巴彦淖尔市阳光能源集团有限公司巴彦淖尔市临河区集中供热工程节能评估报告书的批复（内发改环资字〔2016〕119 号）
新材料业		
2015 年 1 月 6 日	内蒙古自治区发展与改革委员会	内蒙古自治区经济和信息化委员会关于对内蒙古晶环电子材料有限公司蓝宝石晶体项目有关指标认定意见的通知（内经信科电字〔2015〕24 号）
2015 年 4 月 29 日	内蒙古自治区发展与改革委员会	内蒙古自治区经济和信息化委员会关于印发《全区散装水泥和墙材革新工作要点》的通知（内经信办字〔2015〕131 号）
先进装备制造业		
2014 年 2 月 19 日	内蒙古自治区经济与信息委员会	关于推荐新时期重大技术装备项目的通知（内经信装工字〔2014〕54 号）
2014 年 7 月 21 日	内蒙古自治区经济与信息委员会	关于做好 2014 年度装备制造业发展专项资金项目申报工作的通知（内经信装工字〔2014〕306 号）
2014 年 9 月 30 日	内蒙古自治区经济与信息委员会	关于印发《内蒙古自治区重点装备制造产品推广指导目录》（2014 年度）的通知（内经信装工字〔2014〕440 号）
生物农业		
2014 年 11 月 2 日	内蒙古自治区人民政府	内蒙古自治区人民政府关于加快推进品牌农牧业发展的意见（内政发〔2014〕116 号）
2015 年 1 月 4 日	内蒙古自治区人民政府	内蒙古自治区人民政府关于加快培育领军企业推进产业集群发展、提升农牧业产业化经营水平的意见（内政发〔2015〕2 号）
2014 年 5 月 12 日	内蒙古自治区经济与信息委员会	内蒙古自治区经济和信息化委员会关于做好 2014 年物联网发展专项资金项目申报工作的通知（内经信科电字〔2014〕164 号）

时间	发文机关	文件名
电子信息业		
2015 年 6 月 2 日	内蒙古自治区人民政府	内蒙古自治区人民政府关于加快推进"互联网＋"工作的指导意见（内政发〔2015〕61 号）
2015 年 12 月 17 日	内蒙古自治区人民政府	内蒙古自治区人民政府办公厅关于加快转变农牧业发展方式的实施意见（内政办发〔2015〕139 号）
财政、金融、税收政策支持		
2009 年 7 月 10 日	内蒙古财政厅、发改委	内蒙古自治区人民政府办公厅关于印发自治区创业投资引导基金管理办法（试行）的通知（内政办发〔2009〕42 号）
2012 年 10 月 16 日	内蒙古自治区财政厅	关于印发《战略性新兴产业发展专项资金项目申报指南》内发改高技字〔2012〕2380 号
2012 年 12 月 31 日	内蒙古自治区财政厅、发改委	内蒙古自治区战略性新兴产业发展项目和专项资金管理暂行办法
2014 年 8 月 28 日	内蒙古自治区发改委	2014 年战略性新兴产业专项资金拟安排项目公示（内发改高技字〔2014〕1202 号）
2014 年 12 月 31 日	内蒙古自治区人民政府	关于公布全区煤炭资源税适用税率的通告（内政发〔2014〕135 号）
2015 年 7 月 16 日	内蒙古财政厅、发改委	关于公开征集 2015 年国家新兴产业创投计划内蒙古自治区参股创业投资基金管理机构的通知
2015 年 8 月 14 日	内蒙古自治区发改委	关于开展 2015 年度应对气候变化及低碳发展专项资金项目申报工作的通知（内发改环资字〔2015〕1043 号）
2015 年 10 月 27 日	内蒙古财政厅、发改委	2015 年自治区战略性新兴产业发展专项资金拟安排项目公示（内发改高技字〔2015〕1375 号）

（七）新疆维吾尔自治区

在战略性新兴产业发展政策方面，新疆维吾尔自治区专门出台文件并不多，主要包括战略性新兴产业总体规划纲要、创新驱动发展等。在 2013 年的产业分类目录中，新疆维吾尔自治区与国家对战略性新兴产业划分一致，也是 7 类。在 7 类产业的具体发展政策中，对新能源、节能环保、生物产业、新一代信息技术出台文件较多，新疆维吾尔自治区依托新疆资源优势、区位地缘优势和现有产业发展基础，在天山北坡经济带优先布局战略性新兴产业，将乌昌地区作为战略性新兴产业的先行区；乌鲁木齐重点发展新能源、先进装备制造、电子信息、生物医药、新材料、清洁能源汽车等；昌吉重点发展煤制洁净燃料、煤层气发电、先进装备制造、生物育种、生物饲料、生物柴油、农副产品有效成分生物提取等；石河子重点发展新能源、新材料、现代农机装备、高效节水灌溉装备、农副产品有效成分生物提取等；伊犁重点发展煤制洁净燃料、农副产品有效成分生物提取、生物化工、化工新材料等；克拉玛依重点发展新型石油装备、化工新材料、节能环保装备等；塔城重点发展农副产品有效成分生物提取、非金属新材料、煤制洁净燃料等；阿勒泰重点发展煤制洁净燃料、稀缺贵金属材料、农副产品有效成分生物提取、非金属新材料、哈萨克药等；哈密重点发展风力发电和大型太阳能电站、煤制洁净燃料等；吐鲁番重点发展风力发电和大型太阳能电站、金属新材料等。巴州重点发展新型石油装备、节能环保装备、大型太阳能电站、非金属新材料、现代中药、农副产品有效成分生物提取等。阿克苏重点发展化工新材料、大型太阳能电站、煤制洁净燃料、现代农机装备、农副产品有效成分生物提取等；和田、喀什重点发展现代维药、农副产品有效成分生物提取、大型太阳能电站等；博州重点发展风力发电、农副产品有效成分生物提取等；其他地区重点发展与战略性新兴产业相关的资源深加工产品，形成具有本地特色的新兴产业。

在金融支持战略性新兴产业发展政策方面，新疆维吾尔自治区专门出台了专项资金项目验收管理办法、战略性新兴产业创业引导资金评估办法（见表3-7）。

表3-7　　新疆维吾尔自治区战略性新兴产业的金融支持政策

时间	发文机关	文件名
		战略性新兴产业发展的整体政策
2011年8月12日	新疆维吾尔自治区人民政府	关于印发《新疆维吾尔自治区加快培育和发展战略性新兴产业总体规划纲要（2011—2015年)》的通知（新政发〔2011〕69号）

续表

时间	发文机关	文件名
2012 年 9 月 11 日	新疆维吾尔自治区经信委	关于进一步做好新型工业化产业示范基地创建工作的指导意见（新经信园区〔2012〕405 号）
2013 年 5 月 17 日	新疆维吾尔自治区人民政府	关于自治区促进企业技术改造的实施意见（新政办发〔2013〕36 号）
2013 年 9 月 12 日	新疆维吾尔自治区发改委	新疆维吾尔自治区战略性新兴产业重点产品技术和服务指导目录
2013 年 10 月 22 日	新疆维吾尔自治区人民政府	《贯彻落实〈自治区党委自治区人民政府关于实施创新驱动发展战略加快创新型新疆建设的意见〉的任务分工》（新政办发〔2013〕118 号）
新能源		
2010 年 4 月 20 日	新疆维吾尔自治区经信委	《新疆电网并网发电场调度管理规定（试行）》的通知（新经信电力〔2010〕236 号）
2012 年 3 月 16 日	新疆维吾尔自治区人民政府	关于印发新疆维吾尔自治区太阳能光伏产业发展规划（2011—2015 年）的通知（新政办发〔2012〕31 号）
2012 年 3 月 16 日	新疆维吾尔自治区人民政府	关于印发新疆维吾尔自治区太阳能光伏产业发展规划（2011—2015 年）的通知（新政办发〔2012〕31 号）
2012 年 8 月 17 日	新疆发展与改革委员会	《关于重点用能单位规范开展能源审计工作的通知》（新发改环资〔2012〕2099 号）
2013 年 12 月 11 日	新疆维吾尔自治区经信委	《新疆维吾尔自治区电力行业技术监督管理办法》的通知（新经信电力〔2013〕524 号）
2015 年 7 月 31 日	新疆维吾尔自治区人民政府	《关于成立江苏新疆两省区联合推进苏新能源和丰煤制气项目工作协调小组》的通知（新政办发〔2015〕103 号）
2016 年 1 月 26 日	新疆维吾尔自治区人民政府	《新疆维吾尔自治区关于加快新能源汽车推广应用实施意见》的通知（新政办发〔2016〕10 号）
节能环保业		
2011 年 6 月 3 日	新疆发展与改革委员会	《关于印发〈新疆维吾尔自治区固定资产投资项目节能评估机构管理暂行办法〉》的通知

续表

时间	发文机关	文件名
2012 年 7 月 16 日	新疆维吾尔自治区人民政府	《关于印发自治区 2012 年主要污染物排放总量控制计划》的通知（新政发办〔2012〕126 号
2012 年 8 月 29 日	新疆维吾尔自治区经信委	《关于做好 2012 年财政补贴高效照明产品（节能灯）推广工作的通知》
2012 年 9 月 20 日	新疆维吾尔自治区经信委	《关于组织申报 2013 年自治区工业节能项目的通知》（新经信环资〔2012〕462 号）
2013 年 4 月 27 日	新疆维吾尔自治区人民政府	《自治区"十二五"节能环保产业发展实施方案》（新政发〔2013〕50 号）
2013 年 6 月 29 日	新疆维吾尔自治区人民政府	《自治区 2013 年主要污染物排放总量控制计划》（新政办发〔2013〕71 号）
2014 年 1 月 20 日	新疆维吾尔自治区人民政府	《关于加快推进自治区再生资源回收利用行业健康有序发展的意见》（新政办发〔2014〕6 号）
2014 年 5 月 6 日	新疆维吾尔自治区人民政府	《自治区 2014 年主要污染物排放总量控制计划》（新政办发〔2014〕50 号）
2015 年 7 月 10 日	新疆维吾尔自治区人民政府	《自治区 2015 年节能减排工作要点》（新政办发〔2015〕81 号）
2016 年 3 月 24 日	新疆发展与改革委员会	《自治区发展改革委关于征选新疆维吾尔自治区节能服务单位事宜的通知》
煤制洁净燃料业		
2015 年 9 月 21 日	新疆发展与改革委员会	《国家发展改革委关于新疆大南湖矿区西区大南湖一号矿井及选煤厂项目核准的批复》（发改能源〔2015〕2131 号）
2015 年 12 月 7 日	新疆发展与改革委员会	《国家发展改革委关于新疆黑山矿区总体规划的批复》（发改能源〔2015〕2866 号）
2016 年 2 月 19 日	新疆发展与改革委员会	《自治区发展改革委关于新疆温宿县博孜墩矿区总体规划的批复》（新发改能源〔2016〕159 号）

续表

时间	发文机关	文件名
生物产业		
2012 年 2 月 15 日	新疆维吾尔自治区人民政府	《关于成立自治区民族药发展工作领导小组》的通知（新政办发〔2012〕9 号）
2012 年 7 月 12 日	新疆维吾尔自治区人民政府	关于加强自治区"十二五"优质棉基地建设的通知（新政办发〔2012〕120 号）
2012 年 9 月 17 日	新疆维吾尔自治区人民政府	关于加快新疆农业科技创新体系建设的意见（新政办发〔2012〕154 号）
2013 年 1 月 18 日	新疆发展与改革委员会	《国家发展改革委关于调整免疫抗肿瘤和血液系统类等药品价格及有关问题的通知》（新发改〔2012〕2938 号）
信息技术服务		
2012 年 5 月 4 日	新疆发展与改革委员会	《关于降低伊宁市城市规划信息技术服务费标准等有关事项的通知》新发改医价〔2012〕831 号
2012 年 5 月 4 日	新疆发展与改革委员会	《关于降低乌鲁木齐市城市规划信息技术服务费标准等有关事项的通知》新发改医价〔2012〕828 号
2012 年 9 月 5 日	新疆维吾尔自治区经信委	《新疆维吾尔自治区无线电发射设备销售管理暂行规定》的通知（新经信法规〔2012〕452）
2016 年 2 月 23 日	新疆维吾尔自治区人民政府	《关于加快建设高速宽带网络促进提速降费的实施意见》（新政办发〔2016〕11 号）
先进装备制造业		
2012 年 6 月 11 日	新疆维吾尔自治区人民政府	关于成立中国（克拉玛依）国际石油天然气及石化技术装备展览会组委会与执委会的通知（新政办发〔2012〕97 号）
2012 年 12 月 27 日	新疆维吾尔自治区人民政府	关于成立自治区卫星应用产业发展领导小组的通知（新政办发〔2012〕181 号）
财政、金融、税收对战略性新兴产业支持政策		
2007 年 11 月 20 日	新疆维吾尔自治区经信委	《新疆维吾尔自治区节能减排专项资金管理暂行办法》的通知（新财建〔2007〕259 号）
2008 年 12 月 3 日	新疆维吾尔自治区经信委	《新疆维吾尔自治区企业技术改造专项资金项目管理暂行办法（修订版）》的通知（新经贸技改〔2008〕606 号）

续表

时间	发文机关	文件名
2011 年 11 月 11 日	新疆维吾尔自治区财政厅	《自治区促进农产品加工业发展有关财税政策实施办法》的通知（新财法税〔2011〕8 号）
2011 年 11 月 24 日	新疆维吾尔自治区财政厅	关于对自治区农产品加工业税收优惠政策有关问题的补充通知（新财法税〔2011〕52 号）
2012 年 6 月 26 日	新疆维吾尔自治区财政厅	《新疆维吾尔自治区本级新型墙体材料专项基金使用管理办法》（新财非税〔2008〕17 号）
2013 年 1 月 14 日	新疆维吾尔自治区财政厅	新疆维吾尔自治区战略性新兴产业专项资金管理暂行办法
2013 年 1 月 14 日	新疆维吾尔自治区财政厅	新疆维吾尔自治区战略性新兴产业专项资金管理暂行办法
2013 年 2 月 22 日	新疆维吾尔自治区财政厅	《新疆维吾尔自治区农业机械购置补贴专项资金用管理暂行办法》
2013 年 4 月 8 日	新疆维吾尔自治区经信委	新疆维吾尔自治区战略性新兴产业专项资金项目验收管理办法
2013 年 4 月 8 日	新疆维吾尔自治区财政厅	关于调整重大技术装备进口税收政策有关目录的通知（财关税〔2013〕14 号）
2013 年 4 月 27 日	新疆维吾尔自治区经信委	关于做好战略性新兴产业专项资金项目验收工作的通知
2013 年 9 月 3 日	新疆维吾尔自治区人民政府	关于金融支持小微企业发展的实施意见（暂行）（新政办发〔2013〕92 号）
2014 年 3 月 19 日	新疆维吾尔自治区财政厅	关于印发《新疆维吾尔自治区财政扶持农机化发展专项资金管理办法》的通知
2014 年 6 月 17 日	新疆维吾尔自治区地方税务局	关于调整自治区部分地区部分矿产品资源税税额标准有关问题的通知
2014 年 7 月 15 日	新疆维吾尔自治区财政厅	关于拨付 2014 年农业综合开发良种繁育及优势特色种养示范项目资金的通知（新政发〔2014〕29 号）

时间	发文机关	文件名
2014 年 8 月 12 日	新疆维吾尔自治区财政厅	关于进一步做好自治区农业综合开发农业部水产苗种繁育及养殖基地专项项目管理（新农综〔2014〕14 号）
2015 年 4 月 13 日	新疆维吾尔自治区财政厅	关于报送《新疆维吾尔自治区农业高效节水工程建设补助资金管理办法》备案的函（新财农〔2015〕11 号）
2015 年 5 月 6 日	新疆维吾尔自治区财政厅	关于开展自治区战略性新兴产业创业引导资金第三方效果评估工作的通知

（八）西藏自治区

在战略性新兴产业发展政策方面，没有找到西藏自治区专门出台文件，只是在其他文件中提到战略性新兴产业，大致包括七大类，与国家对战略性新兴产业划分区别不大，减少了新能源汽车产业，增加了农业和生物育种产业。在 7 类产业的具体发展政策中，只有节能环保、农业和生物育种产业文件较多，其他涉及很少。西藏自治区依托高原特色资源优势，发展农牧业、种子工程建设和牦牛、藏系绵羊等特色畜禽标准化规模养殖，实施重点领域科技创新，加强特色农畜产品研发、藏药研制和藏药材培育。

在金融支持战略性新兴产业发展政策方面，除了专项资金支持政策外，西藏自治区鼓励地方银行发展，进行加强农牧业特色产业扶持资金等特殊举措（见表 3 - 8）。

表 3 - 8　　　　西藏自治区战略性新兴产业发展支持政策

时间	发文机关	文件名
		战略性新兴产业发展的整体政策
2012 年 5 月	西藏自治区人民政府	西藏自治区"十二五"时期特色优势产业发展规划
2012 年 8 月	西藏自治区发改委	西藏自治区"十二五"时期高技术产业发展规划（藏政发〔2012〕90 号）

续表

时间	发文机关	文件名
2013 年 12 月 16 日	西藏自治区第九届人民代表大会第四次会议	西藏自治区"十二五"时期国民经济和社会发展规划纲要
2015 年 8 月 3 日	拉萨市人民政府	拉萨市人民政府关于印发《拉萨市贯彻实施自治区质量振兴战略 2015 年行动计划》的通知（拉政发〔2015〕111 号）
新材料		
2011 年 12 月 6 日	西藏自治区人民政府	西藏自治区"十二五"时期建材业发展规划（藏政发〔2011〕129 号）
节能环保		
2012 年 4 月 10 日	西藏自治区发改委	西藏自治区"十二五"时期节能规划（报审稿）
2014 年 6 月 27 日	西藏自治区人民政府	山南地区行政公署关于印发加强环保能力建设的意见的通知（山行发〔2014〕42 号）
2014 年 7 月 1 日	西藏自治区人民政府	西藏自治区人民政府关于加快发展节能环保产业的实施意见（藏政发〔2014〕65 号）
2014 年 9 月 23 日	西藏自治区人民政府	西藏自治区人民政府办公厅关于印发西藏自治区 2014—2015 年节能减排低碳发展行动方案的通知（藏政办发〔2014〕88 号）
2015 年 5 月 13 日	西藏自治区人民政府	西藏自治区生态环境保护监督管理办法（西藏自治区人民府令第 120 号）
新能源		
2013 年 3 月 11 日	西藏自治区人民政府	西藏自治区"十二五"时期综合能源发展规划
农业和生物育种		
2011 年 9 月	西藏自治区人民政府	西藏自治区"十二五"时期高原生物和绿色食（饮）品产业发展规划（藏政发〔2011〕81 号）
2012 年 4 月	西藏自治区人民政府	西藏自治区"十二五"时期农业综合开发规划

续表

时间	发文机关	文件名
2012 年 4 月	西藏自治区人民政府	西藏自治区"十二五"时期农牧业和农村经济发展规划（藏政发〔2012〕38 号）
2012 年 7 月 14 日	西藏自治区人民政府	关于加快推进现代农牧种业发展的意见（藏政办发〔2012〕88 号）
2014 年 7 月 20 日	西藏自治区人民政府	西藏自治区人民政府办公厅转发农牧厅关于全区高标准农田建设实施方案的通知（藏政办发〔2014〕73 号）
新一代信息技术		
2011 年 9 月	西藏自治区人民政府	西藏自治区"十二五"时期信息化规划（藏政发〔2011〕84 号）
生物医药产业		
2010 年 10 月 28 日	西藏自治区人民政府	关于进一步扶持和促进藏医药事业发展的意见（藏政发〔2010〕68 号）
2011 年 9 月 29 日	西藏自治区人民政府	西藏自治区"十二五"时期藏药产业发展规划（藏政发〔2011〕82 号）
2012 年 4 月 18 日	西藏自治区人民政府	西藏自治区"十二五"时期卫生事业发展规划（藏政发〔2012〕52 号）
先进装备制造业		
2011 年 1 月 16 日	西藏自治区民航管理局	西藏自治区"十二五"时期民用航空发展规划及 2020 年远景目标纲要
财政、金融、税收对战略性新兴产业支持政策		
2011 年 4 月 13 日	西藏自治区人民政府	关于加强农牧业特色产业扶持资金滚动回收管理工作的意见（藏政办发〔2011〕39 号）
2011 年 7 月 7 日	西藏自治区人民政府	关于转发财政厅《西藏自治区金融引导与激励资金管理暂行办法》的通知（藏政办发〔2011〕64 号）
2012 年 8 月 1 日	西藏自治区人民政府	关于加快西藏银行发展的意见（藏政发〔2012〕89 号）
2013 年 10 月 17 日	西藏自治区发改委、国税局	关于开展全区节能环保税收优惠政策落实情况调查工作通知（藏发改环资〔2013〕798 号）

续表

时间	发文机关	文件名
2015 年 3 月 19 日	西藏自治区人民政府	西藏自治区人民政府办公厅关于金融服务"三农"发展的实施意见（藏政办发〔2015〕17 号）
2015 年 8 月 10 日	西藏自治区国税局	关于《国家税务总局交通运输部关于城市公交企业购置公共汽电车辆办理免征车辆购置税手续问题的公告》的解读（索引号：000014348/2015－00689）
2015 年 9 月 10 日	西藏自治区国税局	关于贯彻落实进一步扩大小型微利企业减半征收企业所得税范围有关问题公告的政策解读

第二节 民族地区战略性新兴产业发展的金融支持现状

为了深入了解民族地区战略性新兴产业发展面临的问题、金融支持等方面情况，课题组在 2013—2016 年期间奔赴广西、内蒙古、新疆等地调研，对这些地区的发改委、财政厅、高新技术开发区进行座谈，并向当地的战略性新兴企业发放问卷 346 份，广西共收回问卷 86 份，内蒙古收回 78 份，新疆共收回问卷 56 份，共收回 237 份，有效问卷 220 份。

一 民族地区战略性新兴产业发展现状

本文按照地理位置界定的民族地区包括 8 个省（区），主要位于我国的西部地区，即广西、新疆、内蒙古、西藏、云南、贵州、青海、宁夏，通过调研发现，民族地区战略性新兴产业目前已呈现出较好的发展势头。

近年来，随着《战略性新兴产业发展"十二五"规划》的实施，民族地区战略性新兴产业发展迅速，技术水平不断提升，规模持续扩大，在一定程度上促进了民族地区的经济转型。

（一）民族地区重点战略性新兴产业已初具规模，行业分布比较集中

通过对广西、新疆、内蒙古、贵州、青海等省的调研发现，这些地

区的战略性新兴产业发展较快,有些产业已具有初步规模。

1. 广西壮族自治区

表3-9是广西战略性新兴产业基本情况,截至2012年年底,广西共有战略性新兴产业生产经营企业602家,比2010年增加406家,增长约2倍①。广西10个战略性新兴产业生产经营企业共完成战略性新兴产业销售收入1902.30亿元,比2010年增长2倍。2012年,广西战略性新兴产业的增加值约为601亿元,增加值约占广西地区生产总值(13035.10亿元)的4.6%。② 到2014年,规模以上企业产业增加值达到687亿元,战略性新兴产业约占全区规模以上工业增加值13%。

表3-9   2012年广西壮族自治区战略性新兴产业基本情况

产业领域	企业个数(家)	其中:新兴产业销售收入(亿元)
新材料	75	489.55
新一代信息技术	94	271.43
生物医药	130	229.84
海洋产业	18	224.58
节能环保	86	220.03
新能源	29	135.57
先进装备制造业	40	115.72
养生长寿健康	75	101.97
生物农业	48	95.10
新能源汽车	7	18.51
合计	602	1902.30

资料来源:广西壮族自治区工业和信息化委员会。

对广西的调研还发现,新材料、新一代信息技术、生物医药、海洋、节能环保五大产业在广西发展较快,占全区新兴产业销售收入比重达75%以上。2012年,新材料、新一代信息技术、生物医药、海洋产

---

① 资料来源:广西壮族自治区工信委。
② 资料来源:广西壮族自治区发改委。

业、节能环保五大产业销售收入分别为 489.55 亿元、271.43 亿元、229.84 亿元、224.58 亿元、220.03 亿元，分别占全区新兴产业销售收入总额的 26%、14%、12%、12%、12%，共计占全区新兴产业销售收入的 76%（图 3-1）。

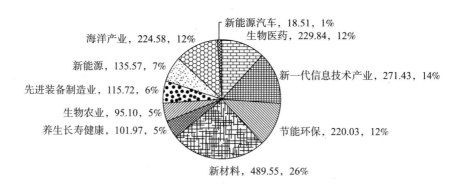

图 3-1　广西壮族自治区战略性新兴产业销售收入分布情况（单位：亿元）
资料来源：根据广西壮族自治区工业和信息化委员会数据计算整理。

2. 新疆维吾尔自治区

表 3-10 是 2015 年年底新疆战略性新兴产业的行业分布，截至 2015 年 12 月 31 日，新疆地区战略性新兴产业共有 366 家，由 2012 年的 177 家发展到 2015 年的 366 家，可见新疆地区战略性新兴产业发展较快，并且分布在新材料、生物、先进装备制造、电子信息技术、节能环保、新能源以及新能源汽车七大产业。其中，有 84 家企业为新材料产业，81 家企业为生物产业，72 家企业为先进装备制造产业，新能源汽车产业的企业较少，为 1 家。可见，新疆战略性新兴产业主要集中在新材料、生物产业和先进装备制造产业，它们达到新疆战略性新兴产业总数的 64.75%。

表 3-10　2015 年底新疆维吾尔自治区战略性新兴产业基本情况

产业领域	企业个数（家）
新材料	84
电子信息技术	48

产业领域	企业个数（家）
节能环保	46
新能源	34
先进装备制造	72
生物	81
新能源汽车	1
合计	366

资料来源：根据新疆经信委、发改委网站收集整理而来。

3. 内蒙古自治区

在对内蒙古自治区调研后发现，截至 2015 年年底，内蒙古自治区全区共有战略性新兴产业企业 713 家，比 2014 年年底净增 73 家；2014 年年底，全区七大战略性新兴产业（高技术服务业除外）共有规模以上工业企业 512 户（见表 3 - 11）。其中，位居第一位的新材料产业有105 家，工业总产值为 1213.3 亿元，生物产业 101 家，工业总产值为556.1 亿元，先进装备制造产业 49 家，工业总产值为 335.4 亿元，煤炭清洁高效利用产业 21 家，工业总产值为 279.8 亿元，新能源产业有167 家，工业总产值为 250.5 亿元，电子信息技术产业和节能环保产业较少，工业总产值分别为 162.0 亿元和 96.4 亿元。

表 3 - 11　　　　　内蒙古自治区战略性新兴产业基本情况

产业领域	企业个数（家）	工业总产值（亿元）
新材料	105	1213.3
先进装备制造	49	335.4
生物	101	556.1
新能源	167	250.5
电子信息技术	32	162.0
煤炭清洁高效利用	21	279.8
节能环保	42	96.4
合计	512	2893

资料来源：根据内蒙古自治区经信委、发改委网站收集整理而来。

对内蒙古自治区的调研还发现，新材料、生物产业、先进装备制造业占到全区战略性新兴产业工业总产值的72.75%，可以看出，内蒙古自治区的战略性新兴产业集中在新材料、生物产业和先进装备制造产业领域（见图3-2）。

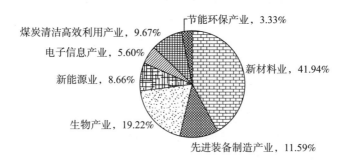

图3-2　内蒙古自治区战略性新兴产业工业总产值占比

4. 青海省

根据对青海地区调研结果显示，截至2014年年底，青海省战略性新兴产业企业达56家，科技型企业115家，创新型企业28家，增长率分别达到21.4%、23.6%和40%。青海省2015年度认定的战略性新兴企业共计34家，其中生物与新医药技术领域的企业有10家，新能源与节能技术领域的企业7家，新材料技术领域的企业6家，资源与环境技术领域的企业4家，其他领域的企业10家。图3-3是青海省战略性新

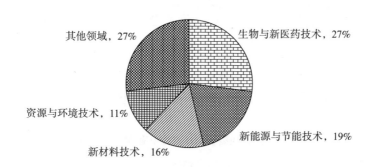

图3-3　2015年青海省战略性新兴产业基本情况

资料来源：根据青海省高新技术企业认定管理工作网收集整理而来。

兴产业行业分布情况，可以看出，青海省战略性新兴产业主要分布在生物与新医药技术、新能源与节能技术、新材料技术、资源与环境技术领域，占到全省战略性新兴产业的73%。

5. 贵州省

根据调研结果显示，截至 2014 年年初，贵州省全省拥有新兴产业规模以上企业 208 家，涉及 21 个大类 2000 多个细分小类产品；国家级企业技术中心 12 家、国家重点实验室 2 个，省级技术中心 122 家、省级重点实验室 33 个。截至 2015 年年底，按照"以重大技改项目为突破，以主机带动为重点，以国防科技工业为依托，大力发展矿产业装备、航空航天、数控机床等技术及产品，加快发展电子信息、新材料、生物技术等新兴产业"的总体要求，贵州省全省特色民族制药研发成果显著、节能环保产业技术取得突破、一大批重大科技成果广泛应用于工业生产，装备制造业、高技术产业发展后劲显著增强，发展基础进一步夯实。2015 年，全省装备制造业和高技术产业实现工业增加值分别比上年增长 24.0% 和 22.5%，占规模以上工业增加值的比重分别为7.8% 和 5.5%，对全省工业经济的贡献分别为 15.6% 和 10.4%（见图3-4）。

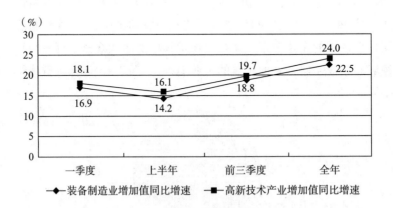

图 3-4　贵州省战略性新兴产业装备制造业增长情况

资料来源：根据贵州省统计局数据收集整理而来。

图 3-5 是贵州省战略性新兴产业部分行业发展状况，装备制造业

发展相对较好，生物医药产业次之，电子信息制造业最后。从发展趋势来看，装备制造业工业增加值从 2011 年的 97.7 亿元增加到 2013 年的 142.5 亿元，增长 45.8%；生物医药工业增加值增长较慢，从 2011 年的 52 亿元增加到 2013 年的 67 亿元，增长 28.9%；电子信息制造业呈现波动，由 2011 年的 36.9 亿元增加到 2012 年的 46.5 亿元，后又下降为 38.2 亿元。

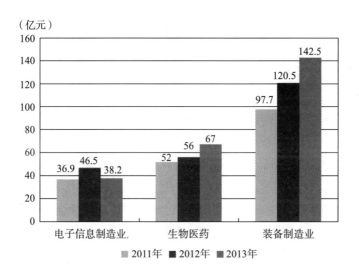

图 3-5　贵州省战略性新兴产业部分行业工业增加值情况

资料来源：根据贵州省经信委网站数据收集整理而来。

6. 宁夏回族自治区

宁夏回族自治区战略性新兴产业主要集中在新材料、先进装备制造业和信息产业。截至 2013 年年底，宁夏回族自治区新材料产业的工业总产值达到全区总产值的 15% 左右；装备制造企业已有 280 多家，其中规模以上企业 117 家，形成了煤矿机械、新能源装备、机床工具、电工电器、仪器仪表、起重机械、汽车和工业机器人 8 个行业，化工装备、工程机械、环保装备、农业机械和通用飞机等正在兴起；中国移动通信集团、中国联合网络通信集团、中国电信集团分别与宁夏签订了信息化战略合作框架协议，三家公司将分别投资 10 亿元、12 亿元、50 亿元用于宁夏新一代宽带网络基础设施、沿黄经济区无线智慧城市、智慧企业、智慧宁夏平台建设，将极大地加快全区信息化进程。

（二）战略性新兴产业呈现区域集聚的发展格局

通过对广西、新疆、内蒙古、贵州、青海等地的调研发现，战略性新兴产业在较多地区已经呈现区域集聚的发展格局。

1. 广西壮族自治区

南宁、桂林、玉林和柳州4市是全区新兴产业的重要聚集地，共占全区新兴产业销售收入总额的比重将近80%，2012年，南宁、钦州、桂林、北海和梧州五市分别实现战略性新兴产业销售收入406.73亿元、357.41亿元、337.34亿元、201.15亿元、188.17亿元，分别占广西战略性新兴产业总销售收入的21%、19%、18%、11%、10%（图3-6），合计占广西战略性新兴产业产值的78.36%，可见，广西全区战略性新兴产业产值呈现高度集中态势，而其余9市的战略性新兴产业规模明显偏低。按照自治区北部湾经济区、珠江—西江经济带、桂西资源富集区的整体战略部署，广西壮族自治区战略性新兴产业初步形成以核心城市为龙头、沿江沿海新兴产业带为中坚力量，桂西优势特色资源产业带并存的集聚发展格局。南宁、柳州、桂林充分发挥核心城市的辐射带动作用，引领全区先进装备制造、生物医药、新一代信息技术等产业快速发展。以电子信息、新材料、海洋生物医药、海工装备、新能源等沿海临港新兴产业经济带正在逐步形成。西江沿线主要城市以承接东部产业转移为抓手，大力发展节能环保、电子信息、稀土新材料等产业。桂西资源富集区依托良好的生态环境和丰富的自然资源，积极发展养生长寿健康、特色生物农业等产业。

2. 新疆维吾尔自治区

图3-7反映的是截至2015年年底新疆战略性新兴产业的地区分布情况，可以看出，新疆战略性新兴产业的地区分布还比较广泛，涉及9个市区，366家战略性新兴企业中，乌鲁木齐战略性新兴产业发展最好，企业占比为42.89%，昌吉占比为10.38%，伊犁占比为7.65%，石河子占比为6.01%，克拉玛依占比为5.74%，塔城占比为5.19%，这6个市区是新疆战略性新兴产业的主要分布区，达到新疆维吾尔自治区整体战略性新兴产业的77.86%。可见，乌鲁木齐、昌吉、伊犁、石河子是全区战略性新兴产业的聚集地，乌鲁木齐作为新疆的核心城市，

在战略性新兴产业发展中起着带动作用，引领着全区新材料产业、新能源产业以及电子信息产业的发展。

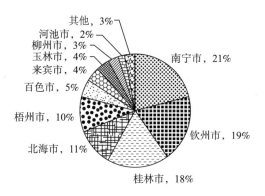

图3-6 广西壮族自治区战略性新兴企业产值地域分布

资料来源：根据广西壮族自治区工业和信息化委员会数据计算整理。

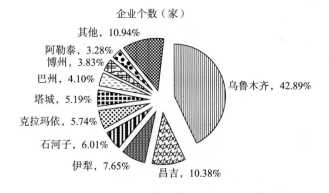

图3-7 2015年年底新疆维吾尔自治区战略性新兴产业的地区分布情况

图3-8是乌鲁木齐2015年战略性新兴产业实现的增加值，可以看出，乌鲁木齐2015年战略性新兴产业实现166.2亿元的增加值，其中，新材料产业实现63.17亿元的增加值，占到战略性新兴产业总增加值的38%，新能源产业实现44.84亿元增加值，占比26.98%，电子信息产业实现增加值34.45亿元，占比20.73%，这三个产业占到战略性新兴产业总增加值的85.71%。结合表3-10，发现新疆主要战略性新兴产

业集中在新材料、新能源和电子信息。

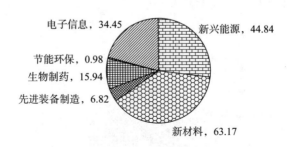

图 3 - 8 乌鲁木齐 2015 年战略性新兴产业实现的增加值（单位：亿元）

3. 内蒙古自治区

根据调研发现，从企业家数来看，内蒙古自治区战略性新兴产业主要分布在呼和浩特、包头市、通辽市、乌海市和呼伦贝尔市，4 盟市企业合计 424 家，占全区战略性新兴产业的 60%。从实现的 GDP来看，战略性新兴产业总产值排名前三位的呼包鄂三市，实现总产值占全区的 61.5%，东部盟市战略性新兴产业快速发展，这三盟市以呼和浩特为核心城市，以新材料产业、生物产业和高技术服务业为重点产业，支撑全区战略性新兴产业发展，这三大产业增加值占全区战略性新兴产业增加值的 65%，位居第四位的是新能源产业，利用"风光"优势资源，近期发展迅速。表 3 - 12 是内蒙古自治区战略性新兴产业地区分布，截至 2015 年年底，内蒙古自治区十二盟市中，呼和浩特市战略性新兴产业企业突破 160 家，居全区首位；包头市、乌海市、呼伦贝尔市战略性新兴产业企业数均为 70 家以上；通辽市2015 年全市共有战略性新兴企业 96 家，居全区第三位；其他各盟市战略性新兴产业企业共计 289 家，占全区战略性新兴产业企业总数的 40.5%。

4. 贵州省

贵州省战略性新兴产业主要集中在贵阳、遵义和安顺地区。以贵阳国家高新技术产业开发区、贵阳小河经济技术开发区、安顺市民用航空产业国家高新技术产业基地、贵州航天高新技术产业园、贵阳遵义材料特色产业带、毕节地区高新技术产业基地、贵阳高新区东风医药园、息烽扎佐医药园、清镇医药园和龙里医药园等为依托，集中了全省90%的产值过亿元的战略性新兴企业，初步形成了一批具有贵州特色的新兴产业集群。[①]

表 3 – 12 　　　　　内蒙古自治区战略性新兴产业地区分布

地区	企业个数（家）
呼和浩特	160 家
包头市	70 家以上
通辽市	96 家
乌兰察布市	51 家
乌海市	70 家以上
呼伦贝尔市	70 家以上
巴彦淖尔市	44 家（2014 年年底）
兴安盟	13 家（2014 年年底）
锡林郭勒盟	53 家（2014 年年底规模以上企业）
阿拉善盟	其他
鄂尔多斯市	60 家
赤峰市	其他
合计	713 家

资料来源：根据内蒙古自治区经信委、各盟市统计局网站收集整理而来。

5. 宁夏回族自治区

宁夏回族自治区战略性新兴产业呈现区域集聚，形成"一主两副"的空间格局。以银川为核心城市，发挥石嘴山市和吴忠市两个城市的辐射作用，以新能源、新材料、装备制造、信息技术产业为重点，引领全区战略性新兴产业的发展。特别是作为省会城市的银川，以国家级经济技术开发区作为平台，建设了宁夏一系列战略性新兴产业服务平台。

[①] 《贵州省人民政府办公厅关于印发贵州省十二五新兴产业发展规划的通知》，《贵州省人民政府公报》2011 年 5 月 15 日。

（三）已形成一批具有特色的战略性新兴产业基地和产业链

1. 广西壮族自治区

在《广西战略性新兴产业发展"十二五"规划》（以下简称《规划》）指导下，广西"十二五"期间一共重点建设十大特色产业基地，重点组织实施了千个关键、核心、共性技术开发及产业化项目，扶持了一批具有高成长性的企业成为国家级和自治区级创新型企业，培育出了一批销售收入超亿元和 10 亿元的战略性新兴产业企业。

在发展战略性新兴产业基地和产业链的过程中，广西通过综合运用多种政策整合区域各类产业创新资源，引进重大项目，培育龙头企业，逐步培育形成了一批特色战略性新兴产业，集群效应逐步显现，龙头骨干企业发展势头良好，发挥了引领作用。广西政府优化市场主体的产业生态环境，加大财政扶持力度，充分运用示范、试点等需求激励政策，促使市场机制发挥作用，并基于现有产业集群，大力实施培育工程，广西战略性新兴产业基地不断发展壮大，已形成一批颇具特色的战略性新兴产业基地。比如，南宁国家生物产业基地、昭平生态有机茶示范基地、昭平桂江生态养生长寿基地等。

2. 新疆维吾尔自治区

从表 3 - 13 中可以看出，新疆维吾尔自治区战略性新兴产业基地覆盖到 5 个产业，分别涉及电子信息、生物、先进装备制造、新材料以及新能源产业，并且新材料和新能源产业基地数量最多，分别为 7 家和 5 家，这与新疆维吾尔自治区战略性新兴产业主要发展的行业领域一致。

表 3 - 13   新疆维吾尔自治区战略性新兴产业基地行业分布

基地名称	家数
电子信息产业基地	2
生物产业基地	3
先进装备制造产业基地	3
新材料产业基地	7
新能源产业基地	5

注：根据新疆经信委、发改委网站收集整理而来。

从图 3 - 9 中可以看出，新疆维吾尔自治区战略性新兴产业基地的地区分布还比较广泛，涉及 8 个市区，而战略性新兴产业基地主要集中在乌鲁木齐，有 7 个基地，主要分布在新能源、新材料和先进制造产业。通过几年的发展，截至 2015 年年底，新疆维吾尔自治区已经形成了新能源、新材料生物、先进装备制造业等四类产业链，新能源产业链包括风电产业链、光伏及光电产业链；新材料产业链包括高性能铝基电子材料产业链、稀有金属材料产业链、有色金属铜镍钴镁产业链、高性能工程塑料及特种高分子材料产业链、碳—化工产业链；生物产业链包括中药（民族药）产业链，先进装备制造产业链包括先进输变电装备产业链和先进农牧机械装备产业链。

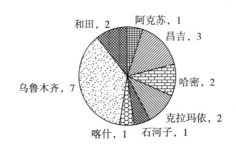

图 3 - 9　新疆维吾尔自治区战略性新兴产业基地地区分布

注：根据新疆经信委、发改委网站收集整理而来。

3. 内蒙古自治区

截至 2015 年年底，内蒙古自治区战略性新兴产业示范基地已增至20 个（见表 3 - 14），其中，包头市 5 个，鄂尔多斯市 4 个，呼和浩特市 3 个，通辽市 2 个，赤峰市 2 个，乌海市 2 个，阿拉善盟 1 个，巴彦淖尔市 1 个（见图 3 - 10）。这些示范基地在产业结构升级、工业化和信息化深度融合、自主创新、节能减排、安全生产、品牌建设、人力资源利用等方面，走在了全区乃至全国的前列，在 20 个战略性新兴产业示范基地中，有色金属（稀土新材料）内蒙古包头稀土高新技术产业开发区、农产品深加工内蒙古通辽科尔沁区、军民结合内蒙古包头青山区、食品（乳制品）内蒙古呼和浩特乳品产业基地复核成为"国家新型工业化产业示范基地"。

表 3 – 14　　　　　　　　内蒙古自治区战略性新兴产业基地地区分布

盟市	战略性新兴产业示范基地	批次
包头市	包头市军民结合装备制造产业基地	第一批
	包头市稀土高新技术产业基地	第一批
	内蒙古包头铝业产业园区铝深加工产业基地	第二批
	内蒙古包头九原工业园区原材料加工产业基地	第二批
	包头市土右旗新型工业园区新型能源化工产业基地	第二批
鄂尔多斯市	鄂尔多斯市鄂托克化工产业基地	第一批
	内蒙古达拉特经济开发区循环经济（氯碱化工）产业基地	第二批
	内蒙古蒙西高新技术工业园区循环经济（化工）产业基地	第二批
	鄂尔多斯装备制造基地	第三批
呼和浩特市	呼和浩特市乳品产业基地	第一批
	呼和浩特市光伏材料产业基地	第一批
	内蒙古托克托工业园区（煤电铝）	第三批
通辽市	通辽市农产品深加工产业基地	第一批
	内蒙古霍林郭勒工业园区铝深加工产业基地	第二批
赤峰市	赤峰市有色金属产业基地	第一批
	克什克腾循环经济工业园区（现代煤化工）	第三批
乌海市	内蒙古乌海经济开发区乌达工业园区循环经济（氯碱化工）产业基地	第二批
	内蒙古乌海经济开发区海南经济开发区精细化工产业基地	第二批
阿拉善盟	阿拉善盟新型能源化工产业基地	第一批
巴彦淖尔市	内蒙古乌拉特后旗工业园区有色金属、硫化工资源综合利用产业基地	第二批

资料来源：根据内蒙古自治区经信委网址收集整理而来。

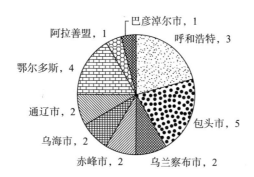

图3-10 内蒙古自治区战略性新兴产业基地地区分布

图3-11是内蒙古战略性新兴产业基地行业分布,从图3-11中可以看出,全区战略性新兴产业基地涵盖战略性新兴产业的5个行业,新材料基地最多,有10家,节能环保基地次之,有3家,其他新能源、生物产业、先进装备制造分别有2家产业基地。目前,全区已经形成采、选、冶、用(新材料及其应用产业)完整的稀土产业链,生物原料药、动物疫苗、生物农药、生物饲料、发酵制品、中蒙药、化学合成药等生物产业链。

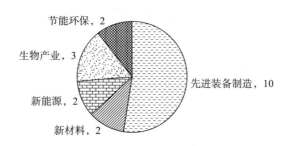

图3-11 内蒙古自治区战略性新兴产业基地行业分布

4. 贵州省

围绕产业基地和产业链的发展,目前,贵州省已经形成国家级企业技术中心13家、国家工程技术研究中心2家、省部共建工程研究中心(工程实验室)3家、国家重点实验室2个,省级企业技术中心122家,省级工程技术研究中心57家、省级工程研究中心(工程实验室)15

家、省级重点实验室 33 个。

5. 青海省

表 3 - 15 是青海省战略性新兴产业基地,可以看出,主要分布在生物产业、新能源和新材料方面。青海省依托各种优势资源,大力发展新能源、生物医药、现代化农业等新兴产业,以青海省高新技术产业开发区为平台,建成了以循环经济为主导产业的海西州国家可持续发展实验区,大力发展以风能、太阳能为主的清洁能源产业,在油气勘探开发和加工方面,突破了一些关键技术,其中有 60 项科技成果目前已经达到国际或国内领先水平;此外,青海省还建立了一批战略性新兴产业基地,包括光伏产业研发和应用为一体的西宁国家太阳能光伏高新技术产业化基地,以及青海省海西盐湖特色材料高新技术产业化基地。同时,为进一步推动生物农业的发展,推动传统农业现代化进程,截至 2012 年年底,青海省生物农业方面的基地已达 31 个。目前,青海省关于光伏制造、轻金属材料、藏毯绒纺、锂电材料及储能(动力)电池、有色金属延伸加工、特色化工、中藏药、高原特色动植物精深加工等产业链初步形成,产业集中度进一步提升。

表 3 - 15 青海省战略性新兴产业基地

类别	名称	地区
国家级战略性新兴产业化基地	海西州国家可持续发展实验区	海西
	西宁国家太阳能光伏高新技术产业化基地	西宁
	海西盐湖特色材料高新技术产业化基地	海西
	西宁国家农业科技园区	西宁
	青海海东国家农业科技园区	海东
省级农业科技园区	青海卉源省级农业科技园区	西宁
	青海春旺省级农业科技园区	西宁
	青海湟源省级农业科技园区	西宁
	青海城南苗圃省级农业科技园区	西宁
	青海农盛省级农业科技园区	西宁

续表

类别	名称	地区
省级农业科技园区	青海绿田省级农业科技园区	西宁
	青海湟中省级农业科技园区	西宁
	青海长岭省级农业科技园区	西宁
	青海大通省级农业科技园区	西宁
	青海昶林省级农业科技园区	西宁
	青海佳兴省级农业科技园区	西宁
	青海神农省级农业科技园区	西宁
	青海春源省级农业科技园区	西宁
	青海兴康省级农业科技园区	西宁
	青海馨缘省级农业科技园区	西宁
	青海互助省级农业科技园区	海东
	青海乐都省级农业科技园区	海东
	青海循化省级农业科技园区	海东
	青海平安省级农业科技园区	海东
	青海化隆（甘都镇）省级农业科技园区	海东
	青海门源省级农业科技园区	海北
	青海刚察（沙柳河镇）省级农业科技园区	海南
	青海贵德省级农业科技园区	海西
	青海贵德黄河清省级农业科技园区	海西
	青海格尔木省级农业科技园区	海西
	青海乌兰省级农业科技园区	海西
	青海同仁省级农业科技园区	黄南
	青海果洛（大武镇）省级农业科技园区	果洛
	青海玉树省级农业科技园区	玉树

图 3-12 是青海战略性新兴产业基地地区分布，可以看出战略性新兴产业基地主要建在西宁、海西和海东。其中，西宁作为青海省的省会城市，建有 17 个战略性新兴产业基地，占比为 50%，海东和海西各建有 6 个战略性新兴产业基地，这三个地区共建有 29 个战略性新兴产业基地，占全省战略性新兴产业基地的 85.29%。

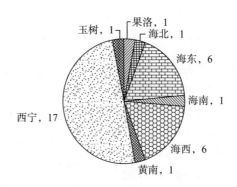

图 3 - 12 青海省战略性新兴产业基地地区分布

6. 宁夏回族自治区

宁夏新材料依托资源能源优势和技术优势，初步形成了钽铌铍稀有金属材料、镁及镁合金材料、电解铝合金及型材、煤机碳材产品、多晶硅单晶硅等光伏材料、金属丝绳及其制品等系列产业，形成六条产品链。

二 民族地区金融支持战略性新兴产业情况

（一）战略性新兴产业资金需求情况

1. 基本情况

表 3 - 16 是民族地区 2012 年战略性新兴产业资金需求情况，从总体情况来看，民族地区战略性新兴产业资金需求最大的是内蒙古，达到515.43 亿元，最小的是西藏，资金需求为 12.81 亿元，全国战略性新兴产业资金平均需求为 999 亿元；在战略性新兴产业资金供给方面，民族地区战略性新兴产业资金供给最大的是内蒙古，为 214.87 亿元，西藏的战略性新兴产业资金供给最小，为 3.81 亿元，全国战略性新兴产业资金平均供给为 393.12 亿元；在战略性新兴产业资金缺口方面，内蒙古的产业资金缺口最大，为 300.56 亿元，西藏的产业资金缺口最小，为 9 亿元，但是相对于全国平均产业资金缺口来说（605.88 亿元），还不算多；从产业资金缺口占需求的比例来看，全国的平均比例为60.65%，但在民族地区，新疆、西藏、宁夏、贵州和青海 5 省（区）的战略性新兴产业资金缺口占需求比例都超过了全国平均水平，内蒙古

和云南接近全国平均水平，说明我国民族地区战略性新兴产业急需发展
资金。

表 3 − 16 民族地区战略性新兴产业资金需求

地区	产业资金供给 （亿元）	产业资金需求 （亿元）	产业资金缺口 （亿元）	缺口占需求 比例（％）
广西	178.37	333.4	155.03	46.50
内蒙古	214.87	515.43	300.56	58.31
新疆	42.01	245.26	203.25	82.87
西藏	3.81	12.81	9	70.26
宁夏	18.08	49.29	31.21	63.32
贵州	72.96	202.58	129.62	63.98
云南	43.56	99.65	56.09	56.29
青海	10	31	21	67.74
全国平均	393.12	999	605.88	60.65

2. 调研情况

（1）广西壮族自治区

图 3 − 13 是广西 2012 年战略性新兴产业资金供给需求状况，2012
年，广西战略性新兴产业资金需求量为 333.4 亿元，产业资金供给量为
178.37 亿元，产业资金缺口为 155.03 亿元，产业资金缺口占资金需求
量的比例为 46.5%，说明广西地区战略性新兴产业发展中将近一半的
资金需求不能满足。

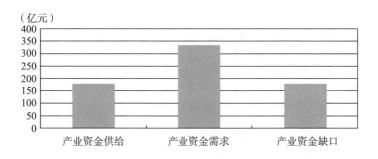

图 3 − 13　广西壮族自治区 2012 年战略性新兴产业资金供给需求状况

根据调查，战略性新兴企业面临的突出问题是用工成本上升快、融资难以及资金紧张，广西有54.70%的企业认为用工成本上升快，有51.50%的企业认为融资难，35.40%的企业认为资金比较紧张，有27.50%的企业认为招工难（见图3-14）。

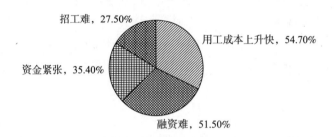

图3-14　广西壮族自治区战略性新兴企业面临问题调研

调查还显示，43.9%的企业有融资需求，有56%的企业享受了税收优惠政策，11%的企业免税；广西中小型战略性新兴产业的资金来源渠道中，有12.5%的企业主要资金来源为银行贷款。

（2）新疆维吾尔自治区

新疆战略性新兴产业存在着很大的资金缺口，而且呈逐年上升趋势（见图3-15），2008年该产业资金需求为17.68亿元，资金供给量为8.82亿元，存在8.86亿元的资金缺口；2009年该产业资金需求为29.55亿元，资金供给量为13.74亿元，存在15.81亿元资金缺口；2012年新疆战略性新兴产业资金需求量为245.26亿元，资金供给量为42.01亿元，资金缺口突增为203.25亿元。可以看出，从2008—2012年，新疆战略性新兴产业资金需求量的增加远远大于资金供给量的增加，资金缺口大幅上升，说明该地区战略性新兴产业资金供给严重不足，缺乏大量资金。图3-16显示了2008—2012年期间资金缺口占资金需求的比例，从2008年到2012年，新疆战略性新兴产业的资金缺口比例在逐渐增大，到2012年，资金缺口占到资金需求量的82.87%，可见，新疆战略性新兴产业资金严重缺乏。

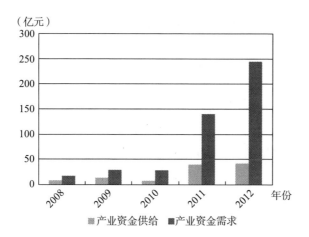

图 3 - 15　新疆维吾尔自治区战略性新兴产业资金供给和需求情况

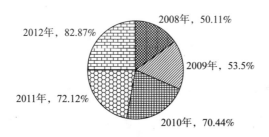

图 3 - 16　新疆维吾尔自治区战略性新兴产业资金缺口占需求比例

在对新疆中小型企业调查的过程中发现，战略性新兴企业面临的突出问题是用工成本上升快、招工难以及资金紧张，新疆 45.9% 的中小型战略性新兴企业认为企业面临资金紧张，并且 16.4% 的中小型战略性新兴企业认为融资难。（见图 3 - 17）在 2012 年度没有融到资金的中小型战略性新兴企业占比为 89.7%，比例还是占绝大部分，10.3% 的中小型战略性新兴企业认为本年度融资非常困难。

（3）内蒙古自治区

内蒙古自治区战略性新兴产业资金需求和供给情况在图 3 - 18 中，2012 年，内蒙古自治区战略性新兴产业资金缺口较大，缺口量为 300.56 亿元，原因在于该地区战略性新兴产业资金需求量较大，为 515.43 亿元，虽然该地区的战略性新兴产业资金供给量与其他民族地区相比较多，为 214.87 亿元，但与该地区的产业资金需求量相比，缺口资金达到需求量的一半以上，资金严重不足。

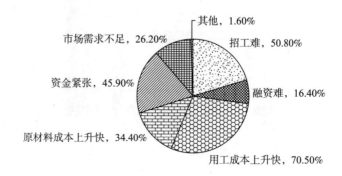

图 3 - 17   新疆维吾尔自治区战略性新兴企业面临问题调研

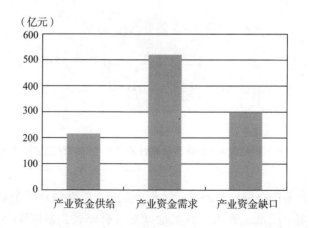

图 3 - 18   内蒙古自治区 2012 年战略性新兴产业资金供给和需求情况

（4）西藏自治区

图 3 - 19 是西藏自治区 2012 年战略性新兴产业资金供给需求状况，2012 年，西藏自治区战略性新兴产业资金需求量为 12.81 亿元，虽然相比其他民族地区需求量已经很小，但其产业资金供给量只有 3.81 亿元，产业资金缺口达到 9 亿元，产业资金缺口占资金需求量的比例为 70.26%，说明西藏自治区战略性新兴产业发展中资金严重不足。

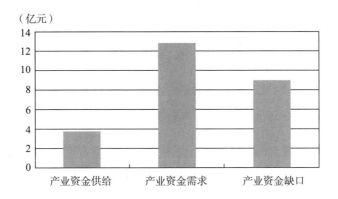

（亿元）

图 3 - 19　西藏自治区 2012 年战略性新兴产业资金供给和需求情况

（5）宁夏回族自治区

宁夏战略性新兴产业资金需求和供给情况从图 3 - 20 中可以看出，2012 年，宁夏战略性新兴产业资金缺量为 31. 21 亿元，相比其他民族地区不算太大，但是该地区的战略性新兴产业资金供给量只有 18. 08 亿元，需求量却为 49. 29 亿元，但与该地区的产业资金需求量相比，产业资金缺口占资金需求量的比例为 63. 32%，说明宁夏回族自治区战略性新兴产业发展中也存在资金不足问题。

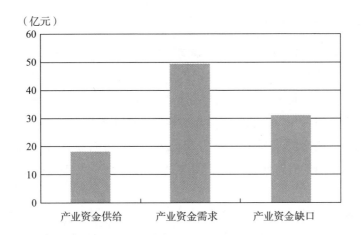

（亿元）

图 3 - 20　宁夏回族自治区 2012 年战略性新兴产业资金供给和需求情况

（6）贵州省

贵州省战略性新兴产业资金需求和供给情况从图 3 – 21 中可以看出，2012 年，贵州省战略性新兴产业资金缺口较大，缺口量为 129.62 亿元，原因在于该地区战略性新兴产业资金需求量较大，为 202.58 亿元，但该地区的战略性新兴产业资金供给量却较少，为 72.96 亿元，与该地区的产业资金需求量相比，缺口资金达到需求量的一半以上，资金严重不足。

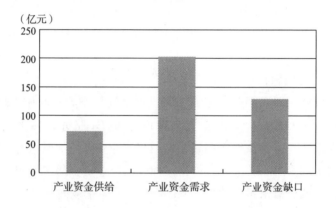

图 3 – 21　贵州省 2012 年战略性新兴产业资金供给和需求情况

（7）云南省

云南省战略性新兴产业资金需求和供给情况在图 3 – 22 中，2012 年，云南省战略性新兴产业资金缺口量为 56.09 亿元，相比其他民族地区不算太大，但是该地区的战略性新兴产业资金供给量只有 43.56 亿元，需求量却为 99.65 亿元，但与该地区的产业资金需求量相比，产业资金缺口占资金需求量的比例为 56.29%，占到资金需求量的一半以上，说明云南省战略性新兴产业发展中也存在资金不足问题。

（8）青海省

图 3 – 23 是青海省 2012 年战略性新兴产业资金供给需求状况，2012 年，青海省战略性新兴产业资金需求量为 31 亿元，虽然相比其他民族地区需求量已经很小，但其产业资金供给量只有 10 亿元，产业资金缺口达到 21 亿元，产业资金缺口占资金需求量的比例为 67.74%，

说明青海战略性新兴产业发展中资金严重不足。

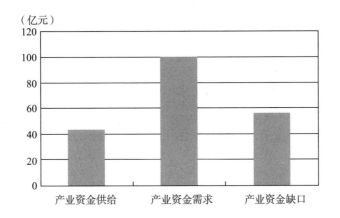

图 3 - 22　云南省 2012 年战略性新兴产业资金供给和需求情况

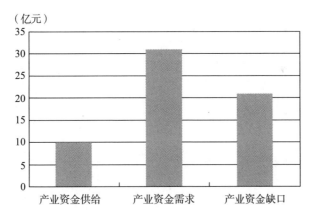

图 3 - 23　青海省 2012 年战略性新兴产业资金供给和需求情况

（二）民族地区战略性新兴产业资金来源

1. 基本情况

表 3 - 17 是民族地区战略性新兴产业资金来源情况，可以看出，民族地区战略性新兴产业资金来源渠道有：自筹资金、国内贷款、财政资金、利用外资以及其他来源。其中，自筹资金是民族地区乃至全国战略性新兴产业资金的主要来源，但由于民族地区战略性新兴产业体量较少，企业自己输入资金有限，与全国平均水平相比，自筹资金的金额相

差还是很大；国内贷款是民族地区战略性新兴产业资金的第二种来源，但远远小于自筹资金的数量，与全国相比，除内蒙古自治区外，其他民族地区国内贷款筹集战略性新兴产业资金数量远小于全国平均水平；财政资金是民族地区战略性新兴产业资金的第三种来源，这在战略性新兴产业发展中起着微乎其微的作用，除贵州省外，其他民族地区通过财政资金支持的力度还很小；相比于全国，利用外资作为战略性新兴产业资金来源的一种方式，在民族地区的很多省份还是空白；截至 2012 年，企业通过发行债券方式筹集战略性新兴产业所需资金在民族地区也属于空白。

表 3 – 17 　　　　　　2012 年民族地区战略性新兴产业资金来源 　　　　单位：亿元

地区	资金来源	财政资金	国内贷款	债券	利用外资	自筹资金	其他
广西	181.74	0.61	9.54	0	1.92	163.55	6.13
内蒙古	245.41	0	75.84	0	0	146.65	22.93
新疆	52.33	0.69	9.24	0	0	42.31	0.09
西藏	4.11	0.12	0	0	0	3.89	0.10
宁夏	16.26	0	1.46	0	0.60	14.20	0
贵州	95.45	7.84	1.75	0	0	8.04	5.44
云南	44.13	0.18	2.39	0	0	41.06	0.50
青海	9.78	0	1.27	0	0	7.73	0.78
全国平均	420.01	5.82	38.87	0.03	22.85	343.71	8.73

2. 调研情况

（1）广西壮族自治区

根据调查显示，广西战略性新兴产业资金主要来源于四个途径，自筹资金、国内贷款、利用外资、财政资金以及其他途径；89.99% 的战略性新兴产业资金来源于企业自筹，通过国内金融机构贷款的战略性新兴产业资金占比 5.25%，只有 1.06% 的战略性新兴产业资金来源于外资，财政资金支持部分也显得略少，只占整个战略性新兴产业资金的0.34%（见图 3 – 24）。

（2）新疆维吾尔自治区

通过对新疆的调研可知，新疆战略性新兴产业资金主要来源于：自筹资金、国内贷款、财政资金以及其他途径；其中，绝大部分（80.85%）的战略性新兴产业资金来源于企业自筹，通过国内金融机构贷款的战略性新兴产业资金占比17.66%，财政资金支持部分略显不足，只占整个战略性新兴产业资金的1.32%（见图3-25）。

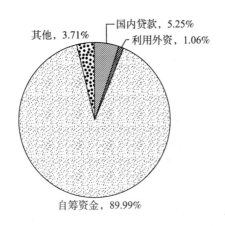

图3-24　广西壮族自治区战略性新兴产业资金来源

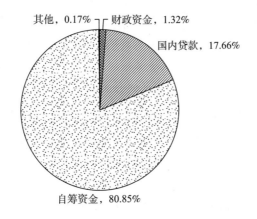

图3-25　新疆维吾尔自治区战略性新兴产业资金来源

（3）内蒙古自治区

图3-26是内蒙古自治区战略性新兴产业资金来源情况，可以看出，内蒙古自治区战略性新兴产业资金主要来源于三个途径：国内贷

款、自筹资金和其他，自筹资金仍然是内蒙古战略性新兴产业资金的主
要来源，占比为 59.76%；与其他地区相比，从金融机构贷款获得产业
资金显得较多，占比为 30.90%，其他途径的资金来源（包括财政资
金）占比为 9.34%。

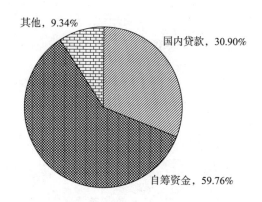

图 3-26　内蒙古自治区战略性新兴产业资金来源

（4）西藏自治区

根据调查显示，西藏战略性新兴产业资金主要来源于三个途径，自
筹资金、财政资金以及其他途径；94.65% 的战略性新兴产业资金来源
于企业自筹，财政资金支持的战略性新兴产业资金占比为 2.92%，略
高于其他民族地区，2.43% 的战略性新兴产业资金来源于其他途径。可
见，西藏战略性新兴产业资金来源比较单一（见图 3-27），由于当地
金融发展水平较低，几乎没有依赖金融机构进行战略性新兴产业资金的
筹集。

（5）宁夏回族自治区

图 3-28 是宁夏战略性新兴产业资金来源情况，可以看出，宁夏战
略性新兴产业资金主要来源于三个途径：国内贷款、自筹资金和利用外
资，自筹资金仍然是宁夏战略性新兴产业资金的主要来源，占比为
87.33%；与其他地区相比，从金融机构贷款获得产业资金显得较多，
占比为 8.98%，利用外资为当地战略性新兴产业筹集资金是其他民族
地区少有的一个特点，资金占比为 3.69%。

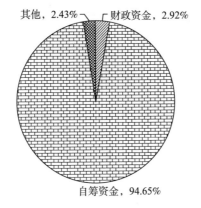

图 3 - 27　西藏自治区战略性新兴产业资金来源

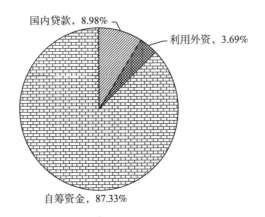

图 3 - 28　宁夏回族自治区战略性新兴产业资金来源

（6）贵州省

根据调查显示，贵州省战略性新兴产业资金主要来源于四个途径，自筹资金、财政资金、国内贷款，以及其他途径；84.24%的战略性新兴产业资金来源于企业自筹，贵州省财政资金支持战略性新兴产业力度较大，占比为 8.21%，只有 1.83% 的战略性新兴产业资金来源于国内贷款，与其他民族地区相比，来自于金融机构贷款的资金略显不足（见图 3 - 29）。

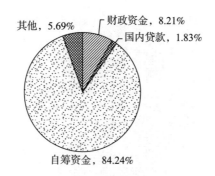

图 3 - 29　贵州省战略性新兴产业资金来源

（7）云南省

根据调查显示，云南省战略性新兴产业资金主要来源于四个途径，自筹资金、国内贷款、财政资金，以及其他途径，来源途径虽然较多，但是几乎大部分资金（93.04%）来源于企业自筹，通过国内贷款方式获得的战略性新兴产业资金占比为5.42%，只有0.41%的战略性新兴产业资金来源于财政资金，与其他民族地区相比，来自于财政资金略显不足（见图3 - 30）。

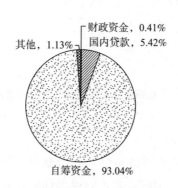

图 3 - 30　云南省战略性新兴产业资金来源

（8）青海省

图 3 - 31 是青海省战略性新兴产业资金来源情况，可以看出，青海战略性新兴产业资金主要来源于三个途径：国内贷款、自筹资金和其他，自筹资金仍然是青海战略性新兴产业资金的主要来源，占比为

79.04％；与其他地区相比，从金融机构贷款获得产业资金显得较多，占比为 12.98％，其他途径为当地战略性新兴产业筹集资金占比为 7.97％，可以看出，青海战略性新兴产业资金来源比较单一。

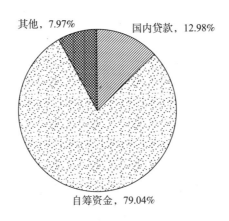

图 3－31　青海省战略性新兴产业资金来源

（三）民族地区财政金融支持战略性新兴产业发展的具体情况

1. 财政专项支持战略性新兴产业发展现状

（1）广西壮族自治区

2014 年，自治区财政安排战略性新兴产业专项资金 1.5 亿元，2014 年，9000 万元财政资金扶持第一批战略性新兴产业项目主要涉及：新材料（15 项）、先进装备制造（4 项）、节能与新能源汽车（1 项）、新一代信息技术（3 项）、节能环保（6 项）、生物医药（6 项）六个领域（见图 3－32）。35 个项目总投资 18.94 亿元，其中财政扶持 9000 万元，通过金融机构融资 4.14 亿元，吸收社会资本 13.9 亿元，发挥了财政资金的引导和放大作用。

2015 年，自治区统筹安排战略性新兴产业专项资金 1.9 亿元。其中，广西发展和改革委员会同财政部门在新能源产业、养生长寿健康产业、海洋产业、生物农业四个产业安排专项资金 6000 万元，重点支持自主创新成果转化、产业化应用和创新平台等方面共计 23 个重大应用示范项目建设。围绕产业链的核心技术关键环节和国家重点扶持方向，组织和指导企业申报国家智能制造装备、创新能力建设、北斗导航应用、应急指挥等专项，得到国家重大项目布局和资金支持 4390 万元，有效推动自主创新成果转化和产业化示范项目建设。支持中国（扶绥）乐养城、中国联通南宁总部基地等项目纳入自治区领导联系重大项目加快推进。建立战略性新兴产业重大创新示范项目储备库，指导和督促项目单位完善项目建设条件和加快建设。

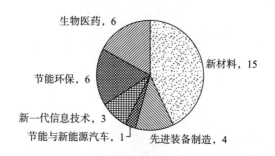

图 3 - 32　2014 年广西壮族自治区财政资金支持战略性新兴产业各行业项目数

在专项资金引导方面，广西设立 30 亿元引导基金，重点支持战略性新兴产业。2015 年成功设立首只国家参股的广西国海玉柴先进装备制造产业创业投资基金，基金规模达 2.83 亿元人民币，并获得国家 5000 万元参股资金支持，引入社会资金 1.83 亿元，有效促进社会资本向广西的战略性新兴产业领域集聚，加大新兴产业投入实现新突破。

（2）新疆维吾尔自治区

2011—2015 年期间，新疆战略性新兴产业总投资额为 5560.32 亿元，实现销售收入 4227.7739 亿元，增加值为 1520.4845 亿元，利税831.9983 亿元，这中间离不开财政专项资金的支持。图 3 - 33 是2011—2015 年新疆财政对战略性新兴产业的支持金额，可以看出，财政专项资金对新疆战略性新兴产业的支持金额处于增加的趋势，增加力度翻翻，由 2011 年的 0.5 亿元增加到 2015 年的 0.91 亿元，在 2014 年达到最高峰 1.2 亿元。

图 3 - 34 是 2015 年新疆财政对各地区战略性新兴产业的支持，2015 年，新疆维吾尔自治区战略性新兴产业总投资 75.89 亿元，其中

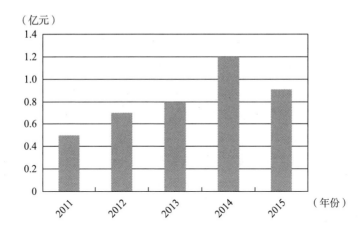

图 3 - 33　2011—2015 年新疆维吾尔自治区财政对战略性新兴产业的支持金额

安排战略性新兴产业专项资金 9100 万元支持重点技术创新项目 116 项，主要围绕装备制造、新材料、生物技术、信息技术、纺织等重点领域。支持项目按地区分布：乌鲁木齐 35 项；昌吉 26 项；和田 1 项；阿克苏 2 项；克拉玛依 8 项；塔城 2 项；伊犁 8 项；阿勒泰 2 项；五家渠 2 项；巴州 4 项；博州 10 项；喀什 6 项；哈密 4 项；石河子 6 项。

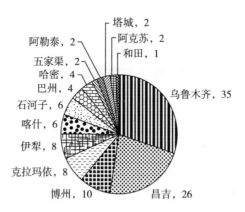

图 3 - 34　2015 年新疆维吾尔自治区财政对各地区战略性新兴产业的项目数量支持

　　表 3 - 18 是 2015 年新疆专项资金对战略性新兴产业各行业的支持，战略性新兴产业专项资金 9100 万元支持的行业划分为：新兴能源 7 项、

新材料27项、先进装备制造20项、生物24项、信息16项目、节能环保25项目。其中：节能环保产业支持资金2060万元，生物产业支持资金1684万元，先进装备制造产业支持资金1893万元，新材料产业支持资金1483万元，新兴能源产业支持资金942万元，信息产业支持资金1164万元。年新增销售收入312.7亿元，年新增利税47亿元。

表3-18 2015年新疆维吾尔自治区专项资金对战略性
新兴产业各行业的支持

产业	项目数（个）	支持资金（万元）
新兴能源	7	816
新材料	27	1483
先进装备制造	20	1893
生物	24	1684
信息	16	1164
节能环保	25	2060
合计	119	9100

在战略性新兴产业引导基金方面，截至2015年年底，新疆战略性新兴产业引导资金3年投资项目10项，总参股投资资金5500万元。

（3）内蒙古自治区

整个"十二五"期间，内蒙古共争取1.4亿元的财政资金对战略性新兴产业进行支持，共支持79个建设项目，重点领域为先进装备制造业和新材料。

在战略性新兴产业引导基金方面，内蒙古加大财政资金投入支持设立新兴产业创投基金、新能源和节能环保创投基金，2013年，内蒙古新能源和节能环保基金已经国家发展改革委和财政部批准设立，成立了自治区首只国家批准并注资的新兴产业创投基金。

（4）贵州省

围绕五大战略性新兴产业和特色优势产业，2014年，贵州省对于核心关键技术进行了财政资金支持，通过筛选，立项支持了24个科技重大专项项目，其中，财政科技资金投入9059.50万元，在财政资金引导下，贵州社会资本投入研发 26972.83 万元。

根据现有资料整理得出，2015 年贵州省集中开工的共有 84 个转型发展五大新兴产业重大项目，主要分布在 5 个领域，其中，现代山地高效农业项目最多，为 27 个；民族和山地为特色的文化旅游业项目次之，为 26 个；医药养生产业项目 12 个，体现的是大健康目标；新型建筑建材业项目 12 个，属于节能环保产业；电子信息产业项目 7 个，属于大数据领域。

2. 股权投资对战略性新兴产业支持现状

（1）风险投资对战略性新兴产业支持现状

表 3-19 为 2008—2012 年我国风险资本投资企业的地区分布状况，2012 年度，从投资的数量和金额来看，华东地区位居第一位，投资金额达到 289.03 亿元，占比 27.82%，投资数量为 241 个，比例为 24.44%；位于第二位的是北京地区，投资金额为 219.66 亿元，占比为 21.15%，数量为 236 个，比例达到全国的 23.94%；而西部地区投资金额高于东北、华北和深圳，达到 96.08 亿元，占比 9.25%，数量为 93 个，仅高于东北和华北地区，占比为 9.43%。从 2003—2012 年总体情况来看，西部地区风险投资企业数量占比变化不大，基本在 8% 左右，投资企业金额比例呈现小幅波动，最低占比为 5.26%，最高占比达到 12.6%；华东地区风险投资企业数量占比也基本维持不变，保持在 25% 左右，金额占比除了 2008 年和 2011 年为 16% 左右外，其他年份基本保持在 27% 左右；北京地区风险投资企业数量占比基本在 20% 左右，金额占比除了 2009 年为 18.9% 以外，其他年份都维持在 20% 以上。

表 3-19 　　　　　　　2008—2012 年被投资企业地区分布

	类型	北京	上海	深圳	东北	华北	华东	中南	西部	其他	合计
2008 年	数量比例（%）	20.00	13.86	7.33	3.96	6.53	21.58	15.05	7.52	4.16	100
	金额比例（%）	28.44	22.80	3.68	2.15	2.75	16.57	12.69	5.63	5.29	100
2009 年	数量比例（%）	17.70	10.47	8.26	4.42	5.46	28.76	16.67	7.37	0.88	100
	金额比例（%）	18.97	11.43	4.34	3.48	2.15	28.34	17.53	12.67	1.09	100
2010 年	数量比例（%）	22.10	10.99	6.87	2.25	5.74	25	15.61	10.61	62.00	100
	金额比例（%）	29.01	8.19	3.45	1.66	4.07	27	15.83	10.18	56.00	100

续表

类型		北京	上海	深圳	东北	华北	华东	中南	西部	其他	合计
2011年	数量比例（%）	22.33	11.26	7.36	2.70	4.47	24.28	16.04	8.24	3.33	100
	金额比例（%）	33.46	14.79	7.85	3.07	2.93	16.46	10.19	5.26	5.99	100
2012年	数量（个）	236	113	99	18	48	241	133	93	5	986
	比例（%）	23.94	11.46	10.04	1.83	4.87	24.44	13.49	9.43	0.51	100
	金额（亿元）	219.66	152.41	68.62	29.99	46.52	289.03	135.13	96.08	1.32	1038.76
	比例（%）	21.15	14.67	6.61	2.89	4.48	27.82	13.01	9.25	0.13	100

注：①根据 2009—2013 年风险投资年鉴整理得来。

②由于四舍五入的原因，合计可能不等于100%；下同。

表 3-20 是我国风险资本介入的企业所处行业分布情况，2012 年，我国风险资本介入的行业分布继续呈现多元化，据统计数据显示，974 个风险资本介入的项目中，传统制造业领域的投资项目数量依旧遥遥领先，共 109 个，占总数比例的 11.19%。互联网、医药保健、高端装备制造、消费与服务、软件等行业的被投资项目数分别为 102 个、84 个、68 个、57 个、57 个，所占比例分别为 10.47%、8.62%、6.98%、5.85%、5.85%。电子商务领域涉及投资金额达 192.92 亿元，吸金量高居第一。其次是金融服务，涉及投资金额 136.69 亿元，占总额比例 13.16%。互联网、现代农业、软件、高端装备制造、新能源、新材料、节能环保、通信/电信、半导体 IC、IT、生物技术这些战略性新兴产业，从被投资数量上看，共 449 个，合计所占比例高达 46.1%，比 2011 年下降了 41.23%，从被投资企业获得的投资总额来看，共吸金 253.15 亿元，占资本总额 24.38%，与前一年相比有所下降。2011 年，我国风险资本介入的行业分布继续呈现多元化，据统计数据显示，共有 1618 个风险资本介入了投资项目，其中，传统制造业领域共有 272 个，占据投资项目最多，占总数比例的 16.81%。互联网、消费与服务、电子商务、高端装备制造等行业的被投资项目数分别为 215 个、125 个、123 个、109 个，所占比例分别为 13.29%、7.73%、7.60%、6.74%。金融服务领域涉及投资金额达 443.99 亿元，吸金量高居第一。其次是传统制造业，涉及投资金额 337.27 亿元，占总额比例 14.67%。互联

网、现代农业、软件、高端装备制造、新能源、新材料、节能环保、通信/电信、半导体 IC、IT、生物技术等战略性新兴产业，从被投资数量上看，共 764 个，合计所占比例高达 47.22%，比 2010 年上升了 7.38%。从被投资企业获得的投资总额来看，共吸金 744.8 元，占资本总额 32.4%，与前一年相比略有上升。数据充分显示了，投资项目大部分向于一些科技含量高、成长潜力大、综合效益好的新兴战略性新兴产业偏移，由一些传统领域开始逐步向战略性新兴产业、金融服务业等行业集中。企业在风险投资的推动下迅速发展，其中一部分企业已经上市。

表 3－20　　　　　　　风险资本介入的企业所处行业分布情况

行业	2010 年		2011 年		2012 年	
	数量（个）	金额（亿元）	数量（个）	金额（亿元）	数量（个）	金额（亿元）
传统制造业	123	90.46	272	337.27	109	63.23
消费与服务	82	89.38	125	195.79	57	68.27
电子商务	61	59.78	123	232.01	56	192.92
医药保健	72	141.01	79	63.43	84	55.38
化工	21	4.21	56	86.90	44	18.53
文化传媒	47	18.28	56	27.12	53	37.83
金融服务	31	35.74	48	443.99	31	136.69
建筑/工程	—	—	30	34.70	23	69.74
教育行业	3	0.94	22	18.72	13	5.72
房地产	15	40.80	21	69.19	19	46.94
传统能源	31	24.66	12	16.89	13	62.28
其他行业	26	37.25	10	28.23	23	27.61
通信/电信	32	6.70	51	41.27	29	31.33
互联网	30	26.96	215	303.75	102	36.67
新能源	42	30.54	50	63.82	11	27.70
新材料	28	14.14	38	17.99	10	3.68
节能环保	46	22.81	52	45.97	43	25.89
高端装备制造	11	7.40	109	61.24	68	46.94
半导体 IC	16	11.61	33	68.35	29	15.02

续表

行业	2010 年		2011 年		2012 年	
	数量（个）	金额（亿元）	数量（个）	金额（亿元）	数量（个）	金额（亿元）
IT	—	—	30	8.49	34	13.22
软件	76	31.10	77	24.38	57	13.03
生物技术	19	5.21	23	14.83	13	2.04
现代农业	39	92.23	86	94.71	53	37.63
合计	851	791.21	1618	2299.04	974	1038.29

注：根据 2011—2013 年风险投资年鉴整理得来。

表 3-21 是我国具有风险投资背景企业 IPO 的情况，从 2006—2012 年，具有风险投资背景企业的 IPO 总体呈现增加趋势，在 2010 年，我国具有风险投资背景企业 IPO 达到最大，有 317 个，融资额也达到 4803.88 亿元，平均融资额为 15.15 亿元，随后有所下降，2012 年有 103 家具有风险投资背景的企业上市，融资额为 749.38 亿元，平均融资额为 7.28 亿。据统计显示，2012 年共有 209 家中国企业在海内外上市，共融资 1671.22 亿元，平均融资额为 8 亿元，可以看出，2012 年具有风险投资背景的企业上市数量占比为 49.28%，总融资占比为 44.84%。

表 3-21　2006—2012 年我国具有风险投资背景企业 IPO 情况

IPO 情况	2006 年	2007 年	2008 年	2009 年	2010 年	2011 年	2012 年
IPO（个数）	22	77	40	66	317	172	103
融资额（亿元）	115.04	1569.41	207.71	690.87	4803.88	1708.04	749.38
平均融资额（亿元）	5.29	20.38	5.19	10.47	15.15	9.93	7.28

注：根据 2011—2012 年风险投资年鉴整理得来。

在 103 个具有风险投资背景的 IPO 企业中，如表 3-22 所示，中部地区占有绝大部分份额，共有 83 个，占有 80.59% 的比例，共融资 598.05 亿元，占全国具有风险投资背景 IPO 企业的 79.81%，平均融资

额为 7.21 亿元，略低于全国平均水平；中部地区具有风险投资背景的
IPO 企业有 10 个，占比 9.71%，共融资 57.64 亿元，占总融资的
7.69%，平均融资水平远低于全国平均水平，为 5.76 亿元；西部地区
具有风险投资背景的 IPO 企业也有 10 个，占比 9.71%，共融资 93.69
亿元，占总融资的 12.50%，平均融资水平高于全国；西部民族地区具
有风险投资背景的 IPO 企业有 4 个，占西部地区的 40%，占全国的
3.88%，共融资 20.34 亿元，占西部地区的 21.71%，占全国的
2.71%，平均融资水平最低，为 5.09 亿元。

表 3 – 22　　　　2012 年具有风险投资背景的 IPO 企业地域分布

地区	数量及占比		金额		
	数值（个）	比例（%）	融资金额（亿元）	比例（%）	平均值（亿元）
东部地区	83	80.59	598.05	79.81	7.21
中部地区	10	9.71	57.64	7.69	5.76
西部民族地区	4	3.88	20.34	2.71	5.09
西部其他地区	6	5.83	73.35	9.79	12.23
合计	103	100.00	749.38	100.00	—

注：根据 2012 年风险投资年鉴整理得来。

表 3 – 23 是 2012 年我国具有风险投资背景的 IPO 企业行业分布，
在 103 家具有风险投资背景的 IPO 企业中，传统制造企业上市数量最
多，有 19 家，占上市数量的 18.45%，其次是半导体 IC 和新材料产业，
上市数量各为 8 家，各占比 7.77%，从融资额来看，传统制造业同样
居于首位，共融资 158.94 亿元，占融资总额的 21.21%，从单个企业
平均融资额来看，建筑/工程业居首位，平均单个企业融资额达 38.41
亿元。互联网、现代农业、软件、高端装备制造、新能源、新材料、节
能环保、通信/电信、半导体 IC、IT 这些战略性新兴产业，从上市数量
上看，共 55 个，合计所占比例高达 53.4%，共融资 263.37 亿元，占比
35.15%。

表 3 – 23 　　　　2012 年具有风险投资背景的 IPO 企业行业分布

年份	数量及占比		融资额		
行业	数例（家）	比例（%）	总融资额（亿元）	比例（%）	平均值（亿元）
传统制造业	19	18.45	158.94	21.21	8.37
消费与服务	7	6.80	51.26	6.84	7.32
电子商务	2	1.94	9.03	1.21	4.52
医药保健	7	6.80	66.17	8.83	9.45
化工	6	5.83	46.75	6.24	7.79
文化传媒	1	0.97	6.75	0.90	6.75
金融服务	1	0.97	17.40	2.32	17.4
建筑/工程	2	1.94	76.82	10.25	38.41
传统能源	1	0.97	3.70	0.49	3.70
其他行业	2	1.94	2.81	0.37	1.41
通信/电信	6	5.83	20.19	2.69	3.37
互联网	4	3.88	28.17	3.76	7.04
新能源	2	1.94	25.35	3.38	12.68
新材料	8	7.77	32.09	4.28	4.01
节能环保	5	4.85	32.65	4.36	6.53
高端装备制造	7	6.80	46.84	6.25	6.69
半导体 IC	8	7.77	59.72	7.97	7.47
IT	5	4.85	19.09	2.55	3.82
软件	7	6.80	22.14	2.95	3.16
现代农业	3	2.91	23.50	3.14	7.83
合计	103	100	749.37	100	—

注：根据 2012 年风险投资年鉴整理得来。

我国创业风险投资虽然逐步向战略性新兴产业转移，但仍然关注于传统产业，民族地区创业风险投资退出渠道比较狭窄。

（2）民族地区私募股权投资对战略性新兴产业支持现状

由于 2008—2009 年与 2010—2012 年私募股权投资行业披露内容不同，因此分两个表进行统计，表 3 – 24 是我国 2008—2009 年私募股权投资行业分布总体分析情况，2008 年，私募股权投资广义 IT 行业 134 个，占比 35.08%，其次是传统行业，案例 115 个，占比 30.11%，投资金额为 569.21 亿元，私募股权投资新兴产业的有 154 个，占比 40.32%，私募投资其他产业共 228 个，占比 59.70%；2009 年，私募股权投资传统行业占首位，案例 65 个，占比 55.60%，服务业位居其次，案例 22 个，占比 18.80%，从金额来看，私募股权投资服务业位居首位，金额为 376.37 亿元，占比 63.70%，2009 年私募股权投资新兴产业的有 30 个，占比 25.60%，私募投资其他产业共 87 个，占比 74.40%，相比之下，2009 年私募股权投资战略性新兴产业的强度减弱。

表 3-24　　2008—2009 年我国私募股权投资行业分布总体分析

行业（一级）		2008 年					2009 年				
		案例数（个）	比例（%）	投资金额（亿元）	比例（%）	平均投资额（亿元）	案例数（个）	比例（%）	投资金额（亿元）	比例（%）	平均投资额（亿元）
私募投资其他产业	传统行业	115	30.11	569.21	55.95	4.95	65	55.60	176.78	29.90	3.4
	服务业	113	29.59	180.98	17.79	2.03	22	18.80	376.37	63.70	17.11
	合计	228	59.70	750.19	73.74	3.29	87	74.40	553.15	93.60	6.36
投资新兴产业金额	生技/健康	—	—	193.12	18.98	1.81	14	12.00	16.08	2.70	1.46
	广义 IT	134	35.08				8	6.80	6.88	1.20	1.38
	清洁技术	—	—				6	5.10	9.41	1.60	1.88
	未披露	—	—				2	1.70	5.46	0.90	2.73
	其他高科技	20	5.24	42.54	4.18	2.66	—	—	—	—	—
	合计	154	40.32	235.66	23.16	4.47	30	25.60	37.83	6.4	7.45
合计		382	100	985.85	100	—	117	100	590.99	100	—

表 3-25 是我国 2010—2012 年私募股权投资市场一级行业投资分布情况，2010 年，投资案例数居于首位的是生物技术，达到 55 个，其次为清洁技术，案例 31 个，从金额来看，2010 年投资金额居于首位的是机械制造，为 80.40 亿元，其次是互联网，投资金额为 76.00 亿元；

2011 年，投资案例数居于首位的是机械制造，达到 61 个，其次为化工原料及加工，案例 56 个，从金额来看，2011 年投资金额居于首位的是金融，为 311.66 亿元，其次是生物技术，投资金额为 230.93 亿元；2012 年，投资案例数居于首位的是房地产，达到 80 个，其次为生物技术，案例 64 个，从金额来看，2012 年投资金额居于首位的是互联网，为 229.34 亿元，其次是房地产，投资金额为 202.55 亿元；私募股权投资战略性新兴产业金额可以看出，近三年总计投资 1536.88 亿元，呈现出先增后减的态势，由 2010 年的 260.02 亿元增加到 2011 年的 718.84 亿元，然后减少到 2012 年的 558.02 亿元。但是从私募股权投资战略性新兴产业占比来看，呈现逐年增加的趋势，由 2010 年 36.92% 到 2011 年的 40.47%，再增加到 2012 年的 44.68%。从单个行业来看，私募股权投资在互联网行业，由 2010 年的 76.00 亿元逐年增加到 2012 年的 229.34 亿元，增加幅度达 217%；同样，在能源及矿产行业，投资资金也从 2010 年的 13.67 亿元陡增到 2012 年的 142.92 亿元，投资增加幅度达到了 10.31 倍。虽然我国私募股权投资仍然倾向于传统行业，但在政策的引导以及风险和收益的权衡下，目前逐渐向战略性新兴产业转移，并且在战略性新兴行业中的投资比例向着均衡化发展。

由此可见，私募股权投资是许多投资者采取投资的一种方式，但是，作为一个新兴金融行业，其募资金额相较于传统的银行贷款还是远远不够的，民族地区本就资金匮乏，从中投向战略性新兴产业的金额就更少了。

表 3 - 25　2010—2012 年我国私募股权投资市场一级行业投资分布

行业（一级）	2010 年			2011 年			2012 年		
	案例数（个）	投资金额（亿元）	平均投资额（亿元）	案例数（个）	投资金额（亿元）	平均投资额（亿元）	案例数（个）	投资金额（亿元）	平均投资额（亿元）
互联网	22	76.00	3.45	44	161.36	3.67	49	229.34	4.68
IT	15	5.30	0.35	24	16.91	0.70	29	10.19	0.35
电子及光电设备	8	4.28	0.54	36	35.08	0.97	36	25.27	0.70
能源及矿产	7	13.67	1.95	38	125.28	3.30	41	142.92	3.49
生物技术	55	57.81	1.05	55	230.93	4.20	64	74.01	1.16

续表

行业（一级）	2010 年			2011 年			2012 年		
	案例数（个）	投资金额（亿元）	平均投资额（亿元）	案例数（个）	投资金额（亿元）	平均投资额（亿元）	案例数（个）	投资金额（亿元）	平均投资额（亿元）
清洁技术	31	22.56	0.73	45	78.11	1.74	45	42.55	0.95
机械制造	29	80.40	2.77	61	71.15	1.17	54	33.73	0.62
投资新兴产业金额合计	167	260.02	1.56	303	718.84	2.37	318	558.02	1.75
汽车	14	15.75	1.12	15	16.87	1.12	15	27.54	1.84
房地产	20	43.81	2.19	36	145.44	4.04	80	202.55	2.53
金融	16	51.40	3.21	25	311.66	12.47	18	136.89	7.60
化工原料及加工	17	12.31	0.72	56	88.89	1.59	35	55.30	1.58
连锁及零售	20	58.81	2.94	22	104.34	4.74	27	48.78	1.81
电信及增值业务	5	3.66	0.73	20	7.57	0.38	30	32.72	1.09
农林渔牧	18	50.32	2.80	30	36.74	1.22	43	29.82	0.69
纺织及服饰	10	15.39	1.54	14	13.24	0.95	11	23.97	2.18
食品和饮料	22	46.91	2.13	25	37.73	1.51	15	23.77	1.58
娱乐传媒	7	5.99	0.86	12	20.68	1.72	26	17.52	0.67
建筑/工程	15	24.01	1.60	38	42.71	1.12	23	17.11	0.74
半导体	5	2.98	0.60	4	1.90	0.47	1	14.98	14.98
教育与培训	1	—	—	10	5.91	0.59	4	4.10	1.03
物流	4	25.36	6.34	9	5.02	0.56	5	3.61	0.72
广播电视及数字电视	8	4.57	0.57	5	3.83	0.77	3	1.75	0.58
其他	13	82.93	6.38	39	128.80	3.30	20	41.65	2.08
未披露	1	—	—	32	85.80	2.68	6	8.83	1.47
私募投资其他产业合计	196	444.21	2.27	392	1057.15	2.70	362	690.88	1.91
私募投资总额合计	363	704.23	1.94	695	1775.98	2.56	680	1248.90	1.85

注：根据《2010—2012 年中国私募股权投资年度研究报告》整理得来。

由表 3 - 26 可知，2012 年私募股权投资机构介入企业 IPO 融资在数量和金额上都较 2011 年有大幅下降。从金额来看，2012 年 IPO 融资801.1 亿元，同比下降 55.4%；从数量来看，2012 年私募股权投资机构介入企业实现上市的共 97 家，同比下降了 41.2%。导致以上结果的原因在于世界经济和中国经济在现阶段增长乏力，部分投资者对投资丧失信心。

表 3 - 26　　　　VC/私募股权投资背景中国企业 IPO 融资规模
（2006—2012 年度）

	2006 年	2007 年	2008 年	2009 年	2010 年	2011 年	2012 年
金额（亿元）	2187.2	2507.1	218.1	931	2529.9	1796.7	801.1
数量（个）	44	106	36	77	220	165	97

注：根据《2010—2012 年中国私募股权投资年度研究报告》整理得来。

由表 3 - 27 可知，深交所创业板和深交所中小板 IPO 退出数量合计183 个，占退出总数的 77.87%。从平均账面回报率可以看出，深交所创业板 IPO 退出账面回报达到 5.03 倍，位居榜首，深交所中小板以4.84 倍回报率紧随其后。由此可见，私募股权投资更加倾向在创业板及中小企业板以 IPO 方式退出市场，在帮助企业公开融资的同时自己也获得利润。

表 3 - 27　　　　2012 年 VC/PE 各板块 IPO 退出账面回报情况

交易所	退出数量（个）	账面退出回报（亿元）	平均账面回报率（倍）
深交所创业板	116	94.20	5.03
深交所中小板	67	64.10	4.84
合计	183	158.30	—
上交所	31	109.70	2.2
境内合计	214	268.0	4.57
港交所主板	12	146.90	0.06
纳斯达克	4	14.70	7.73
纽交所	3	6.70	0.75

续表

交易所	退出数量（个）	账面退出回报（亿元）	平均账面回报率（倍）
德国法兰克福	2	—	—
境外合计	21	168.40	1.98
总计	235	436.30	4.38

注：根据《2012年中国私募股权投资年度研究报告》整理得来。

上述情况表明：我国私募股权投资正逐步向战略性新兴产业转移，但由于民族地区经济发展落后，资金缺乏，因此，投向民族地区战略性新兴产业的私募股权投资极少，而且从上市公司的数量以及区域产权交易中心来看，该地区私募股权投资退出渠道较少。

3. 金融机构对战略性新兴产业支持具体情况

（1）广西壮族自治区

从图3-35可以看出，广西金融机构的存贷款额都远远小于全国平均水平，虽然2012年广西有3914.56亿元未贷出金额，但是其战略性新兴产业资金缺口仍然有155.03亿元没有被满足。

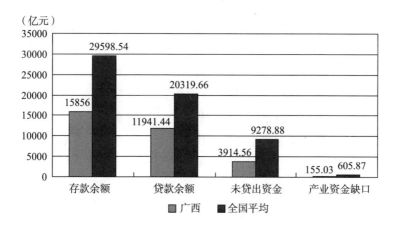

图3-35 广西壮族自治区2012年金融机构对战略性新兴产业支持情况

通过对该地区的调研，广西采取了以下融资模式创新为其战略性新兴产业发展助力，①科技部门推动知识产权质押融资工作，促进科技与金融结合，2015 年引导金融部门发放科技专项贷款 1.285 亿元，专利出质贷款 1.321 亿元。民政部门整合国家健康、养老项目 195 个，获得中央预算内投资 8.110 亿元，地方配套资金 1.211 亿元。国土部门统筹安排新增建设用地指标，作好项目用地保障，倾斜安排一批战略性新兴产业项目建设用地。税务部门贯彻落实税收优惠政策，在增值税减免、企业所得税减免、研发费用加计扣除、固定资产加速折旧等方面减免税额 3.351 亿元。（开展成长性中小企业信用贷款工作。自 2012 年以来，市财政与市工信委沟通协商，通过以财政资金带动金融机构资金的形式，创新中小企业融资扶持新模式，搭建政银企合作新平台。截至 2015 年 8 月，该市已连续投入 4000 万元信用保证金，累计帮助 52 家中小企业取得贷款，贷款金额达 1.93 亿元）探索建设"惠企贷"信贷引导资金融资服务。根据自治区有关文件精神，2015 年年初，市财政局与市工信委联合各城区、柳州银行、农村合作信用社和担保公司，开展了中小企业信用贷款引导资金工作。自治区、市本级、县区按照 1:1:1 的资金配套方式（即自治区、柳州市本级、县区各出资 3800 万元）用于信用贷款保证金。同时市担保公司按 1:3 比例配套资金 1.14 亿元，并由市中小企业担保公司进行担保，合作银行原则上按存入风险保证金的 10 倍给予符合申请条件且经县区（开发区）推荐的中小工业企业提供信贷支持。贷款利率遵照同期银行贷款基准利率，最高上浮不得超过 20% 的幅度。目前，自治区、市本级配套资金已基本到位，已有 22 家中小企业获得该项贷款，贷款金额达 9850 万元。

另外，广西发改委等部门也加强了与金融等机构的沟通联动。一是加强与各银行沟通，为中小企业提供信贷服务。在与市区农信社深化合作的基础上，努力拓宽信用贷款渠道，积极与柳州银行、招商银行、浦发银行等金融机构洽谈。目前，已与柳州银行签订合作协议，开展信用贷款业务。同时，进一步完善贷前贷后管理机制，通过开展企业贷前贷后调查走访、举办企业座谈会等形式，深入了解企业生产经营、融资需求等情况，做好企业贷款项目的征集、审核和贷后管理。二是支持开展"中小企业服务月"活动。由市财政预算每年安排经费支持开展中小企业服务月活动，通过开展领导送服务、推介会、政策宣讲、产品展示、服务进县区等活动，帮助中小企业解决投资融资、管理提升、技术创新、人才招聘等方面的困难，切实做好中小企业服务工作。三是设立柳州市企业信用信息共享平台，并制定《企业信用信息管理办法》和《柳州市企业信用信息共享平台使用管理办法》。该平台整合了财政、税务、环保、工商等部门的企业信息，并建立企业信用信息查询平台，推动企业信用信息公开、共享。四是开展企业信用评级工作。从 2013 年起，全面实施中小企业信用评级工作，并委托中小企业服务中心组织第三方专业评级机构，以免收企业评级费用的形式为企业提供信用评级服务。同时，加快推进柳州市企业信用体系实验区建设，引导金融机构加大对优质成长、诚实守信企业的融资力度，有效缓解中小企业融资难问题，降低中小企业融资成本。

（2）新疆维吾尔自治区

新疆金融机构存贷款余额从 2008—2012 年期间一直处于增长水平，未贷出资金也呈递增趋势，由 2008 年的 2572.81 亿元增加到 2012 年的 4416.89 亿元，增长 71.68%。虽然新疆战略性新兴产业资金需求不多，但是还是存在产业资金缺口，缺口资金增长 21.94 倍（见表 3 – 28）。相比于金融机构未贷出资金，新疆战略性新兴产业资金缺口增长速度非常之大，结合图 3 – 24，说明新疆金融机构对战略性新兴产业支持不足。

表 3 – 28　　　新疆维吾尔自治区金融机构对战略性新兴产业支持

（单位：亿元）

年份	存款余额	贷款余额	未贷出资金	产业资金缺口
2008	5399.34	2826.53	2572.81	8.86
2009	6845.07	3782.92	3062.15	15.81
2010	8870.02	4973.16	3897.56	19.85
2011	10387.00	6270.21	4116.79	101.25
2012	12330.89	7914.00	4416.89	203.25

（3）内蒙古自治区

金融机构对内蒙古自治区战略性新兴产业的支持力度从图 3 – 36 中可以看出，与全国平均水平相比，内蒙古自治区的存款余额、贷款余额以及未贷出资金都远远小于全国平均水平，其战略性新兴产业资金缺口为 300.56 亿元，占未贷出资金的 12.91%，全国平均战略性新兴产业资金缺口占未贷出资金的 6.53%。说明与全国相比，金融机构的资金比较匮乏，对战略性新兴产业的支持力度不足。

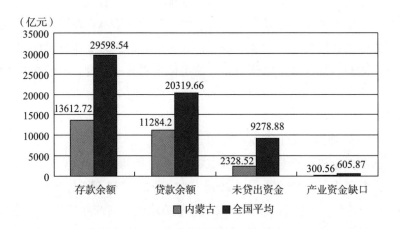

图 3 - 36　内蒙古自治区 2012 年金融机构对战略性新兴产业支持情况

（4）西藏自治区

金融机构对西藏自治区战略性新兴产业的支持力度从图 3 - 37 中可以看出，与全国平均水平相比，西藏自治区的存款余额、贷款余额以及未贷出资金不仅远远小于全国平均水平，也小于其他民族地区，其战略性新兴产业资金缺口为 9 亿元，金额很小，占未贷出资金的 0.65%，全国平均战略性新兴产业资金缺口占未贷出资金的 6.53%。由于西藏自治区战略性新兴产业资金需求较小，因此与全国相比，金融机构的资金相比于其战略性新兴产业需求还是很充足的，结合图 3 - 27 可以发现，虽然西藏金融机构资金充足，但是西藏金融机构对战略性新兴产业支持很少。

（5）宁夏回族自治区

金融机构对宁夏战略性新兴产业的支持力度从图 3 - 38 中可以看出，与全国平均水平相比，宁夏的存款余额、贷款余额虽高于西藏地区，但远远小于全国平均水平，也小于其他民族地区，其金融机构未贷

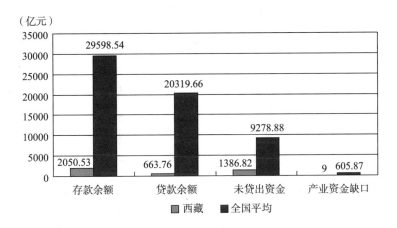

图 3 - 37　西藏自治区 2012 年金融机构对战略性新兴产业支持情况

出资金在民族地区中最小，其战略性新兴产业资金缺口为 31.21 亿元，金额相对较小，占未贷出资金的 20.03%，全国平均战略性新兴产业资金缺口占未贷出资金的 6.53%。结合图 3 - 28 可以发现，虽然宁夏金融机构的存款余额、贷款余额不高，但金融机构把大部分的资金都进行了贷款，而且对战略性新兴产业支持很多。

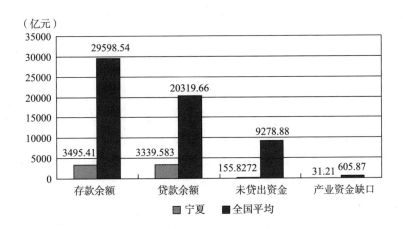

图 3 - 38　宁夏回族自治区 2012 年金融机构对战略性新兴产业支持情况

(6) 贵州省

金融机构对贵州省战略性新兴产业的支持力度从图 3 - 39 中可以看

出，与全国平均水平相比，贵州省的存款余额、贷款余额和未贷出资金虽然远远小于全国平均水平，但在民族地区中处于中等水平，其战略性新兴产业资金缺口为129.62亿元，在民族地区中也处于中等水平，占未贷出资金的5.72%，全国平均战略性新兴产业资金缺口占未贷出资金的6.53%，接近于全国平均水平。结合图3－29可以发现，贵州金融机构对战略性新兴产业支持很少，但贵州省金融机构资金还算充足，后续金融机构要加强对战略性新兴产业的支持。

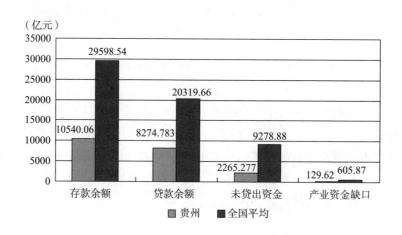

图3－39　贵州省2012年金融机构对战略性新兴产业支持情况

（7）云南省

金融机构对云南省战略性新兴产业的支持力度从图3－40中可以看出，与全国平均水平相比，云南省的存款余额、贷款余额和未贷出资金虽然远远小于全国平均水平，但在民族地区位于第一和第二的水平，其战略性新兴产业资金缺口为56.09亿元，与其存款余额、贷款余额和未贷出资金相比，其战略性新兴产业资金缺口很少，占未贷出资金的1.36%，全国平均战略性新兴产业资金缺口占未贷出资金的6.53%。结合图3－30可以发现，云南金融机构对战略性新兴产业支持大于财政资金的支持，金融机构还有充足的资金用于战略性新兴产业的发展。

（8）青海省

金融机构对青海省战略性新兴产业的支持力度从图3－41中可以看

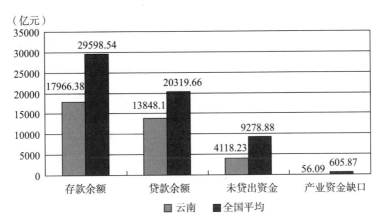

图 3 - 40　云南省 2012 年金融机构对战略性新兴产业支持情况

出，与全国平均水平相比，青海省的存款余额、贷款余额和未贷出资金
不但远远低于全国平均水平，而且在民族地区也是倒数第二的水平，其
战略性新兴产业资金缺口为 21 亿元，不但绝对金额比较少，与其存款
余额、贷款余额和未贷出资金相比，其战略性新兴产业资金缺口也很
少，占未贷出资金的 2.85%，全国平均战略性新兴产业资金缺口占未
贷出资金的 6.53%。结合图 3 - 31 可以发现，青海金融机构对战略性
新兴产业支持较多，金融机构还有充足的资金用于战略性新兴产业的
发展。

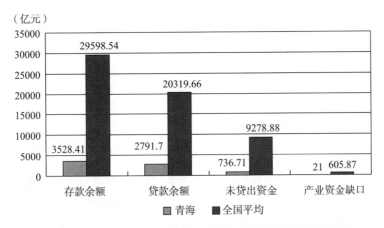

图 3 -41　青海省 2012 年金融机构对战略性新兴产业支持情况

4. 民族地区股票市场对战略性新兴产业支持情况

（1）总体情况

我国 2001—2013 年七大战略性新兴产业上市公司分布情况从表 3 - 29 中可以看出，我国战略性新兴产业上市公司呈逐年上升趋势，由 2001 年的 257 家增加到 2013 年的 447 家。在七大战略性新兴产业中，新一代信息技术上市公司最多，为 143 家，新能源次之，为 87 家，节能环保和新能源汽车上市公司最少，分别为 22 家和 27 家。

表 3 - 29　　　　　　　我国七大战略性新兴产业上市公司分布

	节能环保（家）	生物（家）	新材料（家）	新能源（家）	新能源汽车（家）	新一代信息技术（家）	高端装备制造（家）	合计
2001	10	37	47	64	18	45	36	257
2002	12	38	52	71	21	50	36	280
2003	15	38	52	77	24	58	38	302
2004	15	39	56	81	24	62	42	319
2005	15	39	56	81	24	62	42	319
2006	16	40	57	84	25	70	42	334
2007	17	40	59	85	25	77	42	345
2008	17	42	60	85	25	83	42	354
2009	17	48	62	85	25	111	42	390
2010	19	50	65	85	25	139	42	425
2011	19	50	65	85	25	139	42	425
2012	22	56	70	87	27	143	42	447
2013	22	56	70	87	27	143	42	447

资料来源：参考《国家战略性新兴产业分类目录》和各上市公司产业分类，自行整理。

（2）上市公司较少且行业分布不均匀

民族地区七大战略性新兴产业上市公司分布情况在表 3 - 30 中，可以发现，民族地区战略性新兴产业上市公司增长较慢，这与该地区企业上市数量较少有关。截至 2013 年年底，民族地区战略性新兴产业上市公司共有 70 家，生物、新材料以及新能源行业上市公司相对较多，分别为 18 家、15 家和 24 家，而节能环保行业、新一代信息技术以及高端装备制造行业较少，分别为 5 家、6 家和 2 家，新能源汽车行业出现空缺。

表 3 - 30　　　　民族地区七大战略性新兴产业上市公司分布

	节能环保（家）	生物（家）	新材料（家）	新能源（家）	新能源汽车（家）	新一代信息技术（家）	高端装备制造（家）	合计（家）
2001	3	9	12	14	0	6	2	46
2002	3	9	13	14	0	6	2	47
2003	3	9	14	16	0	6	2	50
2004	3	10	14	17	0	6	2	52
2005	3	10	14	17	0	6	2	52
2006	4	10	14	18	0	6	2	54
2007	4	11	15	18	0	6	2	56
2008	4	11	15	19	0	6	2	57
2009	4	13	15	19	0	6	2	59
2010	4	15	15	22	0	6	2	64
2011	4	16	15	22	0	6	2	65
2012	5	18	15	24	0	6	2	70
2013	5	18	15	24	0	6	2	70

资料来源：参考《国家战略性新兴产业分类目录》和各上市公司产业分类，自行整理。

（3）上市公司区域分布情况

战略性新兴产业上市公司在西部民族地区的区域分布情况在表 3 - 31 中，截至 2013 年年底，新疆、内蒙古以及云南的战略性新兴产业上市公司相对较多，分别为 16 家、12 家和 10 家，广西、宁夏、青海以及西藏战略性新兴产业上市公司较少，分别为 6 家、6 家、6 家和 5 家。

表 3 - 31　　　　战略性新兴产业上市公司在西部民族地区分布

	广西	贵州	内蒙古	宁夏	青海	西藏	新疆	云南	合计
2001	4	5	9	5	4	5	6	8	46
2002	4	5	9	5	4	5	7	8	47

	广西	贵州	内蒙古	宁夏	青海	西藏	新疆	云南	合计
2003	5	5	9	5	4	5	8	9	50
2004	5	6	9	5	4	5	9	9	52
2005	5	6	9	5	4	5	9	9	52
2006	5	6	9	5	4	5	11	9	54
2007	5	7	9	5	5	5	12	9	57
2008	5	7	9	5	5	5	13	9	58
2009	6	7	9	5	5	6	13	9	60
2010	6	9	9	6	5	6	14	10	65
2011	6	9	10	6	5	6	16	10	68
2012	6	9	12	6	5	6	16	10	70
2013	6	9	12	6	5	6	16	10	70

（4）股票市场融资情况

从表 3 - 32 来看，2010—2012 年，相关数据表明，民族地区股票总融资中战略性新兴产业上市公司的融资比例比较低，总融资额呈现出逐年下降的趋势。2010—2012 年战略性新兴产业上市公司分别融资180.88 亿元、127.10 亿元和 15.65 亿元。尤其是 2012 年，8 个民族地区的融资总额为 310.70 亿元，战略性新兴产业上市公司融资占比仅为5.03%；有广西、内蒙古、宁夏、西藏、云南 5 个省区融资渠道集中在传统行业，没有在战略性新兴产业上进行融资。分地区看，广西在近 3 年没有在战略性新兴产业上进行发行股票融资。

由表 3 - 33 可以看出，2010—2012 年，民族地区战略性新兴产业的上市公司股票总资产基本没有变化，维持在 33 亿元左右。但从股票市值来看，3 年内呈现出逐步增长的趋势，从 2010 年的 2555.3 亿元增加至 2012 年的 4376.6 亿元，涨幅高达 71.30%。由此可见，除了民族地区战略性新兴产业增发股因素之外，投资者还是比较看好战略性新兴行业，导致股票市值在近 3 年内节节攀升。

综合分析表 3 - 32 和表 3 - 33 相关数据，表 3 - 32 着重说明民族地区战略性新兴产业上市公司当年的融资额，不涉及往年融资额。而表

3－33 则侧重于截至报告年度民族地区战略性新兴产业上市公司的整体概况。虽然近年来民族地区战略性新兴产业上市公司所发行的股票市值有大幅上涨，但仍不能忽视战略性新兴产业在民族地区各产业中所占比例偏低的问题。

表 3－32　　　　　民族地区战略性新兴产业上市公司融资情况　　　单位：亿元

		广西	内蒙古	宁夏	西藏	云南	贵州	青海	新疆	合计
2010年	股票总融资	89.30	5.30	10.20	57.90	56.90	54.70	22.10	214.10	510.50
	其中：战略性新兴产业上市公司融资	0	2.50	8.75	12.14	33.35	21.96	0	102.18	180.88
	占比（％）	0	47.20	85.80	20.00	58.60	40.10	0	47.70	35.40
2011年	股票总融资	7.80	31.60	27.30	25.90	73.10	15.70	44.90	97.00	323.30
	其中：战略性新兴产业上市公司融资	0	0	0	25.10	51.20	0	3.40	47.40	127.10
	占比（％）	0	0	0	96.90	40.70	0	7.60	48.90	39.30
2012年	股票总融资	6.10	123.70	23.60	6.80	0	21.5	3.50	125.50	310.70
	其中：战略性新兴产业上市公司融资	0	0	0	0	0	11.20	1.50	2.95	15.65
	占比（％）	0	0	0	0	0	52.10	42.90	2.40	5.03

注：根据锐思数据库（www.resset.cn）整理得来。

表 3－33　　　民族地区战略性新兴产业个股市值及总资产基本情况

（单位：亿元）

	2010 年		2011 年		2012 年		2013 年	
	股票市值	股票总资产	股票市值	股票总资产	股票市值	股票总资产	股票市值	股票总资产
广西	107.50	3.20	122.90	3.40	285.00	3.30	560.80	3.45
内蒙古	516.00	4.10	589.30	4.20	722.50	4.40	1078.80	4.50
宁夏	98.90	3.51	123.90	3.90	169.10	3.70	137.80	3.80

	2010 年		2011 年		2012 年		2013 年	
	股票市值	股票总资产	股票市值	股票总资产	股票市值	股票总资产	股票市值	股票总资产
西藏	47.90	3.40	141.00	2.90	277.90	2.90	447.70	3.50
云南	630.10	5.90	789.50	6.00	997.80	5.20	1361.70	6.30
贵州	122.20	2.80	202.40	3.12	239.80	3.40	598.70	3.80
青海	415.50	4.00	445.50	3.40	370.00	3.50	300.30	3.50
新疆	617.20	6.70	808.90	6.80	1314.50	7.30	1516.30	7.80
合计	2555.30	33.61	3223.40	33.72	4376.60	33.70	6002.10	36.65

注：数据来源根据锐思数据库（www.resset.cn）整理得来。

第三节　民族地区战略性新兴产业发展中金融支持的问题

一　民族地区金融支持战略性新兴产业发展存在的问题

通过上述的现状描述，并与全国情况相比，我们可以发现，民族地区金融支持战略性新兴产业发展方面存在着产业资金供给不均衡、来源渠道单一、政府财政支持和引导功能不足、金融市场发展不完善、金融产品创新不够等问题。

（一）产业资金供给整体不足且地区间不均衡

整体来看，我国民族地区战略性新兴产业资金供给量为 72.96 亿元，而全国的产业资金供给量为 393.12 亿元，相差甚远，从产业资金缺口占需求的比重来看，民族地区平均比重为 63.66%，高于全国平均水平 60.65%，并且 8 个民族地区中有 5 个地区的缺口占需求的比重高于全国平均水平，这说明我国民族地区战略性新兴产业资金供给严重不足。另外，从区域间产业资金供给来看，民族地区战略性新兴产业资金供给要远远小于东部地区的北京、上海等地，也小于中部地区的湖北等地，表现为民族地区战略性新兴产业资金供给与东部和中部地区的不均衡；这种产业资金供给不均衡还表现在民族地区内部，内蒙古自治区和广西壮族自治区的产业资金供给量要远远大于青海省和西藏自治区，产业资金供给量最大的内蒙古是西藏的 56.4 倍（见表 3－34）。

表 3－34　　　　　　　民族地区产业资金供给与全国比较

地区	广西	内蒙古	新疆	西藏	宁夏	贵州	云南	青海	全国平均	民族地区平均
产业资金供给（亿元）	178.37	214.87	42.01	3.81	18.08	72.96	43.56	10.00	393.12	72.96
缺口占需求比例（%）	46.50	58.31	82.87	70.26	63.32	63.98	56.29	67.74	60.65	63.66

（二）产业资金来源渠道单一

从全国整体范围来看，我国战略新兴产业资金来源渠道为自筹资金、国内贷款、利用外资和财政资金，表现为利用证券市场和风险投资等来源渠道不足。对于民族地区而言，战略性新兴产业资金来源渠道单一表现得更为明显，主要来源三种方式：自筹、国内贷款和财政资金，利用债券、外资和风险投资融资渠道的微乎其微，并且由于民族地区产业规模小、企业处在发展期以及民族地区文化差异，该地区民营企业治理结构不完善，民营企业利用证券市场上市融资的更少（见表 3－35）。

表 3－35　　　　　　　民族地区产业资金来源与全国比较　　　　　单位：亿元

	资金来源	财政资金	国内贷款	债券	利用外资	自筹资金	其他
民族地区平均	81.15	1.18	12.69	0	0.32	53.43	4.50
全国平均	420.01	5.82	38.87	0.03	22.85	343.71	8.73

（三）政府财政资金支持和引导功能不足

在调研的过程中发现，民族地区大部分战略性新兴企业对国家的财政性金融政策都有所了解，50%以上的企业对高新技术企业所得税优惠15%、企业研发费用税前扣除、战略性新兴企业"三免三减半"政策有了解，虽然有54.54%的企业享受过政府财政资金支持，但享受的金额有限，说明我国民族地区财政资金支持不足。另外，民族地区财政资金也没有发挥好引导功能，据调研，72.73%的战略性新兴企业没有进行过民间借贷，各个地区建立战略性新兴产业引导基金时间都较晚，基本在2015年前后，而且目前没有发挥太大的引导功能。

（四）金融支持科技创新力度小

从金融地区科技创新的投入来看，2013年各民族地区的政府研发投入最大的是云南省，投入资金24.88亿元，最小的是西藏，投入资金1.80亿元，与全国政府研发投入资金平均水平80.65亿元相比，相差甚远，政府研发投入占GDP的比重中，西藏和云南在民族地区中比重最大，分别为0.22和0.21，这与全国平均比重0.44差距很大，这说明政府对民族地区科技创新投入力度小；从企业层面来看，内蒙古和广西企业投入研发最多，分别为100.44亿元和81.71亿元，而青海和西藏企业投入研发的金额只有8.95亿元和0.46亿元，企业研发投入占销售收入比重最高的也只有0.51，这在全国都排在倒数的位置（见表3－36）。另根据调研结果，民族地区36.36%的战略性新兴企业研发投入占营业收入的比重为1%以下，9.09%的战略性新兴企业研发投入占营业收入的比重为1%—3%，27.27%的企业研发投入占营业收入的比重为3%—5%，可以看出，大部分民族地区战略性新兴企业研发投入占营业收入的比重在5%以下。这些情况表明，金融不仅对民族地区科技创新支持力度较小，而且战略性新兴企业自身对科技创新的投入也很不足。

表3－36 2013年金融对地区科技创新的投入

地区	政府研发投入（亿元）	占GDP比重（%）	企业研发投入（亿元）	占销售收入比重（%）
全国平均	80.65	0.44	—	—
广西	21.01	0.15	81.71	0.49
内蒙古	15.06	0.09	100.44	0.51
新疆	11.90	0.14	31.43	0.37
西藏	1.80	0.22	0.46	0.49
宁夏	4.41	0.17	16.75	0.50

续表

地区	政府研发投入（亿元）	占 GDP 比重（%）	企业研发投入（亿元）	占销售收入比重（%）
贵州	12.35	0.15	34.25	0.50
云南	24.88	0.21	45.43	0.46
青海	3.91	0.19	8.95	0.44

资料来源：根据《中国区域创新能力评价报告（2015）》整理而来。

（五）金融支持战略性新兴产业创新不足

根据访谈以及问卷调研资料，除了企业自筹资金外，金融机构贷款是战略性新兴产业外部融资最主要的渠道，但是在调研中发现，虽然大部分（63.63%）企业第一次都能顺利贷到款项，但是72.73%的战略性新兴企业认为在借贷过程中遇到的主要问题是手续烦琐、贷款利率和其他成本过高以及缺乏足够的抵押品，没有合格的担保人，银行在第一次贷给客户贷款时考虑的因素主要有担保情况和企业盈利能力，81.82%的企业获得贷款种类为抵押担保贷款，抵押物主要是设备和厂房等固定资产，很少使用知识产权等无形资产作为抵押物；54.55%的战略性新兴企业认为，发放贷款时要求的抵押品所占贷款额的比例在30%—50%，一半以上的战略性新兴企业认为，在企业经营状况发生变动时银行会抽贷；战略性新兴企业认为，产权融资的主要障碍为产权市场不规范、产权市场服务水平低以及融资过程复杂。从上述调研情况可以看出，金融机构在金融产品设计、担保和金融服务方面没有考虑到战略性新兴产业的特性，没有专门针对战略性新兴企业的金融产品和担保设计，金融服务效率低下，对规模小和经营状况不好的战略性新兴企业没有优惠政策。

（六）风险投资对战略性新兴产业的支持缺位

虽然从全国来看，我国风险投资总量以及在战略性新兴产业方面的投资呈逐年上升趋势，但就民族地区而言，风险投资对战略性新兴产业发展的支持还处在缺位状态。根据调研显示，54.55%的战略性新兴企业认为，风险投资机构的加入有利于企业发展，但是只有18.18%的战略性新兴企业接受过风险投资，而没有接受过风险投资战略性新兴企业占比 81.82%，没有获得专业风险投资机构支持的原因主要有：54.55% 的企业认为是对风险投资没有了解，45.45% 认为引入风险投资机构成本过高，18.18% 认为是技术和市场前景等企业自身问题（见图 3-42）。可见，民族地区风险投资发展缓慢，造成大部分企业对风险投资的不了解以及对风险投资对战略性新兴产业的支持缺位。

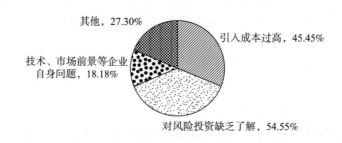

其他，27.30%
引入成本过高，45.45%
技术、市场前景等企业
自身问题，18.18%
对风险投资缺乏了解，54.55%

图 3-42 民族地区没有获得专业风险投资机构支持的原因

二 民族地区金融支持不足引起的战略性新兴产业发展的主要问题

金融支持是战略性新兴产业发展的关键，由于民族地区金融支持战略性新兴产业存在上述问题，造成民族地区自主创新能力不足、战略性新兴产业目前体量太小、企业规模不大、增长速度放缓、产业间和区域间发展不均衡、各地区重点发展的战略性新兴产业没有差异化等问题。

（一）民族地区战略性新兴产业体量太小

由于民族地区战略性新兴产业供给资金不足，造成战略性新兴产业体量太小。通过我们调研的数据发现，截至 2015 年，民族地区战略性新兴产业发展较好的地区是内蒙古自治区，共有 713 家企业，达到规模以上企业 512 户，工业总产值为 2893 亿元，而东部地区的上海 2015 年战略性新兴产业实现工业总产值 8064.12 亿元，中部地区的湖北截至 2013 年年末战略性新兴产业企业就有 1741 家，2015 年实现总产值突破 8000 亿元。相比之下，民族地区战略性新兴产业不管是从企业个数，还是实现的工业总产值方面都表现出体量太小的特征。

（二）民族地区战略性新兴企业规模较小

根据对内蒙古、新疆等地的调研发现，90.90% 的战略性新兴企业职工人数在 100 以下，54.55% 的企业职工人数在 50 人以内，而且

72.73%的战略性新兴企业处在初步发展阶段，达到成熟期的企业只有28.27%。可以看出，我国民族地区战略性新兴企业大部分都属于中小型，规模较小。

（三）民族地区战略性新兴产业增速放缓

据调研显示，虽然内蒙古自治区战略性新兴产业增加值处于正增长状态，但是增速放缓，2013年增加值增长15%，到2015年下滑到7.9%；广西2014年战略性新兴产业增速为20%以上，但2015年增速为14.7%；贵州省2015年战略性新兴产业1—4月同比增长36.01%，但2016年1—11月同比增长20.95%；青海省2015年战略性新兴产业增长20%以上，但是2016年1—6月同比增长11%。虽然民族地区的增长速度还是较快，但是和自身相比，产业增长速度在逐步放缓。

（四）民族地区战略性新兴产业间、区域间发展不均衡

上述分析可知，我国民族地区部分战略性新兴产业已经具有一定规模，但是其他的战略性新兴产业发展还很滞后，由于战略性新兴产业资金供给在产业间和地区间不均衡，造成民族地区战略性新兴产业间、区域间发展不均衡。比如，广西的新能源汽车和生物农业销售收入只占总额的24.54%，到2015年年底，新疆只有1家新能源汽车企业，内蒙古电子信息和节能环保产业增加值的比重仅为4.4%。另外，我国民族地区战略性新兴产业发展还表现出区域间不均衡现象，一是各民族地区间的不均衡，战略性新兴产业发展较好的地区是内蒙古和广西，在新疆和西藏区发展较差；二是在一个省内各县市之间的不均衡，主要集中在核心城市。广西战略性新兴产业主要在南宁、钦州、桂林、北海和梧州五市，总产值合计占比为78.36%，新疆战略性新兴产业主要集中在乌鲁木齐、昌吉、伊犁和石河子，占比为77.86%；内蒙古战略性新兴产业主要分布在呼和浩特、包头市、通辽市、乌海市和呼伦贝尔市，占全区战略性新兴产业的60%。

（五）民族地区自主创新能力不足

自主创新是战略性新兴产业发展的核心要素之一，金融支持科技创新的不足引起民族地区自主创新能力较低。据2015年中国区域创新能力评价报告显示，排在前五位的省份是江苏、广东、北京、上海和浙江，排在倒数后六位的是云南、吉林、宁夏、新疆、青海和西藏，广西

排在倒数第 14 位，虽然内蒙古进步较大，但还是倒数第 11 位，可见，民族地区创新能力在我国最弱，主要表现在知识创造、知识获取、企业创新、创新环境和创新绩效方面较差。根据调研发现，民族地区战略性新兴产业中没有专利的企业占 81.8% 以上，45.45% 的企业没有设置研发部门，民族地区战略性新兴企业的研发创新能力也比较差。

（六）各地区重点发展的战略性新兴产业没有差异化

从上述分析可以看出，我国民族地区重点发展的战略性新兴产业基本都是新材料产业，所占比重达到了 20% 以上，有的地区甚至超过了 40% 以上，这和全国各地区战略性新兴产业发展方向一致，而民族地区具有资源优势和工业基础的新能源、生物农业、生物医药等发展规模并不大，还没有形成产业集聚。可能会造成以下两种影响：一是各地区没有依靠自身的资源优势和工业基础，发展各自具有特色的战略性新兴产业，从而造成民族地区的战略性新兴产业没有竞争优势；二是集中发展同一类的战略性新兴产业会造成市场的集中度太高，该产业过剩的局面。

第四章　民族地区金融支持战略性新兴产业发展的效率检验

本章主要通过民族地区战略性新兴产业资本配置效率与东部地区的比较，说明两个地区产业资本配置效率的差异，由此说明金融市场发展对资本配置效率的影响；接着运用 DEA 分析方法，分析了全国、民族地区与东部地区战略性新兴产业金融支持效率的差异，并用 LOGIST 方法分析股票市场、债权市场对战略性新兴产业金融支持效率的影响因素；战略性新兴产业最大的特点是技术创新，因此，后续分析了风险投资对民族地区战略性新兴产业技术创新的支持效率，并分析了影响因素。

第一节　战略性新兴产业资本配置效率研究
——民族地区与东部地区的比较

一　引言

党的十八届三中全会指出，要加强市场在资源配置中的作用，资本市场在资本等资源的配置中起着关键作用，它可以将资金配置到效率较高的行业和企业，从而带动其他资源流向行业或企业，从而促进该行业的发展。战略性新兴产业具有投资期长、见效慢的特点，但是战略性新兴产业对于我国经济发展方式的转变起着关键作用，而且民族地区金融市场发展比其他地区较为落后，如何将有限的资金配置到民族地区战略性新兴产业中来，这取决于民族地区战略性新兴产业的资本配置效率。因此，研究民族地区战略性新兴产业的资本配置效率，并采取有效措施提高该产业的资本配置效率，可以有利于金融资源流向民族地区战略性新兴产业，从而促进该产业的发展。

当前对资本配置效率的研究主要集中在国家层面，首先研究资本配置效率的是 Jeffrey Wurgler（2000），他利用总投资和增加值构建的模型，运用 33 年的数据，比较了 65 个国家资本配置效率的差异，这种方法后续为我国学者使用，比如韩立岩和蔡红艳（2002）比较了我国1991—1999 年的资本配置效率，发现水平较低，平均值为 0.0311—0.0375；刘赣州（2006）采用工业行业的数据，测算了我国工业行业的资本配置效率，发现不仅水平较低，而且还在下降；王永剑和刘春杰（2011）对我国区域间金融发展对资本配置效率的影响进行了研究，发现这个影响在区域间差异较大；赵红和陈雨蒙（2012）对我国高技术产业 1996—2009 年的资本配置效率进行区域比较，发现高新技术产业资本配置效率整体较低，区域间差异较大，东部地区最高，中部地区次之，西部地区最低，而且市场化水平、金融深化程度是造成地区间高新技术产业配置效率差异的主要原因。可以看出，国内外研究资本效率的较多，但是经济欠发达的民族地区还未涉及，特别是民族地区战略性新兴产业资本配置效率还未有学者研究。因此，本节利用 Jeffrey Wurgler测算模型，研究我国民族地区 2001—2011 年期间战略性新兴产业的资本配置效率，并与东部地区进行比较，以期找出民族地区与东部地区战略性新兴产业资本配置效率的差异及其原因，并探讨影响民族地区战略性新兴产业资本配置效率的因素。

二 战略性新兴产业资本配置效率的整体情况——民族地区和东部地区比较

2000—2011 年我国民族地区战略性新兴产业的利润和新增固定资产趋势从图 4 - 1 中可以看出，民族地区战略性新兴产业的利润和新增固定资产总值呈上升趋势，利润总值由 2000 年的 10.2 亿元增加到 2011年的 182.42 亿元，年均增长为 29.98%，新增固定资产总值由 2000 年的 8.69 亿元增长到 2011 年的 201.75 亿元，年均增长为 33.09%，新增固定资产的增长速度高于利润的增长速度，高出 3.11 个百分点。

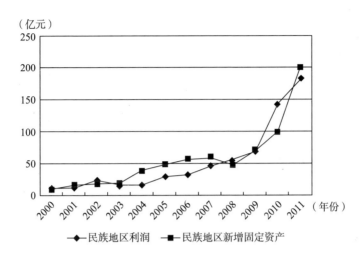

图4-1 民族地区战略性新兴产业利润和新增固定资产趋势

我国东部地区2000—2011年战略性新兴产业利润与新增固定资产趋势如图4-2所示，东部地区年战略性新兴产业利润与新增固定资产总值呈现先上升后下降的趋势，利润总值由2000年的515.99亿元增加到2010年的5953.50亿元，然后下降到2011年的2079.81亿元，2000—2010年年均增幅为27.71%，2000—2011年期间年均增幅为17.25%，新增固定资产总值由2000年的2268.12亿元增长到2009年

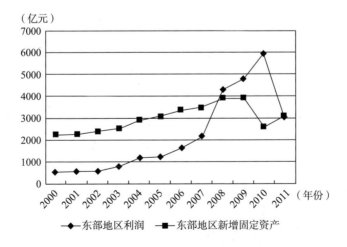

图4-2 东部地区战略性新兴产业利润和新增固定资产趋势

的 3910.13 亿元，然后下降到 2010 年的 2597.89 亿元，再上升到 2011
年的 3045.45 亿元，2000—2009 年期间年均增幅为 6.24%，2000—
2011 年期间的增幅为 2.72%，利润的增长速度高于新增固定资产的增
长速度，高出 14.53 个百分点。

民族地区战略性新兴产业 2001—2011 年的利润增长率和新增固定
资产增长率趋势如图 4-3 所示从整体上看，民族地区战略性新兴产业
利润增长率和新增固定资产增长率呈现不规则变动，在 2001—2011 年
期间，两者都有较大幅度变动，而且二者之间出现不协调的变动，新增
固定资产增长率的波动明显大于利润增长率。

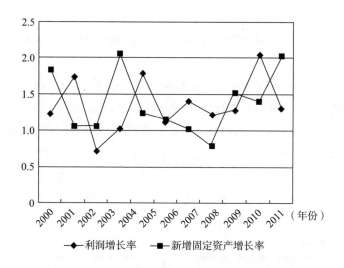

图 4-3　民族地区战略性新兴产业利润增长率和新增
固定资产增长率趋势

东部地区战略性新兴产业 2001—2011 年的利润增长率和新增固定
资产增长率趋势如图 4-4 所示从整体上看，东部地区战略性新兴产业
利润增长率和新增固定资产增长率也呈现不规则变动，在 2001—2011
年期间，两者波动幅度不大，但是二者之间出现不协调的变动。

从上述图 4-1 至图 4-4 可以看出，东部地区和民族地区资本配置
效率在 2001—2011 年期间呈现不稳定状态。

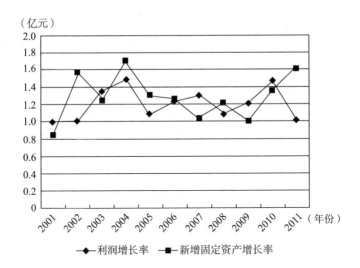

图4-4 东部地区战略性新兴产业利润增长率和新增固定资产增长率趋势

三 实证研究

（一）模型设定

本文运用 Jeffrey Wurgler（2000）的模型，来测算民族地区和东部地区战略性新兴产业资本配置效率，以期找出民族地区和东部地区战略性新兴产业资本配置效率的差异，测算模型具体如下：

$$\ln \frac{I_{i,t}}{I_{i,t-1}} = \alpha + \eta \ln \frac{V_{i,t}}{V_{i,t-1}} + \varepsilon_{i,t} \quad (i=1, 2, 3, \cdots, N; \ t=1, 2, 3, \cdots, T)$$

$$(4-1)$$

其中，I 是新增固定资产，V 是利润，i 是指行业，t 指时间。

（二）数据来源及说明

由于高新技术产业与战略性新兴产业具有相似的特点，在当前阶段，可以用高新技术产业代表战略性新兴产业（赵玉林等，2013），因此，本节选择各地区高新技术产业的利润和新增固定资产代替战略性新兴产业的利润和新增固定资产。

本节的民族地区包括：内蒙古、广西、贵州、云南、宁夏、青海、西藏、新疆共8省（市、自治区），东部地区包括11个省市：北京、天津、河北、江苏、浙江、广东、海南、辽宁、上海、福建以及山东。[①]

（三）实证结果及分析

1. 民族地区战略性新兴产业资本配置效率

民族地区 8 个省份，5 个行业在 2001—2011 年期间共有 440 个观测值，删除数据不全的行业或省份，共有 360 个观测值。根据 Hausman 检验结果，拒绝了模型是随机效应模型的原假设，因此，我们采用固定效应模型，应用广义最小二乘法进行回归，结果如下：

$$\ln \frac{I_{i,t}}{I_{i,t-1}} = 0.1788 + 0.2329 \ln \frac{V_{i,t}}{V_{i,t-1}} \qquad (4-2)$$

根据式（4 - 2）回归的结果，$R^2 = 0.191$，$D.W = 2.033$，模型拟合效果较好，民族地区 2001—2011 年期间战略性新兴产业资本配置效率为 0.2329，可以看出，我国民族地区战略性新兴产业资本配置效率还处于较低水平。

我们将 2001—2011 年民族地区战略性新兴产业的数据代入式（4 - 1），应用广义最小二乘法进行回归，得到了 2001—2011 年战略性新兴产业的资本配置效率，如表 4 - 1 所示。表 4 - 1 显示我国民族地区战略性新兴产业的资本配置效率在 2001—2011 年期间波动较大，在 2004 年达到最高，为 2.5174，而在 2003 年最低，为 - 1.0307；资本配置效率为正值的年份是 2001 年（0.3501）、2004 年（2.5174）、2006 年（0.5192）、2007 年（0.3114）、2008 年（0.4651）、2010 年（0.2697），资本配置效率为负值的年份分别是 2002 年（- 0.2771）、2003 年（- 1.0307）、2005 年（- 0.2619）、2009 年（- 0.2111）、2011 年（- 0.3706），这说明民族地区战略性新兴产业资本配置在大部分年份是无效率的。

表 4 - 1　　2001—2011 年民族地区战略性新兴产业资本配置效率

年份	配置效率	常数	标准差	T 统计量	P 值
2001	0.3501	- 0.1427	0.3801	0.9212	0.3767

---

① 资料来源于《中国高技术产业发展年鉴》以及中国科技部流计网。

续表

年份	配置效率	常数	标准差	T 统计量	P 值
2002	- 0.2771	0.7494	0.5839	- 0.4745	0.6453
2003	- 1.0307	1.2685	1.7163	- 0.6005	0.5905
2004	2.5174	0.6231	1.9969	1.2606	0.276
2005	- 0.2619	- 0.2737	0.5342	- 0.4903	0.6335
2006	0.5192	- 0.2454	0.4711	1.1021	0.2878
2007	0.3114	0.0513	0.5278	0.5899	0.5662
2008	0.4651	- 0.3623	0.4833	0.9621	0.3523
2009	- 0.2111	0.5564	0.3771	- 0.5597	0.5852
2010	0.2697	0.0759	0.5591	0.4823	0.6357
2011	- 0.3706	0.5237	0.4671	- 0.7932	0.4431
整体	0.2329	0.1788	0.1229	1.8945	0.0597

2. 东部地区战略性新兴产业资本配置效率

东部地区 11 个省份，5 个行业在 2001—2011 年期间共有 605 个观测值，删除数据不全的行业或省份，共有 550 个观测值。根据 Hausman 检验结果，拒绝了模型是随机效应模型的原假设，因此，我们采用固定效应模型，应用广义最小二乘法进行回归，结果如下：

$$\ln \frac{I_{i,t}}{I_{i,t-1}} = 0.1017 + 0.4334 \ln \frac{V_{i,t}}{V_{i,t-1}} \qquad (4-3)$$

根据式（4-3）回归的结果，$R^2 = 0.2561$，$D.W = 2.152$，模型拟合效果较好，东部地区 2001—2011 年期间战略性新兴产业资本配置效率为 0.4334，可以看出，我国东部地区战略性新兴产业资本配置效率比民族地区要高出许多，超出了国外资本配置效率。

我们将 2001—2011 年东部地区战略性新兴产业的数据代入式（4-1），应用广义最小二乘法进行回归，得到了 2001—2011 年战略性新兴产业的资本配置效率，如表 4-2 所示。表 4-2 显示，我国东部地区战略性新兴产业的资本配置效率在 2001—2011 年期间有所波动，波动幅度小于民族地区，在 2007 年达到最高，为 0.7448，而在 2011 年最低，为 -0.1862；资本配置效率为正值的年份是 2001 年（0.4835）、2002 年（0.2795）、2003 年（0.6654）、2004 年（0.3038）、2005 年

（0.6221）、2006 年（0.1069）、2007 年（0.7448）、2008 年（0.1754）、2009 年（0.3903）、2010 年（0.3004），资本配置效率为负值的年份是 2011 年（－0.1862），这说明东部地区战略性新兴产业资本配置在绝大部分年份是有效率的，只是在 2011 年是无效的。

表 4－2   2001—2011 年东部地区战略性新兴产业资本配置效率

年份	配置效率	常数	标准差	T 统计量	P 值
2001	0.4835	－0.0836	0.3139	1.5401	0.1328
2002	0.2795	0.3080	0.2457	1.1376	0.2637
2003	0.6654	－0.0766	0.3111	2.1390	0.0395
2004	0.3038	0.4523	0.3048	0.9968	0.3257
2005	0.6221	0.1872	0.2840	2.1904	0.0347
2006	0.1069	0.0515	0.3498	0.3056	0.7619
2007	0.7448	－0.1215	0.3808	1.9556	0.0567
2008	0.1754	0.2590	0.2591	0.6771	0.5024
2009	0.3903	－0.1117	0.3245	1.2026	0.2366
2010	0.3004	0.3591	0.3783	0.7942	0.4336
2011	－0.1862	0.4222	0.2845	－0.6547	0.5162
整体	0.4334	0.1017	0.0809	5.3533	0

3. 民族各地区战略性新兴产业资本配置效率

表 4－3 是分地区对战略性新兴产业资本配置效率进行的测算，可以看出，在 2001—2011 年期间，民族地区资本配置效率较高的省份是西藏（0.3443）、广西（0.2581）、内蒙古（0.2576），较低的省份是新疆（0.1155）、宁夏（0.1081）、云南（－0.0657），这说明战略性新兴产业资本配置效率在民族地区存在着差异，而且云南地区战略性新兴产业资本配置是无效率的。

表 4 – 3　　　　　　　　　2001—2011 年民族地区战略性新兴产业
资本配置效率区域分布

年份	配置效率	常数	标准差	T 统计量	P 值
内蒙古	0.2576	0.1649	0.2627	0.9805	0.3366
广西	0.2581	0.2993	0.1607	2.2285	0.032
贵州	0.1609	0.0219	0.2567	0.6268	0.5357
云南	− 0.0657	0.1333	0.6148	− 0.1069	0.9156
西藏	0.3443	− 0.0304	0.7362	0.6035	0.5611
青海	0.2068	0.1674	0.4143	0.4991	0.6267
宁夏	0.1081	0.6191	0.5555	0.1946	0.8483
新疆	0.1155	− 0.0419	0.4559	0.2532	0.8044

4. 民族地区与东部地区战略性新兴产业资本配置效率比较

民族地区战略性新兴产业资本配置效率与东部地区的比较，从图 4 – 5 可以看出，民族地区战略性新兴产业资本配置效率的波动比东部地区要大，而且从 2009—2011 年，两个地区的战略性新兴产业资本配置效率都出现先增后减的趋势，但是从整体情况来看，东部地区战略性新兴产业资本配置效率比民族地区要高。

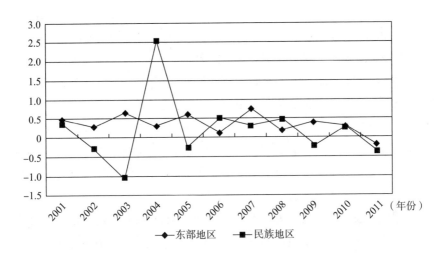

图 4 – 5　民族地区战略性新兴产业资本配置效率与东部地区比较

四 结论

通过对 2001—2011 年期间我国民族地区和东部地区战略性新兴产业资本配置效率的比较发现，我国民族地区战略性新兴产业的资本配置效率在 2001—2011 年期间波动较大，效率较低，东部地区战略性新兴产业的资本配置效率波动幅度小于民族地区；但是从整体情况来看，东部地区战略性新兴产业资本配置效率比民族地区要高。究其原因，民族地区战略性新兴产业新增固定资产增长率的波动明显大于利润增长率，这说明民族地区战略性新兴产业的投资并没有带来更多的效率，这会影响到金融市场对民族地区战略性新兴产业资金的配置。

造成民族地区战略性新兴产业资本配置效率较低的原因在于：一是金融发展程度。据统计显示，无论是银行业金融机构网点个数、从业人员还是资产总额，东部地区在全国占比最高，东部（11 省）地区银行业金融机构 89151 个，占比 43.78%；从业人数 1712741 人，占比 49.77%，资产总额 833338.1 亿元，占比 64.56%，法人机构 1372 个，占比 37.86%；西部地区银行业金融机构有 56017 个，占比 27.52%，从业人数为 813491 人，占比 23.64%，资产总额为 230287.6 亿元，占比 17.84%，法人机构为 1209 个，占比 33.36%。可以看出，我国西部地区与东部地区银行业金融机构发展差距较大，西部地区中，民族地区（8 省）银行业金融机构 26676 个，占西部地区的 47.61%；从业人数 399245 人，占比 49.07%，资产总额 105997.8 亿元，占比 45.96%，法人机构 737 个，占比 60.96%，说明我国西部民族地区银行业金融机构发展滞后。二是市场化程度。根据《中国统计年鉴（2013）》，截至 2012 年年底，东部地区民营企业为 123903 家，占全国的 65.46%，资产总额为 97695 亿元，而西部民族地区民营企业 8672 家，只占全国的 4.58%，资产总额为 11169 亿元。这些数据表明，我国西部民族地区的市场化程度比东部地区要差很远。

因此，发展民族地区战略性新兴产业，除了要不断提高企业的科技水平和资本运营能力，还需要发展民族地区金融市场，缩小区域差异；要减小地区之间资本配置效率差异，还需要政府在吸引投资的同时合理引导资本流向，实行区域经济协调发展。

第二节　金融支持战略性新兴产业效率及影响因素研究

——全国样本

一　引言

当前我国面临产业结构不优、自主创新能力不强、经济增长的资源环境约束等问题，战略性新兴产业的培育和发展是转变我国经济发展方式，引领未来经济社会可持续发展的重大战略选择。2010 年 9 月，《国务院关于加快培育和发展战略性新兴产业的决定》中确定了当前阶段重点发展的七大战略性新兴产业，即节能环保、新一代信息技术、生物、高端装备制造、新能源、新材料和新能源汽车产业。战略性新兴产业的培育、发展及升级需要科技、金融、市场力量以及政府政策的引导。就目前来看，我国战略性新兴产业领域的企业规模还较小，需要做大做强，但是，我国发展战略性新兴产业存在资金投入严重不足、财税政策引导社会投资力度不够等问题，这进一步制约我国战略性新兴产业的发展。现代经济发展的主要动脉是金融，培育和发展战略性新兴产业也需要金融的支持。因此，金融支持不仅是发展地方经济的重要支持，也是发展战略性新兴产业的重要基础，在资金有限情况下，如何提高金融支持效率，达到我国战略性新兴产业金融配置效率最优，使金融资本能有效地促进我国战略性新兴产业的发展，这是目前所面临的主要问题。本节以我国战略性新兴产业上市公司股权融资为视角，采用 DEA分析方法，对比分析了 2010 年《国务院关于加快培育和发展战略性新兴产业的决定》政策实施前后的七大战略性新兴产业间上市公司股权融资效率的差异，并采用 Logit 模型分析了效率的影响因素，力求以实证结果为依据对发展我国战略性新兴产业提供政策建议。

二　文献回顾

金融发展通过改善资本配置、加快资本积累和促进技术创新作用于经济增长（Levine, 1997），金融发展程度越高，资本配置效率相应越高，金融发展程度与资本配置效率显著正相关（Almeida 和 Wolfenzon，2006）。Rajan 和 Zingales（1998）认为，一国金融体系发育程度的差异会影响具有不同技术创新特质的产业增长，进而影响一国的经济增长。战略性新兴产业是一个新的研究领域，国内外相关实证研究较少，大部分的研究集中在金融发展对产业结构的支持方面，Beck（2000）等在金融支持产业发展的实证研究方面，证明了金融发展对产业发展存在较为显著的支持作用；Suo 和 Wang（2009）运用 DEA 模型 C^2R 测度了金融支持在农业规模化发展、农民收入增长方面的效率问题，证明了金融支持是农业发展的重要影响因素。国内关于战略性新兴产业金融支持的研究主要集中在金融支持战略性产业的作用和路径方面。范小雷（2007）对发达国家战略产业的金融支持路径进行了研究，为我国金融如何支持战略性新兴产业发展提供了借鉴思路；张亮（2009）认为，提升节能与新能源产业的融资效能，应通过放宽民间资本投资、深化金融体制改革等途径；顾海峰（2011）揭示了金融支持产业结构调整过程的内在机理，并且构建了战略性新兴产业演进的政策性金融支持体系；袁天昂（2010）认为，战略性新兴产业与资本市场的对接可以为风险资本提供一条"安全通道"，促进科技链与产业链的联动。关于运用 DEA 方法分析金融支持的效率方面，刘力昌等（2004）研究了47家上市公司的股权融资效率，研究结果表明：我国上市公司股权融资效率总体比较低。熊正德等（2011）用 DEA 方法测度了战略性新兴产业金融支持效率，对比分析了 2008 年经济下行周期和 2010 年政策扶持期两个时间截面上金融投入对产业内样本上市公司的支持效率，结果表明：宏观经济形势对战略性新兴产业发展影响很大，金融对与低碳相关的新兴产业发展支持效率较高，而对高端设备制造、新一代信息技术、生物三大产业的金融支持较低。

综观国内外金融支持战略性新兴产业相关研究，可以看出，现有的研究主要集中在如何完善现有的金融体系和制定金融政策来促进战略性新兴产业的发展，熊正德等（2011）虽然对我国战略性新兴产业金融支持效率进行了测度和比较，但他们参考的是 2008 年经济下行周期和 2010 年政策扶持期两个时间截面，我国战略性新兴产业的相关政策（《国务院关于加快培育和发展战略性新兴产业的决定》）于 2010 年 9

月发布，政策的执行具有滞后性，政策发布之后的效应如何，并没有相关研究。因此，本节拟以 2010 年 9 月作为政策颁布的窗口期，比较政策颁布一年之后的股权融资效率，分析我国战略性新兴产业 2013 年、2012 年、2011 年与 2009 年、2010 年股权融资效率的差异。

三　研究设计

（一）DEA 模型及指标选择

数据包络分析方法（DEA）是由美国学者 Charnes 等于 1978 年提出的以相对效率概念为基础的一种目标决策方法，目前已成为评价具有相同类型投入和产出的若干决策单元（DMU）相对效率的有效方法，并在军事、生产、经济、管理等诸多方面有广泛应用。DEA 是一个线性规划模型，估计具有多输入、多输出特性经济系统决策单元间的技术有效性、规模收益状况等方面的相对有效性，表示为产出对投入的比率。本文将战略性新兴产业股权融资效率界定为产业内上市公司股权融资获得的资金推动企业实现绩效产出最大化和规模效益的效率。据此本文在研究战略性新兴产业股权融资效率的过程中选用了产出导向的 BC^2 模型。

本文研究目的是评价战略性新兴产业上市公司股权融资效率，借鉴已有研究指标选择标准的基础上，建立与股权融资效率相关的如下输入输出指标体系：

1. 输入指标

（1）总资产（x_1）

上市公司所有的收益来源于对总资产的运用，是公司资金经营的基础。

（2）流通股比率（x_2）

该指标反映上市公司股权的流动性对其股权融资效率的作用程度。

（3）资产负债率（x_3）

该指标反映资本结构对融资效率的影响，用该公司资产负债率减去同行业平均数的绝对值来衡量。

2. 输出指标

（1）净资产收益率（Y_1）

该指标反映上市公司股权融资后的盈利能力。

（2）托宾 Q 值（Y_2）

该指标反映上市公司股权融资的配置效率。用股票市值与净资产之比，即市净率来衡量。

（3）营业收入增长率（Y_3）

该指标反映上市公司股权融资后的成长性。

（二）数据来源

为比较我国战略性新兴产业 2013 年、2012 年、2011 年与 2009 年、2010 年股权融资效率的差异，本文从每个产业中各随机抽取了 16 个数据齐全的样本，考虑到 DEAP 软件中数据的非负性特点，从七大战略性新兴产业上市公司中随机选取数据齐全且非负的上市公司 112 家作为抽样样本，又考虑到战略性新兴产业上市公司中报数据的可取得性，本文使用了七大战略性新兴产业上市公司 2013 年、2012 年、2011 年与 2010 年、2009 年中报财务数据，所用的数据全部来自于国泰安数据库。采用的 DEA 分析软件是 DEAP2.1。

四 实证分析

（一）我国战略性新兴产业股权融资效率 DEA 分析

股票市场支持战略性新兴产业发展主要是产业内上市公司股权融资获得的资金推动公司实现绩效产出最大化和规模效益。

表 4 - 4（1）—表 4 - 4（3）为 2009—2013 年战略性新兴产业股权融资综合效率。从 DEA 测度的综合效率整体来看，2009—2013 年的综合效率均值分别为 0.658、0.664、0.739、0.722 及 0.737，2011—2013 年七大战略性新兴产业股权融资综合效率均值均高于 2009 年和 2010 年，综合效率整体呈现上升趋势，特别是 2011 年综合效率均值最高，这说明我国 2010 年下发的战略性新兴产业的相关政策发挥了一定作用；截至 2013 年，高端设备制造综合效率均值最高，为 0.833，信息技术综合效率均值最低，为 0.646，综合效率均值从高到低依次排序为：高端设备制造、节能环保、新能源、新材料、生物、新能源汽车和信息技术。具体来看，其中，节能环保、生物、新材料、新能源与信息技术五大战略性新兴产业 2010 年前后的 DEA 综合效率平均值均呈现增长态势。与 2010 年下发战略性新兴产业政策前的 2009 年相比，节能环

保 DEA 综合效率均值由 2009 年的 0.644 增加到 2013 年的 0.826，增幅为 28.26%，生物 DEA 综合效率均值由 2009 年的 0.677 增加到 2013 年的 0.690，增幅为 1.92%，新材料综合效率均值由 2009 年的 0.688 增加到 2013 年的 0.724，增幅为 5.23%，新能源 DEA 综合效率均值由 2009 年的 0.571 增加到 2013 年的 0.753，增幅为 31.87%，信息技术 DEA 综合效率均值由 2009 年的 0.498 增加到 2013 年的 0.646，增幅为 29.72%，可以看出，新能源、信息技术以及节能环保产业 DEA 综合效率均值增幅最大。而高端设备制造产业 2010 年前后的 DEA 综合效率平均值均呈现降低趋势，但下降幅度不大，高端设备制造 DEA 综合效率均值从 2009 年的 0.847 下降到 0.833，减幅为 1.65%，新能源汽车产业 DEA 综合效率均值基本维持稳定，从 2009 年的 0.682 到 0.684，增幅较小。从深市 2013 年年底统计的数据来看，新能源汽车和高端装备制造家数和占比较少，新能源汽车只有 5 家上市公司为战略性新兴产业，高端装备制造只有 13 家上市公司为战略性新兴产业。股票市场对新能源汽车和高端装备制造的股权融资支持较少，我国关于高端设备制造与新能源汽车两大战略性新兴产业的股票市场支持效应没有显现出来。

表 4 - 4 (1) 2009—2013 年战略性新兴产业股权融资综合效率

DMU	节能环保					高端设备制造				
	2009	2010	2011	2012	2013	2009	2010	2011	2012	2013
1	0.687	0.725	1	0.983	0.671	0.851	1	1	0.963	1
2	0.587	0.539	0.941	1	0.852	1	1	1	0.871	0.846
3	0.724	0.628	0.853	1	0.953	1	0.931	1	0.827	
4	0.416	0.513	1	0.841	1	0.762	1	0.530	0.647	0.754
5	1	0.965	1	1	0.963	1	0.905	0.527	0.759	1
6	0.923	1	0.870	0.972	1	0.653	0.740	1	0.873	1
7	0.659	0.563	0.851	1	0.763	0.927	1	1	0.936	0.853
8	0.358	0.674	0.427	0.564	1	1	1	1	0.842	0.935
9	0.706	0.805	0.870	1	0.758	0.872	0.715	0.574	1	0.582
10	0.952	1	1	0.865	0.905	0.916	0.908	1	1	0.947

DMU	节能环保					高端设备制造				
	2009	2010	2011	2012	2013	2009	2010	2011	2012	2013
11	0.406	0.302	0.648	0.438	0.731	0.563	0.734	0.689	0.745	0.539
12	0.724	0.560	0.697	1	0.574	0.864	1	1	0.854	1
13	0.357	0.605	0.413	0.528	1	1	0.928	1	1	0.951
14	0.358	0.301	0.491	0.306	0.479	0.637	0.678	0.556	0.617	0.656
15	1	1	1	0.873	0.936	0.583	0.465	0.366	0.539	0.438
16	0.453	0.578	0.449	0.439	0.587	0.973	1	1	0.836	1
MEAN	0.644	0.672	0.791	0.791	0.826	0.847	0.879	0.823	0.843	0.833

表 4 - 4 （2） 2009—2013 年战略性新兴产业股权融资综合效率

DMU	生物					新材料				
	2009	2010	2011	2012	2013	2009	2010	2011	2012	2013
1	0.502	0.530	0.400	0.503	0.484	0.987	0.985	1	0.758	0.861
2	0.385	0.498	0.409	0.578	0.437	0.673	0.598	0.506	0.643	1
3	0.734	0.725	0.194	0.654	1	0.725	1	1	0.824	0.749
4	0.503	0.401	0.409	0.503	0.471	0.832	1	0.791	1	0.924
5	1	0.992	0.984	1	0.856	0.681	1	0.278	0.347	0.572
6	0.538	0.432	0.523	0.642	0.562	0.548	1	0.357	0.429	0.647
7	0.759	0.548	0.897	0.741	1	1	0.716	0.964	1	1
8	0.431	0.537	0.304	0.468	0.418	0.763	0.305	1	0.541	0.686
9	0.682	0.719	0.356	0.753	1	1	0.642	0.731	1	0.613
10	0.865	1	0.408	0.735	0.584	0.472	0.377	0.572	0.395	0.435
11	0.957	1	0.555	0.891	1	0.538	0.161	0.646	0.472	0.367
12	1	0.576	0.872	1	0.632	0.352	0.719	0.864	1	0.725
13	0.328	0.438	0.543	0.378	0.305	0.804	0.818	1	0.728	1
14	0.862	1	1	0.726	0.841	0.485	0.473	0.349	0.463	0.512
15	0.753	0.736	1	1	0.859	0.302	0.321	0.395	0.217	0.493
16	0.535	0.406	0.615	0.437	0.597	0.847	0.724	1	0.645	1
MEAN	0.677	0.658	0.592	0.688	0.690	0.688	0.677	0.716	0.654	0.724

表 4 - 4（3）　2009—2013 年战略性新兴产业股权融资综合效率

DMU	新能源					新能源汽车					信息技术				
	2009	2010	2011	2012	2013	2009	2010	2011	2012	2013	2009	2010	2011	2012	2013
1	0.603	0.543	0.669	0.753	0.531	0.984	1	0.993	0.877	0.902	0.472	0.410	0.615	0.541	0.409
2	0.852	0.702	0.811	1	0.904	0.425	0.314	0.568	0.743	0.685	0.328	0.435	0.522	0.529	0.613
3	0.746	1	1	0.839	0.865	0.357	0.342	0.553	0.241	0.427	0.375	0.285	0.563	0.544	0.731
4	0.549	0.422	0.659	0.551	0.612	0.712	0.654	0.692	1	0.719	0.528	0.404	1	0.719	0.519
5	0.235	0.333	0.530	0.364	0.547	0.901	0.908	1	0.762	0.857	0.371	0.406	1	0.695	0.538
6	0.310	0.320	0.521	0.468	0.539	0.831	1	0.917	1	1	0.377	0.882	1	1	0.972
7	0.371	0.223	1	0.561	0.839	0.436	0.387	0.307	0.321	0.403	0.826	1	1	0.903	1
8	1	0.875	0.827	1	0.915	1	0.986		0.816	0.782	0.415	0.213	0.99	0.754	0.351
9	0.438	0.399	1	0.625	0.752	0.852	1	0.816	0.995	1	0.653	0.906	1	0.866	0.754
10	0.873	0.905	0.960	1	0.893	0.437	0.444	0.343	0.363	0.361	0.522	0.564	0.585	0.492	0.399
11	0.847	0.864	0.944	0.784	1	0.659	0.731	0.763	1	0.825	0.304	0.296	0.771	1	0.563
12	0.293	0.302	1	0.303	0.536	0.405	0.426	0.412	0.519	0.373	0.451	0.499	0.425	0.537	0.506
13	0.326	0.446	0.601	0.579	0.417	0.632	0.570	0.386	0.264	0.384	0.327	0.257	0.625	1	0.749
14	0.531	0.500	0.868	0.947	1				0.852		0.361	0.524	0.384	0.485	0.517
15	0.735	0.875	0.827	0.934	1	0.542	0.465	0.446	0.631	0.574	0.252	0.254	0.552	0.348	0.715
16	0.427	0.389	0.998	0.544	0.698	0.734	1	0.608	0.544	0.655	0.784	1	1	0.741	1
MEAN	0.571	0.569	0.826	0.703	0.753	0.682	0.701	0.681	0.678	0.684	0.498	0.489	0.745	0.697	0.646

表 4 - 5（1）—表 4 - 5（3）对比了 2009—2013 年七个战略性新兴产业的纯技术效率。从整体来看，2009—2013 年七大战略性新兴产业总体纯技术效率平均值分别为 0.950、0.956、0.964、0.967 以及 0.969，可以看出是在逐步增长，增长了 2%，表明各产业技术能力得到一定程度的强化，但效果不明显；截至 2013 年，生物纯技术效率均值最高，为 0.981，信息技术生物纯技术效率均值最低，为 0.954，纯技术效率均值从高到低依次排序为：生物、高端设备制造（新能源）、节能环保（新能源汽车、新材料）、信息技术。具体来看，与 2010 年下发战略性新兴产业政策前的 2009 年相比，节能环保纯技术效率均值由 2009 年的 0.940 增加到 2013 年的 0.967，增幅达 2.87%，达到最优纯技术效率的决策单元数量由 2009 年的 4 个单元增加到 2013 年的 8 个

单元，增幅为 100%；高端设备制造纯技术效率均值由 2009 年的 0.969
增加到 2013 年的 0.975，增幅达 0.62%，达到最优纯技术效率的决策
单元数量由 2009 年的 6 个单元增加到 2013 年的 9 个单元，增幅为
50%；生物纯技术效率均值由 2009 年的 0.980 增加到 2013 年的 0.981，
基本维持稳定，达到最优纯技术效率的决策单元数量由 2009 年的 5 个
单元增加到 2013 年的 9 个单元，增幅为 80%；新材料纯技术效率均值
由 2009 年的 0.955 增加到 2013 年的 0.967，增幅达 1.26%，达到最优
纯技术效率的决策单元数量由 2009 年的 4 个单元增加到 2013 年的 8 个
单元，增幅为 100%；新能源纯技术效率均值由 2009 年的 0.923 增加到
2013 年的 0.975，增幅达 5.63%，达到最优纯技术效率的决策单元数
量由 2009 年的 3 个单元增加到 2013 年的 7 个单元，增幅为 133.33%；
新能源汽车纯技术效率均值由 2009 年的 0.954 增加到 2013 年的 0.967，
增幅达 1.3%，达到最优纯技术效率的决策单元数量由 2009 年的 4 个
单元增加到 2013 年的 8 个单元，增幅为 100%；信息技术相关产业纯
技术效率均值由 2009 年的 0.930 增加到 2013 年的 0.954，增幅达
2.58%，达到最优纯技术效率的决策单元数量由 2009 年的 2 个单元增
加到 2013 年的 4 个单元，增幅为 100%。可以看出，新能源、节能环
保以及信息技术纯技术效率均值增幅最高，高端设备制造及生物的纯技
术效率均值基本维持在较为稳定的水平。

表 4 - 5 （1）   2009—2013 年战略性新兴产业股权融资纯技术效率

DMU	节能环保					高端设备制造				
	2009	2010	2011	2012	2013	2009	2010	2011	2012	2013
1	0.947	0.935	1	0.993	1	0.968	1	1	0.995	1
2	0.893	0.960	1	1	0.984	1	1	1	0.973	1
3	0.983	1	1	0.873	1	0.974	1	1	1	0.903
4	1	0.965	1	1	1	0.902	1	0.872	0.904	0.923
5	1	0.982	1	1	0.992	1	0.983	0.894	0.937	1
6	0.931	1	1	0.994	1	0.943	0.973	1	1	1
7	1	0.934	0.948	1	0.953	0.983	1	1	0.992	1
8	0.936	0.947	0.907	1	1	1	1	1	0.951	1
9	0.841	0.828	0.889	1	0.897	1	0.956	0.956	1	0.978

续表

DMU	节能环保					高端设备制造				
	2009	2010	2011	2012	2013	2009	2010	2011	2012	2013
10	0.967	1	1	0.915	1	0.972	0.915	1	1	0.993
11	0.895	0.904	0.896	0.854	0.874	1	0.972	0.986	0.961	1
12	0.943	0.947	0.950	1	1	0.963	1	1	0.935	1
13	0.914	0.906	0.895	1	1	1	0.935	1	1	0.959
14	0.853	0.884	0.885	0.901	0.874	0.874	0.921	0.875	0.923	0.931
15	1	1	1	0.996	0.968	0.944	0.917	0.914	1	0.917
16	0.932	0.971	0.941	1	0.922	0.983	1	1	0.996	1
MEAN	0.940	0.948	0.957	0.970	0.967	0.969	0.973	0.969	0.973	0.975

表 4－5（2）　2009—2013 年战略性新兴产业股权融资纯技术效率

DMU	生物					新材料				
	2009	2010	2011	2012	2013	2009	2010	2011	2012	2013
1	0.978	0.976	0.992	0.988	1	0.993	1	1	0.996	1
2	1	0.971	0.984	1	0.964	0.937	0.948	0.921	0.942	1
3	0.953	0.939	0.961	1	0.986	0.991	1	1	0.994	0.986
4	0.938	0.944	0.937	0.912	0.923	1	1	0.957	1	1
5	1	1	1	1	0.991	0.963	1	0.930	1	0.964
6	0.998	0.994	1	0.952	1	0.974	1	1	0.985	1
7	0.993	1	1	1	1	1	0.960	1	1	1
8	0.972	0.980	0.996	1	0.972	0.963	0.951	1	0.975	1
9	0.964	1	0.983	0.979	1	1	0.890	0.948	1	0.913
10	1	1	0.980	0.997	0.932	0.946	0.922	0.943	0.958
11	0.961	1	0.902	0.931	0.901	0.894	0.891	0.903	0.887
12	1	0.989	1	0.975	0.927	0.996	0.971	1	1
13	1	0.996	1	0.989	0.973	0.962	1	0.995	1
14	0.993	1	0.994	0.856	0.916	0.820	0.813	0.843
15	0.952	0.946	1	0.927	0.863	0.912	0.922	0.903	0.931
16	0.975	0.984	0.919	0.924	0.941	1	0.965	1	1	0.992
MEAN	0.980	0.982	0.978	0.979	0.981	0.955	0.959	0.955	0.966	0.967

表4-5（3）　2009—2013年战略性新兴产业股权融资纯技术效率

DMU	新能源					新能源汽车					信息技术				
	2009	2010	2011	2012	2013	2009	2010	2011	2012	2013	2009	2010	2011	2012	2013
1	0.901	0.856	1	0.923	1	0.992	1	1	0.989	1	0.924	0.931	0.919	0.927	0.918
2	0.875	0.927	0.925	1	0.952	0.953	0.937	0.953	0.985	0.962	0.963	0.953	0.974	1	0.996
3	0.941	1		0.995	1	0.935	0.948	0.964	0.942	0.971	0.921	0.957	0.962	0.954	0.963
4	1	0.967	0.963	1	0.968		0.961	0.974	1	1	0.983	1		0.995	1
5	0.837	0.899	0.898	0.885	0.902	0.983		1	0.995	0.979	0.932	0.984	1	1	0.967
6	0.903	0.904	0.908	0.913	0.935	0.992		1	1	1	1	0.946	0.996		1
7	0.935	0.959	1	0.964	1	0.827	0.875	0.874	0.851	0.837	0.991	1	1	0.995	1
8	1	0.962	0.964	1	0.973	1			0.993	1	0.832	0.838		0.901	0.899
9	0.972	1	1	0.954	0.982	0.951		1	1	1	0.934	0.965		0.973	0.964
10	0.974	0.969	1	1	1	0.902	0.913	0.909	0.904	0.887	0.846	0.895	0.898	0.904	0.887
11	0.956	0.948	1	1	1	0.943	0.971	0.955	1	0.957	0.917	0.912	0.940		0.975
12	1	0.956		0.974	0.987	0.973	0.964	0.959	0.962	0.971	0.945	0.938	0.965	0.946	0.961
13	0.824	0.844	0.846	0.905	0.899	0.914	0.929	0.933	0.925	0.903	0.942	0.901	0.928	1	0.928
14	0.853	0.870	0.904	0.958	1	1			0.969		0.836	0.882	0.932	0.897	0.902
15	0.921	0.962	0.964	1	1		0.890	0.889	0.864	1	0.927	0.939	1	0.942	0.903
16	0.874	0.896	0.998		0.996	0.904		0.888	0.901	1	0.964	1	1	0.985	1
MEAN	0.923	0.932	0.961	0.967	0.975	0.954	0.962	0.956	0.955	0.967	0.930	0.939	0.970	0.964	0.954

　　表4-6（1）—表4-6（3）分析了2009—2013年战略性新兴产业股权融资的规模效率。从总体上看，2009—2013年七大战略性新兴产业总体规模效率均值分别为0.688、0.688、0.761、0.742以及0.756，可以看出是在逐步增长，增长了9.89%；截至2013年，高端设备制造规模效率均值最高，为0.852，信息技术纯技术效率均值最低，为0.673，规模效率均值从高到低依次排序为：高端设备制造、节能环保、新能源、生物、新能源汽车新材料、信息技术。具体来看，与2010年下发战略性新兴产业政策的2009年相比，节能环保规模效率均值由2009年的0.682增加到2013年的0.851，增幅达24.78%，达到最优规模效率的决策单元数量由2009年的2个单元增加到2013年的5个单元，增幅为150%；高端设备制造规模效率均值由2009年的0.872

下降到 2013 年的 0.852，下降达 2.29%，达到最优规模效率的决策单元数量由 2009 年的 4 个单元增加到 2013 年的 5 个单元，增幅为 25%；生物纯规模效率均值由 2009 年的 0.691 增加到 2013 年的 0.703，基本维持稳定，达到最优规模效率的决策单元数量由 2009 年的 2 个单元增加到 2013 年的 4 个单元，增幅为 100%；新材料规模效率均值由 2009 年的 0.713 增加到 2013 年的 0.743，增幅达 4.21%，达到最优规模效率的决策单元数量由 2009 年的 2 个单元增加到 2013 年的 3 个单元，增幅为 50%；新能源规模效率均值由 2009 年的 0.615 增加到 2013 年的 0.769，增幅达 25.04%，达到最优规模效率的决策单元数量由 2009 年的 1 个单元增加到 2013 年的 3 个单元，增幅为 200%；新能源汽车规模效率均值由 2009 年的 0.710 下降到 2013 年的 0.701，减幅达 1.27%，达到最优规模效率的决策单元数量由 2009 年的 2 个单元增加到 2013 年的 3 个单元，增幅为 50%；信息技术相关产业规模效率均值由 2009 年的 0.532 增加到 2013 年的 0.673，增幅达 26.50%，达到最优规模效率的决策单元数量由 2009 年的 1 个单元增加到 2013 年的 2 个单元，增幅为 100%。可以看出，新能源、节能环保以及信息技术规模效率均值增幅最高，生物的规模效率均值基本维持在较为稳定的水平，新能源汽车规模效率均值出现了下降。

从上述分析还可以看出，七大战略性新兴产业的纯技术效率要比规模效率要高，并且纯技术效率达到最优决策单元的数量均高于规模效率，说明我国战略性新兴产业在关注技术创新的同时要注重其规模的发展。

表 4-6（1） 2009—2013 年战略性新兴产业股权融资规模效率

DMU	节能环保					高端设备制造				
	2009	2010	2011	2012	2013	2009	2010	2011	2012	2013
1	0.725	0.775	1	0.990	0.671	0.879	1	1	0.968	1
2	0.657	0.561	0.941	1	0.866	1	1	1	0.895	0.846
3	0.737	0.628	1	0.977	1	0.978	1	0.931	1	0.916
4	0.416	0.532	1	0.841	1	0.845	1	0.608	0.716	0.817
5	1	0.983	1	1	0.971	1	0.921	0.589	0.810	1

DMU	节能环保					高端设备制造				
	2009	2010	2011	2012	2013	2009	2010	2011	2012	2013
6	0.991	1	0.87	0.978	1	0.692	0.761	1	0.873	1
7	0.659	0.603	0.898	1	0.801	0.943	1	1	0.944	0.853
8	0.382	0.712	0.471	0.564	1	1	1	1	0.885	0.935
9	0.839	0.972	0.979	1	0.845	0.872	0.748	0.600	1	0.595
10	0.984	1	1	0.945	0.905	0.942	0.992	1	1	0.954
11	0.454	0.334	0.723	0.513	0.836	0.563	0.755	0.699	0.775	0.539
12	0.768	0.591	0.734	1	0.574	0.897	1	1	0.913	1
13	0.391	0.668	0.461	0.528	1	1	0.993	1	1	0.992
14	0.420	0.340	0.555	0.340	0.548	0.729	0.736	0.635	0.668	0.705
15	1	1	1	0.877	0.967	0.618	0.507	0.400	0.539	0.478
16	0.486	0.595	0.477	0.439	0.637	0.990	1	1	0.839	1
MEAN	0.682	0.706	0.819	0.812	0.851	0.872	0.901	0.841	0.864	0.852

表4-6（2） 2009—2013年战略性新兴产业股权融资规模效率

DMU	生物					新材料				
	2009	2010	2011	2012	2013	2009	2010	2011	2012	2013
1	0.513	0.543	0.403	0.509	0.484	0.994	0.985	1	0.761	0.861
2	0.385	0.513	0.416	0.578	0.453	0.718	0.631	0.549	0.683	1
3	0.770	0.772	0.202	0.654	1	0.732	1	1	0.829	0.760
4	0.536	0.425	0.436	0.552	0.510	0.832	1	0.827	1	0.924
5	1	0.992	0.984	1	0.864	0.707	1	0.299	0.347	0.593
6	0.539	0.435	0.523	0.674	0.562	0.563	1	0.357	0.436	0.647
7	0.764	0.548	0.897	0.741	1	1	0.746	0.964	1	1
8	0.443	0.548	0.305	0.468	0.430	0.792	0.321	1	0.555	0.686
9	0.707	0.719	0.362	0.769	1	1	0.721	0.771	1	0.671
10	0.865	1	0.416	0.737	0.584	0.506	0.399	0.620	0.419	0.454
11	0.996	1	0.615	0.957	1	0.597	0.180	0.725	0.523	0.414
12	1	0.582	0.872	1	0.648	0.380	0.722	0.890	1	0.725
13	0.328	0.440	0.543	0.382	0.305	0.826	0.850	1	0.732	1

续表

DMU	生物					新材料				
	2009	2010	2011	2012	2013	2009	2010	2011	2012	2013
14	0.868	1	1	0.730	0.841	0.567	0.516	0.426	0.569	0.607
15	0.791	0.778	1	1	0.927	0.350	0.352	0.428	0.240	0.530
16	0.549	0.413	0.669	0.473	0.634	0.847	0.750	1	0.645	1.008
MEAN	0.691	0.669	0.603	0.702	0.703	0.713	0.698	0.741	0.671	0.743

表 4 - 6（3）　2009—2013 年战略性新兴产业股权融资规模效率

DMU	新能源					新能源汽车					信息技术				
	2009	2010	2011	2012	2013	2009	2010	2011	2012	2013	2009	2010	2011	2012	2013
1	0.669	0.634	0.669	0.816	0.531	0.992	1	0.993	0.887	0.902	0.511	0.440	0.669	0.584	0.446
2	0.974	0.757	0.877	1	0.950	0.446	0.335	0.596	0.754	0.712	0.341	0.456	0.536	0.529	0.615
3	0.793	1	1	0.843	0.865	0.382	0.361	0.574	0.256	0.439	0.407	0.298	0.585	0.570	0.759
4	0.549	0.436	0.684	0.551	0.632	0.712	0.681	0.710	1	0.719	0.528	0.411	1	0.723	0.519
5	0.281	0.370	0.590	0.411	0.606	0.917	0.908	1	0.766	0.875	0.398	0.413	1	0.695	0.556
6	0.343	0.354	0.574	0.513	0.576	0.838	1	1	0.917	1	1	0.399	0.886	1	0.972
7	0.397	0.233	1	0.582	0.839	0.527	0.442	0.351	0.377	0.481	0.834	1	1	0.908	1
8	1	0.910	0.858	1	0.940	0.986	1	0.822	0.782		0.499	0.254	0.990	0.837	0.390
9	0.451	0.399	1	0.655	0.766	0.896	1	0.816	0.995	1	0.699	0.939	1	0.890	0.782
10	0.896	0.934	0.960	1	0.893	0.484	0.486	0.377	0.402	0.407	0.617	0.630	0.651	0.544	0.449
11	0.886	0.911	0.944	0.784	1	0.699	0.753	0.799	1	0.862	0.332	0.325	0.820	1	0.577
12	0.293	0.316	1	0.311	0.543	0.416	0.442	0.430	0.540	0.384	0.477	0.532	0.440	0.568	0.527
13	0.396	0.528	0.710	0.640	0.464	0.691	0.614	0.414	0.285	0.425	0.347	0.285	0.673	1	0.807
14	0.623	0.575	0.960	0.989	1	1	1	1	0.879	1	0.432	0.594	0.412	0.541	0.573
15	0.798	0.910	0.858	0.934	1	0.542	0.522	0.502	0.730	0.574	0.272	0.271	0.552	0.369	0.792
16	0.489	0.434	1	0.544	0.701	0.812	1	0.685	0.604	0.655	0.813	1	1	0.752	1
MEAN	0.615	0.606	0.855	0.723	0.769	0.710	0.721	0.703	0.701	0.701	0.532	0.515	0.763	0.719	0.673

（二）战略性新兴产业股权融资效率实现的因素分析

为分析战略性新兴产业股权融资效率实现的因素，本文采用 Logit

模型，将 DEA 模型 BC^2 综合效率作为被解释变量（$Y*$），其中达到 BC^2 综合效率最优的决策单元效率得分设置为响应 1，未实现 BC^2 综合效率最优的所有决策单元均设置为响应 0，将上面 DEA 效率测度的投入指标作为解释变量，从而构建对实现股权融资效率的影响 Logit 模型如下：

$$Y^* = \alpha_1 X_1 + \alpha_2 X_2 + \alpha_3 X_3 + \varepsilon$$

从表 4 - 7 的结果可以看出，Hosmer – Lemeshow 检验和 Andrews 检验的伴随概率均在假设接受区域内，模型整体拟合效果较好。解释变量 X_1、X_2 和 X_3 的 Z 检验值伴随概率均小于 0.05，说明对被解释变量存在显著影响，由 X_1 和 X_2 系数为正可知，公司上市有利于战略性产业融通资金来支持实现产业价值最大化，而 X_3 的系数为负说明负债融资行为对金融支持效率产生显著的负面影响。

表 4 - 7　2009 年战略性新兴产业股权融资效率 Logit 回归结果

Estimation Equation	$Y* = 0.0574X_1 + 3.0416X_2 - 2.1372X_3$		
Std. Error	0.0254　0.7158　0.8746		
Z – Statistic	2.2654　3.2045　- 2.0512		
Prob.	0.0215　0.0012　0.0417		
Goodness – of – Fit Test			
H – L Statistic	7.4372	Prob. Chi – Sq（8）	0.7951
Andrews Statistic	6.5823	Prob. Chi – Sq（10）	0.7318

表 4 - 8 是 2010 年战略性新兴产业股权融资效率 Logit 回归结果，在 0.05 的置信水平下，Hosmer – Lemeshow 检验和 Andrews 检验的伴随概率均在假设接受区域内，模型整体拟合效果较好。解释变量 X_1、X_2 和 X_3 的 Z 检验值伴随概率均小于 0.05，说明对被解释变量存在显著影响，由于 X_1 和 X_2 系数为正，说明公司上市有利于战略性产业融通资金来支持实现产业价值最大化，X_3 的系数为负，说明负债融资行为对金融支持效率具有负面的影响。

表 4 - 8　　　 2010 年战略性新兴产业股权融资效率 Logit 回归结果

Estimation Equation	$Y* = 0.0688X_1 + 2.2248X_2 - 2.0246X_3$		
Std. Error	0.0291　0.6937　0.9889		
Z - Statistic	2.3696　3.2073　-2.0472		
Prob.	0.0178　0.0013　0.0406		
Goodness - of - Fit Test			
H - L Statistic	5.8587	Prob. Chi - Sq (8)	0.6631
Andrews Statistic	6.4515	Prob. Chi - Sq (10)	0.776

从表 4 - 9 的回归结果可以看出，Hosmer - Lemeshow 检验和 Andrews 检验的伴随概率均在假设接受区域内，模型整体拟合效果较好。解释变量 X_1 和 X_2 的 Z 检验值伴随概率均小于 0.1，说明对被解释变量存在显著影响，由于 X_1 和 X_2 系数为正，说明公司上市有利于战略性产业融通资金来支持实现产业价值最大化，X_3 的系数为负但不显著，说明负债融资行为对金融支持效率未产生显著的影响。

表 4 - 9　　　 2011 年战略性新兴产业股权融资效率 Logit 回归结果

Estimation Equation	$Y* = 0.0489X_1 + 2.1743X_2 - 1.0479X_3$		
Std. Error	0.0319　0.7274　1.1018		
Z - Statistic	1.8748　2.1743　-0.9511		
Prob.	0.0648　0.0028　0.3416		
Goodness - of - Fit Test			
H - L Statistic	2.4636	Prob. Chi - Sq (8)	0.9634
Andrews Statistic	8.8921	Prob. Chi - Sq (10)	0.5424

从表 4 - 10 的回归结果可以看出，Hosmer - Lemeshow 检验和 Andrews 检验的伴随概率均在假设接受区域内，模型整体拟合效果较好。解释变量 X_1 和 X_2 的 Z 检验值伴随概率均小于 0.1，说明对被解释变量存在显著影响，由于 X_1 和 X_2 系数为正，说明公司上市有利于战略性产业融通资金来支持实现产业价值最大化，X_3 的系数为负但不显著，说明负债融资行为对金融支持效率未产生显著的影响。

表 4 – 10   2012 年战略性新兴产业股权融资效率 Logit 回归结果

Estimation Equation	$Y* = 0.0571X_1 + 1.9682X_2 - 1.3627X_3$		
Std. Error	0.0451 0.6472 1.0753		
Z – Statistic	1.9499 2.1743 – 0.8761		
Prob.	0.0602 0.0048 0.4168		
Goodness – of – Fit Test			
H – L Statistic	2.5752	Prob. Chi – Sq (8)	0.9675
Andrews Statistic	8.9143	Prob. Chi – Sq (10)	0.5672

从表 4 – 11 的回归结果可以看出，Hosmer – Lemeshow 检验和 An-drews 检验的伴随概率均在假设接受区域内，模型整体拟合效果较好。解释变量 X_1 和 X_2 的 Z 检验值伴随概率均小于 0.1，说明对被解释变量存在显著影响，由于 X_1 和 X_2 系数为正，说明公司上市有利于战略性产业融通资金来支持实现产业价值最大化，X_3 的系数为负但不显著，说明负债融资行为对金融支持效率未产生显著的影响。

表 4 – 11   2013 年战略性新兴产业股权融资效率 Logit 回归结果

Estimation Equation	$Y* = 0.0368X_1 + 2.3751X_2 - 1.4185X_3$		
Std. Error	0.0372 0.5194 1.4682		
Z – Statistic	1.9102 2.2733 – 0.9412		
Prob.	0.0645 0.0039 0.3931		
Goodness – of – Fit Test			
H – L Statistic	2.6123	Prob. Chi – Sq (8)	0.9583
Andrews Statistic	8.8546	Prob. Chi – Sq (10)	0.6134

五   结论

通过对比分析 2009—2013 年我国七大战略性新兴产业股权融资效率的 DEA 测度结果表明，从整体来看，截至 2013 年，高端设备制造综合效率均值最高，信息技术综合效率均值最低，综合效率均值从高到低依次排序为：高端设备制造、节能环保、新能源、新材料、生物、新能源汽车和信息技术。具体来看，首先，节能环保、生物、新材料、新能源与信息技术五大战略性新兴产业 2010 年前后的 DEA 综合效率平均值均呈现增长态势，说明我国市场和投资者对低碳环保以及高新技术产业比较关注。其次，新能源、节能环保以及信息技术纯技术效率均值增幅最高，高端设备制造及生物的纯技术效率均值基本维持在较为稳定的水平。最后，新能源、节能环保以及信息技术规模效率均值增幅最高，生物的规模效率均值基本维持在较为稳定的水平，新能源汽车规模效率均值出现了下降。从上述分析还可以看出，七大战略性新兴产业的纯技术效率要比规模效率要高，并且纯技术效率达到最优决策单元的数量均高于规模效率，说明我国战略性新兴产业在关注技术创新的同时要注重其规模的发展。

通过 Logit 模型检验可知，公司上市有利于战略性产业融通资金来支持实现产业价值最大化，而负债融资行为对金融支持效率会产生负面影响。

战略性新兴产业在不同的发展阶段具有不同的特点，对应的融资模式也应该有所不同，在产业发展初创期，风险较高，市场不确定因素多，应选择 VC、天使投资等风险偏好型的股权融资模式。随着战略性新兴产业的发展，技术和市场风险都相对有所降低，各种产业基金、信贷开始在产业发展期介入。目前，我国战略性新兴产业不少领域的产业基础比较薄弱，也没有核心技术，需要突破产业化瓶颈，因此，发展风险投资、私募股权基金以及依靠政府财政补贴等是我国战略性新兴产业融资的主要途径之一。

第三节　金融市场支持战略性新兴产业发展效率实证研究

——民族地区与东部地区的比较

一　引言

区域经济协调发展是缩小我国区域差距、实现我国经济和谐发展的重要方面。近几年来，民族地区虽然经济增速较快，但由于基数较低，经济总量依旧无法与东部地区相抗衡，而民族地区经济发展更是相对滞后。战略性新兴产业具有物质资源消耗少、成长潜力大的特点，它对区域经济可持续发展具有重大引领带动作用，因此，培育和发展战略性新兴产业是促进西部民族地区经济可持续发展的重要战略。战略性新兴产业的培育和发展需要金融、资源、技术和管理等多方面支持，而金融支持又是资源、技术和管理等方面的支撑，所以金融支持在战略性新兴产业培育和发展中起着核心作用。在我国民族地区，战略性新兴产业领域的企业规模还较小，存在着资金投入严重不足、财税政策引导社会投资力度不够等问题，这些问题的存在，阻碍了民族地区战略性新兴产业的发展。如何提高金融支持民族地区的效率，我国民族地区战略性新兴产业中利用好金融资本，这是目前最关注的问题。

综观国内外研究，现有的研究主要集中在战略性新兴产业发展的金融支持存在的问题、金融支持效率及对策研究方面，而关于金融支持战略性新兴产业效率方面，现有研究仅对比分析了2010年政策扶持期前后金融投入对七大战略性新兴产业间的支持效率的差异（熊正德等，2011；翟华云，2012）。目前，我国东中西部金融发展具有区域差异，国家对区域金融发展政策不尽相同的情况下，金融对各地区战略性新兴产业支持及其效率也有所差异，但综观现有研究，很少有文献涉及这个方面。因此，在以我国民族地区战略性新兴产业上市公司为样本的基础上，对比分析我国民族地区与东部地区战略性新兴产业金融支持效率的差异以并采用 Logit 模型分析这些效率差异的影响因素，力求找出这些差异的原因。

本文通过对比分析2009—2013年我国东部地区与民族地区战略性新兴产业金融支持效率和影响因素，得出如下结论：与东部地区相比，民族地区战略性新兴产业上市公司在最优综合效率、最优纯技术效率以及规模效率的决策单元数量占比都较低；其金融支持综合效率在2010年前后均比东部地区均值水平低，其纯技术效率在2009—2013年均比东部地区均值水平低，规模效率呈现出与综合效率相同的特点；通过 Logit 模型检验可知，东部地区战略性新兴产业公司上市对价值影响要大于民族地区，而负债融资对民族地区战略性新兴产业金融支持效率的负面影响要小于东部地区。

本文的贡献在于不仅为民族地区金融支持战略性新兴产业效率提供经验证据，而且还为政策制定者发展民族地区金融及战略性新兴产业提供重要理论依据。本文余下的安排如下：第二部分是文献回顾，第三部分为本文的研究设计，第四部分为实证结果及分析，余下部分为实证结论及建议。

二　文献回顾

国外现有成果主要集中在金融对产业发展的支持等方面。Greenwood（1990）认为金融发展可以促进产业的发展，King（1993）、P. Arestis（1997）、Beck（2000）等研究了金融对产业的支持效率，结果证明了金融对产业发展有比较大的支持作用。Rajan 和 Zingales（1998）研究发现，一个国家技术创新是受该国金融体系发展程度影响，并会影响到与技术创新紧密联系的产业发展；Marco DaRin 和 Thomas Hellmann（2002）认为商业银行在一定程度上可以促进新兴产业的发展；Suo 和 Wang（2009）运用 DEA 效率模型测量了农业发展中金融支持效率并检验了影响因素，发现金融支持严重影响了农业发展。

国内关于民族地区战略性新兴产业发展研究较多，而关于金融支持主要体现以下方面，主要包括：一是民族地区战略性新兴产业发展的金融支持存在的主要问题研究，黄俊亮（2011）认为，民族地区战略性新兴产业发展较慢的因素之一是资金短缺；孙光慧等（2010）研究了民族地区生产率不高和经济发展迟缓的原因，发现该地区资本缺乏是造成这些现象的原因；郑长德（2007）指出，民族地区金融中介发展缓慢，这在一定程度上制约了民族地区经济的增长；时光等（2005）认为，民族地区债券市场发展比较缓慢，原因在于该地区企业效益较差及地理位置偏远。二是民族地区战略性新兴产业发展的金融支持效率研究，熊正德等（2011）用 DEA 方法测度了全国战略性新兴产业金融支持效率，研究发现，有些产业的金融支持效率较高，比如高端设备制造、新一代信息技术、生物。翟华云（2012）针对全国 112 家战略性新兴产业上市公司进行了股权融资效率分析，与 2010 年相比，部分行业的股权融资效率上升幅度较大，公司上市可以提高其融资效率，而负债融资则产生相反的影响。三是金融促进民族地区战略性新兴产业发展的对策研究，田孟清（2000）认为，民族地区经济开发应该开拓国际债券市场和吸收国际资本；刘磊等（2010）认为，应该从完善保险制度和信用担保体系等方面促进民族地区经济发展；黄俊亮（2011）认为，战略性新兴产业的发展应该充分利用民族地区民间资本和境外资本。

上述已有研究主要集中在战略性新兴产业发展的金融支持存在的问题、金融支持效率及对策研究方面，熊正德等（2011）及翟华云（2012）从全国视角对战略性新兴产业金融支持效率进行了测度和比较，目前我国东中西部金融发展具有区域差异，国家对区域金融发展政策也不尽相同，金融对各地区战略性新兴产业支持及其效率也有所差异，现有文献在这方面研究还略显不足。因此，本文对比分析民族地区与东部地区金融战略性新兴产业支持效率的差异，并以 2010 年为时间节点，对比分析《国务院关于加快培育和发展战略性新兴产业的决定》政策前后的效率差异，并采用 Logit 模型分析影响这些效率差异的因素，并提出相关的建议。

三 研究设计

（一）DEA 模型及指标选择

数据包络分析（DEA）方法可以用来评价战略性新兴产业的金融支持效率，CCR 模型由 Charnes 等在 1978 年提出，这一模型最大的特点是采用多个输入和多个输出来度量生产部门规模效率和技术效率的方法，但是 CCR 模型中假定规模收益不变，在此基础之上，Charnes 等于 1984 年发展起了 BCC 模型，此模型假定规模收益变动。DEA 模型有产出导向和投入导向两种模式，所谓产出导向的 DEA 模型，是给定一定量的投入要素的情况下能够产出最大，投入导向的 DEA 模型与产出导向模型相比刚好相反，要求产出水平一定情况下能够达到投入成本最小。根据分析，金融支持战略性新兴产业效率，是要求在一定金融投入下能够产出更多，所以本部分选择产出导向的 BCC 模型。

根据以往研究，本节在评价战略性新兴产业上市公司股权融资效率时，指标选择包括如下输入输出指标体系：输入指标包括：总资产、流通股比率、资产负债率，输出指标包括：净资产收益率、托宾 Q 值、营业收入增长率。

(二) 数据来源

为比较我国民族地区与东部地区战略性新兴产业 2010 年前后金融支持效率的差异,本文选取了 2009—2013 年民族地区与东部地区 A 股战略性新兴产业上市公司共 1513 个观测值,其中,民族地区包括云南、内蒙古、贵州、广西、西藏、宁夏、新疆、青海 8 个省市,该地区战略性新兴产业上市公司共有 328 个观测值,东部地区 11 个省市包括北京、天津、河北、江苏、浙江、广东、海南、辽宁、上海、福建以及山东,东部地区共有战略性新兴产业上市公司 1185 家,在对东部地区及民族地区战略性新兴产业金融支持效率测量时,考虑到 DEAP 软件中数据的非负性特点,从两个地区中各随机抽取了 15 个数据齐全且非负的样本,由于政策的出台是在 2010 年 9 月,因此,本文使用了两个地区战略性新兴产业上市公司 2013 年、2012 年、2011 年与 2010 年、2009 年中报财务数据,所用的数据全部来自于国泰安数据库。

四　实证分析

(一) 民族地区与东部地区战略性新兴产业金融支持效率 DEA 分析

表 4 – 12 是民族地区与东部地区战略性新兴产业金融支持效率整体状况的描述,由表 4 – 12 可知,在东部地区战略性新兴产业上市公司中,最优综合效率(规模效率)的决策单元数量 2009 年占比 4.48%,2010 年上升到 5.84%,2011 年达到 9.66%,2012 年达到 12.51%,2013 年下降为 11.57%,可以看出,东部地区战略性新兴产业上市公司最优综合效率(规模效率)的决策单元数量处于增长态势,但在 2013 年有少许下降;最优纯技术效率的决策单元数量 2009 年占比 6.01%,2010 年上升到 9.67%,2011 年达到 13.98%,2012 年达到 15.06%,2013 年下降为 13.82%,说明东部地区战略性新兴产业上市公司最优纯技术效率的决策单元数量处于增长态势,但在 2013 年有一些下降。在民族地区战略性新兴产业上市公司中,最优综合效率(规模效率)的决策单元数量 2009 年占比 3.61%,2010 年上升到 5.33%,2011 年达到 8%,到 2012 年达到 9.45%,2013 年下降为 8.93%,说明民族地区战略性新兴产业上市公司最优综合效率(规模效率)的决策单元数量

处在增长态势，但在 2013 年有一些下降；最优纯技术效率的决策单元
数量 2009 年占比 6.01%，2010 年上升到 5.61%，2011 年达到
13.33%，到 2012 年达到 14.27%，2013 年下降为 12.95%，这说明民
族地区战略性新兴产业上市公司最优纯技术效率的决策单元数量处在增
长态势，但在 2013 年有一些下降。与东部地区相比，民族地区战略性
新兴产业上市公司在最优综合效率、最优纯技术效率以及规模效率的决
策单元数量占比都较低。

表 4 – 12   民族地区与东部地区战略性新兴
产业金融支持效率整体状况

年份	地区	综合效率		纯技术效率		规模效率	
		有效%	非有效%	有效%	非有效%	有效%	非有效%
2009	东部地区	4.48	95.52	6.01	93.99	4.48	95.52
	民族地区	3.61	96.39	5.61	94.39	3.61	96.39
2010	东部地区	5.84	94.16	9.67	90.33	5.84	94.16
	民族地区	5.33	94.67	8.00	92.0	5.33	94.67
2011	东部地区	9.66	90.34	13.98	86.02	9.66	90.34
	民族地区	8.00	92.00	13.33	86.67	8.00	92.00
2012	东部地区	12.51	87.49	15.06	84.94	12.51	87.49
	民族地区	9.45	90.55	14.27	85.73	9.45	90.55
2013	东部地区	11.57	88.43	13.82	86.18	11.57	88.43
	民族地区	8.93	91.07	12.95	87.05	8.93	91.07

对东部地区 2009—2013 年随机选取的 15 家战略性新兴产业上市公
司的金融支持效率进行 DEA 分析，结果在表 4 – 13 中。从 DEA 测度的
综合效率整体来看，与 2009 年、2010 年相比，战略性新兴产业上市公
司金融支持综合效率均值由 2009 年的 0.703 上升到 2010 年的 0.731，
2011 年上升到 0.741，随后的 2012 年上升为 0.759，2013 年下降为
0.757，从整体来看，东部地区战略性新兴产业上市公司综合效率呈现
上升趋势，但在 2013 年有少许下降；在东部地区战略性新兴产业上市
公司的纯技术效率中，2009 年均值为 0.955，2010 年下降为 0.935，与

表4-13 东部地区战略性新兴产业上市公司金融支持效率

DMU	2009			2010			2011			2012			2013		
	综合效率	纯技术效率	规模效率	综合效率	纯技术效率	规模效率	综合效率	纯技术效率	规模效率	综合效率	纯技术效率	规模效率	综合效率	纯技术效率	规模效率
1	1	1	1	1	1	1	1	1	1	1	1	1	0.913	0.984	0.928
2	0.314	0.889	0.353	0.933	0.951	0.98	0.838	0.863	0.971	1	1	1	1	1	1
3	0.576	0.953	0.604	0.650	0.954	0.681	0.893	0.934	0.956	0.920	0.969	0.950	0.761	0.927	0.821
4	0.576	0.953	0.604	0.650	0.954	0.681	0.793	0.934	0.849	0.920	0.969	0.950	0.736	0.895	0.820
5	1	1	1	1	1	1	0.784	0.977	0.802	0.800	0.960	0.834	1	1	1
6	0.952	0.954	0.998	0.624	0.889	0.702	0.365	0.879	0.415	0.317	0.881	0.360	0.532	0.879	0.605
7	0.937	0.974	0.963	0.659	0.859	0.767	0.536	0.839	0.639	0.301	0.797	0.378	0.544	0.938	0.580
8	1	1	1	1	1	1	1	1	1	0.903	0.941	0.959	0.793	0.972	0.816
9	0.874	0.964	0.907	0.503	0.928	0.542	0.768	0.973	0.789	1	1	1	1	1	1
10	0.238	0.88	0.271	0.432	0.891	0.485	0.594	0.918	0.647	0.72	0.883	0.816	0.633	0.901	0.703
11	0.355	0.93	0.381	0.432	0.932	0.463	0.555	0.893	0.622	0.464	0.901	0.515	0.483	0.877	0.551
12	0.826	0.961	0.86	0.68	0.729	0.933	0.536	0.926	0.579	0.771	0.919	0.839	1	1	1
13	0.661	0.947	0.698	0.800	1	0.800	0.816	0.924	0.883	1	1	1	0.704	0.973	0.724
14	0.556	0.935	0.595	0.742	0.936	0.793	0.633	0.957	0.662	0.632	0.911	0.694	0.571	0.879	0.650
15	0.687	0.991	0.693	0.864	1	0.864	1	1	1	0.629	0.944	0.666	0.686	0.904	0.759
MEAN	0.703	0.955	0.728	0.731	0.935	0.779	0.741	0.934	0.787	0.759	0.938	0.797	0.757	0.942	0.797

2010 年相比，2012 年有少许上升，均值为 0.938，2013 年继续上升，为 0.942，从趋势来看，2010 年前后的纯技术效率变化不大，比较稳定；东部地区战略性新兴产业上市公司的规模效率呈现出与综合效率相同的特点，在 2009—2012 年期间出现稳步增长的趋势，由 2009 年的 0.728 上升到 2012 年的 0.797，2013 年维持不变，仍然为 0.797。

表 4-14 对民族地区 2009—2013 年随机选取的 15 家战略性新兴产业上市公司的金融支持效率进行 DEA 分析，在 2010 年前后，综合效率由 2009 年的 0.621 上升到 2013 年的 0.625，而在 2010 年达到最高 0.739，2011 年下降到 0.463，2012 年上升到 0.679；在民族地区战略性新兴产业上市公司的纯技术效率中，2009 年均值为 0.923，2010 年上升为 0.933，与 2010 年相比，2012 年有少许下降，均值为 0.929，2013 年又上升到 0.932，从趋势来看，2010 年前后的纯技术效率变化不大，比较稳定；民族地区战略性新兴产业上市公司的规模效率呈现出与综合效率相同的特点，由 2009 年的 0.669 上升到 2010 年的 0.789，而到了 2012 年有些下降，均值为 0.724，2013 年下降为 0.662。从这些变化可以看出，我国民族地区各种相关政策对战略性新兴产业上市公司的作用发挥不大。

与东部地区相比，民族地区战略性新兴产业上市公司的金融支持综合效率除了 2010 年均值相当之外，其他年份均比东部地区均值水平低；其纯技术效率在 2009—2013 年均比东部地区均值水平低，规模效率呈现出与综合效率相同的特点，其 2010 年均值与东部地区相当，而其他年份均比东部地区均值水平低。

（二）影响金融支持战略性新兴产业效率实现的因素分析

本文用 Logit 模型来分析效率的实现因素，被解释变量（Y）是综合效率，如果达到最优综合效率决策单元，其取值为 1，否则为 0，将总资产、流通股比率、资产负债率这三个投入指标作为解释变量，Logit 模型如下：

$$Y = \alpha_1 X_1 + \alpha_2 X_2 + \alpha_3 X_3 + \varepsilon$$

表 4-15 是东部地区战略性新兴产业金融支持效率 Logit 回归结果，从表 4 的结果可以看出，解释变量总资产、流通股比率和资产负债率的 Z 检验值伴随概率均小于 0.01，说明对综合效率存在显著影响，总资产

表 4-14　民族地区战略性新兴产业上市公司金融支持效率

DMU	2009			2010			2011			2012			2013		
	综合效率	纯技术效率	规模效率	综合效率	纯技术效率	规模效率	综合效率	纯技术效率	规模效率	综合效率	纯技术效率	规模效率	综合效率	纯技术效率	规模效率
1	1	1	1	1	1	1	0.601	0.986	0.609	1	1	1	1	1	1
2	0.547	0.921	0.594	0.885	0.938	0.943	0.346	0.887	0.390	0.638	0.891	0.716	0.576	0.885	0.651
3	0.727	0.928	0.783	0.953	0.957	0.995	0.425	0.938	0.453	0.600	0.901	0.666	0.459	0.892	0.515
4	0.581	0.854	0.680	0.657	0.863	0.762	1	1	1	0.850	0.947	0.897	1	1	1
5	0.448	0.918	0.488	0.695	0.929	0.748	0.467	0.916	0.510	0.687	0.908	0.757	0.518	0.924	0.561
6	0.291	0.904	0.321	0.385	0.920	0.418	0.294	0.913	0.322	0.487	0.908	0.536	0.317	0.925	0.343
7	0.547	0.921	0.594	0.885	0.938	0.943	0.346	0.887	0.390	1	1	1	0.466	0.911	0.512
8	0.581	0.854	0.680	0.657	0.863	0.762	0.851	0.851	1	0.550	0.847	0.65	0.604	0.914	0.661
9	0.442	0.935	0.473	0.538	0.948	0.568	0.274	0.942	0.291	0.420	0.931	0.451	0.453	0.922	0.491
10	0.871	0.987	0.883	0.687	0.952	0.722	0.350	0.946	0.371	1	1	1	1	1	1
11	0.581	0.854	0.680	0.657	0.863	0.762	0.392	0.851	0.461	0.550	0.847	0.650	0.491	0.853	0.576
12	0.694	0.964	0.720	1	1	1	0.487	0.955	0.510	0.503	0.943	0.534	0.592	0.955	0.620
13	0.727	0.928	0.783	0.953	0.957	0.995	0.425	0.938	0.453	1	1	1	1	1	1
14	0.448	0.918	0.488	0.695	0.929	0.748	0.467	0.916	0.510	0.487	0.908	0.536	0.399	0.902	0.442
15	0.835	0.953	0.876	0.443	0.940	0.472	0.215	0.914	0.235	0.418	0.897	0.466	0.504	0.899	0.561
MEAN	0.621	0.923	0.669	0.739	0.933	0.789	0.463	0.923	0.501	0.679	0.929	0.724	0.625	0.932	0.662

和流通股比率系数为正且显著，说明资本市场支持战略性新兴产业融通的资金能支持其实现产业价值最大化，而资产负债率系数显著为负，说明负债融资支持战略性新兴产业的发展有显著的负面影响。另外，模型的 H－L 检验和 Andrews 检验的伴随概率均在假设可接受区域内，这说明模型整体拟合效果较好。

表 4－15　东部地区战略性新兴产业金融支持效率 Logit 回归结果

Estimation Equation	$Y = 0.0309X_1 + 0.2368X_2 - 0.4242X_3$		
Std. Error	0.0009　0.0238　0.0328		
Z－Statistic	34.3201　5.7469　－12.9104		
Prob.	0.0000　0.0000　0.0000		
Goodness－of－Fit Test			
H－L Statistic	8.6432	Prob. Chi－Sq（8）	0.8253
Andrews Statistic	6.7621	Prob. Chi－Sq（10）	0.7297

　　表 4－16 是民族地区战略性新兴产业金融支持效率 Logit 回归结果，表 5 结果显示，解释变量总资产、流通股比率和资产负债率的 Z 检验值伴随概率均小于 0.1，说明对综合效率存在显著影响，总资产和流通股比率系数在 0.01 的重要性水平上显著为正，说明在实现产业价值最大化方面，资本市场融通的资金起到了显著作用，而资产负债率系数显著为负，说明负债融资支持战略性新兴产业的发展有显著的负面影响。另外，模型的 H－L 检验和 Andrews 检验的伴随概率均在假设可接受区域内，这说明模型整体拟合效果较好。

表 4－16　民族地区战略性新兴产业金融支持效率 Logit 回归结果

Estimation Equation	$Y = 0.0314X_1 + 0.2289X_2 - 0.0436X_3$		
Std. Error	0.0021　0.0585　0.0233		
Z－Statistic	11.9250　3.9147　－1.9104		
Prob.	0.0000　　0.0001　0.0619		
Goodness－of－Fit Test			
H－L Statistic	7.6421	Prob. Chi－Sq（8）	0.7542
Andrews Statistic	6.7583	Prob. Chi－Sq（10）	0.7487

对比东部地区与民族地区战略性新兴产业金融支持效率实现因素的估计均衡式，可以发现，东部地区公司上市对战略性新兴产业价值影响要大于民族地区，虽然负债融资对两个地区的战略性新兴产业金融支持效率均产生了显著的负面影响，但是负债融资对民族地区战略性新兴产业金融支持效率的负面影响要小于东部地区。

五　结论

通过对比分析 2009—2013 年我国东部地区与西部民族地区战略性新兴产业金融支持效率结果，从最优决策单元数量来看，与东部地区相比，西部民族地区战略性新兴产业上市公司在最优综合效率、最优纯技术效率以及规模效率的决策单元数量占比都较低；从金融支持效率来看，与东部地区相比，西部民族地区战略性新兴产业上市公司的金融支持综合效率除了 2010 年均值相当之外，其他年份均比东部地区均值水平低，其纯技术效率在 2009—2013 年均比东部地区均值水平低，规模效率呈现出与综合效率相同的特点，其 2010 年均值与东部地区相当，而其他年份均比东部地区均值水平低；通过 Logit 模型检验可知，东部地区战略性新兴产业公司上市对价值影响要大于民族地区，而负债融资对民族地区战略性新兴产业金融支持效率的负面影响要小于东部地区。因此，应该做大做强民族地区战略性新兴产业，鼓励该产业内的企业上市，通过上市带动中小企业的发展。

第四节　风险投资促进战略性新兴产业技术创新效率研究
——民族地区与东部地区的比较

一　引言

发展战略性新兴产业需要新兴科技与新兴产业的相互融合，因此，区域技术创新程度对于该地区的战略性新兴产业发展至关重要。根据科学技术部发展计划司对 2012 年各地区科技进步统计结果，东部地区的上海、北京、天津、广东、江苏和浙江地区综合科技进步水平指数仍居全国前五位，而民族地区的广西、云南、贵州和西藏地区综合科技进步水平指数仍处于全国倒数水平，增强民族地区科学技术创新能力刻不容缓。风险投资（创业投资）主要把资本投向蕴含新兴技术的产业，是为了使新兴技术尽快商品化，从而获取高收益的一种投资方式。我国民族地区战略性新兴产业规模较小，需要科技、金融、管理等方面的支持，风险投资作为投资于处于创业期的高新技术企业的一种资本，在一定程度上能够促进该企业的技术创新能力，从而推动该企业的发展。那么，我国民族地区风险投资现状以及对该地区的技术创新是否有促进作用，该如何提高我国民族地区风险投资的技术创新效率，这对于发展我国民族地区战略性新兴产业有重要意义。

目前，国内外关于风险投资促进技术创新的效率研究，主要是从全国的角度，运用多元回归模型对宏观经济变量或中观面板数据进行因果关系检验，陈治和张所地（2010）虽然对 2004—2007 年地区创新全要素生产率进行了测量，但只是针对大部分的东部地区，而对处于经济落后的民族地区的创新全要素生产率没有加以研究。因此，本文以我国民族地区和东部地区为样本，运用 DEA 方法，以 2010 年为时间节点，分析《国务院关于加快培育和发展战略性新兴产业的决定》（以下简称《决定》）实施前后我国民族地区风险投资促进技术创新效率与东部地区的差异，并采用随机变量截距模型对上述结构进行检验，力求以实证结果为我国民族地区风险投资及技术创新的发展提供借鉴思路，更为促进我国民族地区战略性新兴产业的发展提供资本和科技支撑。

二　文献回顾及理论分析

（一）文献回顾

国外最早检验风险投资与创新之间关系的是 Kortum 与 Lerner 学者，他们从产业层面发现了两者之间的证据，Kortum 与 Lerner（2000）以美国 20 个产业的数据为样本，研究发现，随着风险投资的增加，该产业内专利申请数量也会增加，而这种影响的效应是普通 R&D 对专利影响的 3.1 倍；另外，他们在企业层面还发现，有风险投资背景的公司，其拥有的专利更多。随后，国外学者从宏观、中观及微观层面对风险投资与技术创新之间的关系展开了研究，在宏观方面，Ueda 和 Hirukawa

（2008）研究发现风险投资对该地区技术创新有促进作用（Astrid 和 Bruno，2004；Bernard 和 Sandra，2006；Meng 和 Yih，2008）；在行业层面，Tereza（2000）、Bowonder 和 Mani（2002）等得出了与 Kortum 和 Lern 大致相同的结论：随着风险投资的增加，该行业的技术创新也会增加；在企业层面，大多是从创新企业选择风险投资的倾向来研究（Hellmann 和 Puri，2000；Engel 和 Keilbach，2002；Michael，2008）。

　　而国内学者的研究也主要从宏观、中观和微观层面展开，在宏观层面，国内研究认为技术创新的最主要方面是制度创新（辜胜阻，2000；吴敬琏，2002）；陈治和张所地（2010）运用 Malmquist 指数方法，对东部地区风险投资对技术创新的效率进行测算，找出风险投资在我国东部地区对技术创新作用的差异；邵同尧和潘彦（2011）用商标权来衡量创新产出，实证检验了我国 27 个省市的区域创新产出影响因素，结果发现，我国的研发投入与风险投资均对创新具有显著的促进作用。在行业层面，研究结论不尽相同，吴冬麟（2008）深入探讨了风险投资对技术创新的作用；王建梅和王筱萍（2011）通过 SPSS 回归分析发现，我国 1994—2008 年风险投资与技术创新之间的线性关系不明显，但是公司研发支出（R&D）对技术创新的作用比较明显。在企业层面，苟燕楠和董静（2013）以我国 169 家有风险投资背景的中小板上市公司为研究样本，研究发现，风险投资对技术创新的影响在企业不同发展阶段是不一样的，在企业的初创期和发展期影响最大。

　　从国内外研究可以看出，首先，风险投资是否能对技术创新产生影响，学者们并没有得到一致的研究结论。其次，大部分采用多元回归模型对宏观经济变量或中观面板数据进行因果关系检验。最后，以往的研究主要是从全国的角度，而对处于经济落后的民族地区的创新全要素生产率没有加以研究。鉴于此，本文以我国民族地区和东部地区为样本，采用 Malmquist 指数法，对比分析 2010 年该《决定》实施前后我国民族地区风险投资促进技术创新效率与东部地区的差异，并采用随机变量截距模型对上述结构进行检验。

　　（二）理论分析

　　技术创新是企业的一项长期行为，需要大量的资金投入，特别是对于初创期和成长期的高科技企业，由于规模小和风险大，很难从银行借入资金，当然也不可能通过上市融通资金，在此阶段，风险投资是中小科技企业融通资金更好的选择。风险投资一般以投资换股权，并会协助参与企业的经营管理，风险投资家作为企业的股东，与其他股东一起共享利益、共担风险，因此，风险投资可以减少企业技术创新的风险。另外，风险投资的另外一个效应是，它有助于形成对外部知识的有效快速地吸收的能力，可以对生产率增长产生直接贡献和间接贡献，直接贡献是通过创造新产品或过程对生产力产生影响，间接贡献是通过发展对新知识、新技术的吸收能力对生产力增长产生影响。

我国战略性新兴产业是以重大前沿科技为基础，目前处于成长初期，规模较小。现阶段我国战略性新兴产业的发展需要科技创新和技术进步，风险投资是我国战略性新兴产业成长初期融通资金最好的选择。据 2012 年创业风险投资发展报告显示，目前大部分的风险资本倾向于投资具有技术含量和未来发展潜力的战略性新兴产业，因此，借助于 2010 年该《决定》的实施，对战略性新兴产业领域风险投资额的增加势必会提高技术创新能力。

三 基于 DEA 的 Malmquist 指数方法实证分析

（一）Malmquist 指数方法分析

民族地区与东部地区风险投资促进技术创新效率差异主要表现在不同区域风险资本"投入"差异以及"产出"差异，这些差异由此可以导致"投入—产出"的效率差异。那么，对民族地区与东部地区风险资本促进技术创新效率差异的研究可以采用投入产出效率差异的研究方法，DEA 的 Malmquist 指数方法可以测量全要素效率，可以用来衡量单位总投入的总产量的生产率指标。因此，地区风险资本投入对技术创新的作用机理可以假设为一个"资本投入和技术创新产出"的黑箱，用 DEA 的 Malmquist 指数计量分析这种资本投入产出的全要素效率（TFP），可以分析不同地区风险投资对技术创新的效率差异。

（二）数据来源

由上述分析可知，本文研究的是民族地区与东部地区风险投资对战略性新兴产业技术创新的效率差异，所以选择这两个地区风险投资额（亿元）作为投入指标，根据陈治和张所地（2010）以及王建梅和王筱萍（2011）对企业技术创新能力相关指标的综合评价，他们用专利数量（项）来反映资本市场发展促进技术创新的效果，由于高新技术产业与战略性新兴产业具有相似的特点，在当前阶段，可以用高新技术产业代表战略性新兴产业（赵玉林等，2013），因此，本文选择各地区高新技术产业的专利数量（项）来衡量风险投资对战略性新兴产业技术创新的产出。

本节的民族地区包括：内蒙古、广西、贵州、云南、宁夏共 5 省（市、自治区）（青海、西藏、新疆数据不全），东部地区 11 个省市包括北京、天津、河北、江苏、浙江、广东、海南、辽宁、上海、福建以及山东。[①]

（三）风险投资与专利申请授权现状

从表 4 - 17 来看，截至 2011 年年底，东部地区风险投资额处于前三位的是北京、上海和广东，这也是我国经济发展速度较快的三个地区，而西部地区风险投资额处于前三位的是内蒙古、广西和云南；从风险投资额的均值来看，东部地区远远超过西部民族地区，东部地区由 2009 年的 17.41 亿元增加到 2011 年的 173.73 亿元，增幅达 8.98 倍，民族地区由 2009 年的 1.54 亿元增加到 2011 年的 15.01 亿元，增幅达 8.73 倍。在战略性新兴产业专利申请方面，2011 年东部地区专利申请数位于前三位的是广东、江苏和北京，而民族地区位于前三位的是贵州、云南和广西；从专利申请数的均值来看，2011 年东部地区专利申请数的均值是西部地区的 29.19 倍，东部地区由 2009 年的 5597 件增加到 2011 年的 7818 件，增幅达 39.68%，民族地区由 2009 年的 215 件增加到 2011 年的 268 件，增幅达 24.56%。

表 4 - 17　　东部与民族地区风险投资与专利申请授权现状

地区	风险投资额（亿元）			专利申请数（件）		
	2009	2010	2011	2009	2010	2011
北京	55.98	221.31	844.09	2958	2804	6225

———————————

[①] 资料来源于《中国风险投资年鉴》《中国高技术产业发展年鉴》以及中国科技部统计网。

续表

地区	风险投资额（亿元）			专利申请数（件）		
	2009	2010	2011	2009	2010	2011
上海	35.41	83.84	304.65	4130	3453	5031
广东	38.14	53.71	202.47	30864	26740	39338
天津	1.61	4.65	21.28	2464	1889	2764
河北	2.42	17.93	19.57	481	349	521
福建	7.96	19.53	46.74	2302	1865	2410
山东	5.64	82.39	101.61	3371	3087	5611
浙江	16.33	31.66	200.19	6301	3358	7243
江苏	22.89	55.23	72.12	7210	7528	15285
海南	1.61	50.88	79.22	153	54	212
辽宁	3.56	6.33	19.13	1331	650	1354
东部地区均值	17.41	57.04	173.73	5597	4707	7818
贵州	0.43	1.53	1.22	524	520	637
宁夏	2.11	6.48	8.09	43	18	115
内蒙古	0.56	6.18	32.79	78	12	54
广西	1.21	1.30	19.92	180	92	262
云南	3.41	35.70	13.04	250	15	271
民族地区均值	1.54	10.24	15.01	215	150	268

（四）实证结果分析

表 4-18 是东部和西部民族地区总体的 Malmquist 指数测量结果，从东部地区来看，该地区 2009—2011 年和 2010—2011 年风险投资促进战略性新兴产业技术创新的全要素生产率（M 指数）分别为 0.2689 和 0.9207，总体效率为 0.3956；对于民族地区而言，其 2009—2010 年和 2010—2011 年 M 指数分别为 0.1900 和 2.8850，总体效率为 0.4856。从表 4-18 可以看出，在 2010 年《国务院关于加快培育和发展战略性新兴产业的决定》的文件下发后，2010—2011 年东部地区和民族地区 M 指数均比 2009—2010 年的 M 指数要高，这说明国家对战略性新兴产业的金融政策支持起到了一定的作用。从两个地区的对比情况看，在 2009—2010 年，东部地区的风险投资促进战略性新兴产业技术创新的

全要素生产率略高于民族地区，而在 2010—2011 年的情况刚好相反，随着西部大开发的节奏加快，我国对西部地区，特别是民族地区的金融、财政支持政策加大，这在一定程度上促进了该地区的风险投资促进战略性新兴产业技术创新效率。

表 4 - 18 东部和民族地区总体 Malmquist 指数

	2009—2010	2010—2011	均值
东部地区	0.2689	0.9207	0.3956
民族地区	0.1900	2.8850	0.4856

表 4 - 19 是东部和民族各个地区的 Malmquist 指数，从总体情况来看，由于 2009—2010 年各地区风险投资促进战略性新兴产业技术创新的全要素生产率（M 指数）较低，使得 2009—2011 年全要素生产率总体水平较低，在 2009—2010 年，东部地区全要素生产率略高于西部民族地区；而在 2010—2011 年，东部地区全要素生产率却远远低于民族地区。在 2009—2010 年期间，东部地区风险投资促进战略性新兴产业技术创新的全要素生产率（M 指数）位于前两位的是广东（0.615）和江苏（0.433），民族地区 M 指数位于前两位的分别是广西（0.476）和贵州（0.282），在 2010—2011 年期间，风险投资促进战略性新兴产业技术创新效率东部地区（M 指数）大于 1 的地区是河北（1.368）、山东（1.474）、江苏（1.555）、海南（2.522）、贵州（1.528）、宁夏（5.118）以及云南（6.746），东部地区 M 指数较高的是海南（2.522）和山东（1.474），民族地区 M 指数较高的是云南（6.746）和宁夏（5.118），云南和宁夏 M 指数激增的原因在于，2011 年云南和宁夏风险投资额较少的情况下，这两个地区的专利产出出现大幅度增加。与 2009—2010 年相比，2010—2011 年全要素生产率增长的地区有 14 个，分别为：北京、上海、天津、河北、福建、山东、浙江、江苏、海南、辽宁、贵州、宁夏、内蒙古和云南。造成如此多地区 M 指数增高的原因在于，2010 年国家出台了一系列加大对战略性新兴产业支持的金融政策。

表 4 – 19 东部和民族各地区 Malmquist 指数

	2009—2010	2010—2011	均值
北京	0.240	0.528	0.374
上海	0.353	0.401	0.376
广东	0.615	0.390	0.490
天津	0.265	0.320	0.291
河北	0.098	1.368	0.366
福建	0.330	0.540	0.422
山东	0.063	1.474	0.304
浙江	0.275	0.341	0.306
江苏	0.433	1.555	0.820
海南	0.011	2.522	0.168
辽宁	0.275	0.689	0.435
贵州	0.282	1.528	0.656
宁夏	0.136	5.118	0.834
内蒙古	0.014	0.848	0.109
广西	0.476	0.185	0.297
云南	0.042	6.746	0.532
均值	0.155	0.915	0.376

为了进一步验证风险投资对各地区战略性新兴产业技术创新促进作用的差异性，我们用 16 个省市的战略性新兴产业专利和风险投资面板数据建立回归方程，以反映战略性新兴产业技术创新水平的专利（PA）为被解释变量，反映风险投资额（VC）为解释变量，根据 F 检验和HAUSMAN 检验的结果，我们运用固定效应模型来检验：

$$PA_t = \alpha_i + \beta VC_t + \nu_t$$

首先利用 SPSS16.0 对全样本进行估算，估算的结果如下：

$$PA_t = 325.991 + 1124.824 VC_t$$

$$(325.991) \quad (45.453)$$

由 $R^2 = 0.85$ 可知，模型的拟合效果较好，VC 的系数显著为1124.824，表示风险投资对战略性新兴专利的产出具有正向作用，风险投资每增加 1 倍，专利产出增加近 1124.824 倍。

对东部地区样本估算结果如下：

$$PA_t = 446.198 + 993.379VC_t$$

$$（446.198）（40.044）$$

东部地区 VC 的系数显著为正（993.379），表示东部地区风险投资对该地区战略性新兴产业专利产出具有正向作用，风险投资每增加 1 倍，该地区专利产出增加近 993.379 倍。

对西部民族地区样本估算结果如下：

$$PA_t = 375.253 + 1253.834VC_t$$

$$（375.253）（45.137）$$

民族地区 VC 的系数显著为正（1253.834），表示民族地区风险投资对该地区战略性新兴产业专利产出具有显著的正向作用，风险投资每增加 1 倍，该地区专利产出增加近 1253.834 倍。

从上述的估算结果可以看出，与东部地区和民族地区平均创新全要素生产率基本一致，民族地区风险投资促进战略性新兴产业技术创新的作用要高于东部地区。

四　结论

本文运用 Malmquist 指数，对比分析了 2009—2011 年东部地区与民族地区风险投资对战略性新兴产业技术创新的全要素生产率，结果发现，从风险投资额以及专利产出绝对值来看，东部地区都要高于民族地区；但从效率来讲，2009—2011 年整体全要素生产率较低，民族地区全要素生产率要高于东部地区；具体来看，在 2009—2010 年，东部地区全要素生产率略高于西部民族地区；而在 2010—2011 年，东部地区全要素生产率却远远低于西部民族地区。进一步通过固定效应模型估算风险投资对各地区战略性新兴产业技术创新促进作用的差异性，得到与 M 指数相同的结果，民族地区风险投资促进战略性新兴产业技术创新的作用要高于东部地区。

通过上述研究发现，发展风险投资，增加该地区战略性新兴产业的技术创新，才能在一定程度上提高东部以及民族地区风险投资促进战略性新兴产业科技创新的效率。首先，政府应当引导风险投资基金进入民族地区。民族地区风险投资总量较小，政府通过设立创业风险引导基金以及给予一定的税收优惠政策聚集民间资本，以扩大该地区风险投资总量。其次，国家应鼓励或在政策上限定风险投资的投资去向。资本具有趋利性，战略性新兴产业目前还处在培育和发展初期，其具有的高风险和投资回收期长的特点使得风险投资转投其他产业，因此，国家应该采取补偿风险等方式降低风险投资机构的投资风险，使更多的风险投资投资于战略性新兴产业。最后，提高风险投资退出回报率，建立多渠道的风险退出方式。风险投资者获取回报的方式是退出投资企业，目前我国风险投资大多以公开上市退出企业，公开上市条件限制较多而且成本也高，而出售或回购方式相对于公开上市要操作简单，因此，我国应该建立以并购为主的交易市场，建立多渠道的风险投资退出方式。

第五章　金融支持战略性新兴产业的国际经验借鉴

通过对美国、德国、日本和芬兰四个国家金融支持战略性新兴产业的现状描述，可以看出这四国对战略性新兴产业发展日益重视。美国作为美洲的代表，最为发达的国家之一，完善的金融体系以及政府相关政策对其战略性新兴产业的扶持力度较大；德国和日本是以银行主导的金融市场体系，德国作为欧洲的代表，在发展新能源以及全能银行支持方面颇有建树；日本作为亚洲代表，中国的邻国，其在新材料和新能源汽车以及主银行制度、中小企业的银行体系建设方面可以被我国民族地区借鉴；芬兰作为北欧的代表，虽是小国但其创新能力位居全球第二，其公私协作金融模式对战略性新兴产业的支持可以为我国民族地区借鉴。

中国在 2009 年全面提出了战略性新兴产业发展战略，根据我国民族地区金融支持七大战略性新兴产业的现状，作为一个欠发达地区，更需要充分吸取和借鉴其他各国在金融支持战略性新兴产业上的成功经验。

第一节　美国战略性新兴产业的金融支持

美国是以市场主导的金融体系，其将战略性新兴产业放在重要的战略地位，出台多项关于战略性新兴产业发展政策并落在实处；美国完备的多层次资本市场体系和成熟的风险投资为其战略性新兴产业发展奠定了坚实的金融支持基础。

一 美国出台政策支持战略性新兴产业发展

从 20 世纪 30 年代全球经济危机之后，美国从汽车制造业为主的经济产业发展到 80 年代以通信和电子配件为主导的产业。从那时开始，美国为了提升在全球范围内的竞争力和影响力，开始全面规划并大力发展高科技产业。进入 20 世纪 90 年代，美国选择了以互联网为主的生物医药产业、信息产业等为主攻方向。而现在，美国正大力支持清洁能源、先进汽车生产技术、纳米技术和先进制造业的推进和发展。

（一）美国出台多项战略性新兴产业发展政策

由表 5 - 1 相关数据可以看出，2008 年由美国次贷危机引起的国际金融危机，使美国开始意识到重振制造业的重要性和紧迫性，重心逐渐从传统制造业开始向高科技产业以及战略性新兴产业倾斜。从 2009 年到 2012 年期间，美国政府颁布的关于重振制造业以及加快发展战略性新兴产业的法案以及总统声明就多达 7 个，可见美国将先进制造业和战略性新兴产业放在了一个极其重要的位置。现阶段，美国战略性新兴产业的着力点主要集中在清洁能源、投资先进汽车生产技术、纳米技术和先进制造业，完成对主要疾病的 NDA 测序，驱动基因测序创新以及发展空间技术和提升应用水平。

表 5 - 1 美国支持战略性新兴产业颁布的相关法案及总统申明

颁布时间	法案名称/总统声明	备注
2009 年 9 月	美国创新计划	文件提出了美国发展创新型经济的完整框架
2009 年 11 月	美国总统奥巴马发表声明：美国经济要推动制造业增长和实行出口拉动计划	增加就业机会
2009 年 12 月	重振美国制造业框架	详细分析了重振制造业的理论基础、优势、劣势、机遇、挑战，并提出了 7 个方面的要求
2010 年 1 月	国情咨文相关条款	为美国企业留在美国本土提供优惠政策
2010 年 8 月	2010 制造业促进法案	构成了美国重振制造业的法律框架

续表

颁布时间	法案名称/总统声明	备注
2011 年 2 月	美国创新新战略：保护我们的经济增长和繁荣	该法案把发展先进制造业、生物技术、清洁能源等作为美国优先突破的领域，位于美国创新金字塔的顶层
2012 年 1 月	国情咨文相关条款	重振制造业、扭转就业岗位外包的情况

资料来源：根据相关资料作者自行整理得来。

（二）美国财政政策大力支持战略性新兴产业发展

由表 5 - 2 可以清楚地看出，2009 年 9 月所提出的"美国创新计划：促进可持续增长和提供优良工作机会"文件提出了美国发展创新型经济的完整框架，这为后来诸多关于先进制造业以及战略性新兴产业的推进及发展奠定了坚实的基础。

表 5 - 2　　美国创新战略：4 个方向、4 个领域、15 个重点方向

科技重点发展方向		产业发展重点	
基础研究	加速器	清洁能源革命	智能电网
	对撞机		节能技术
	超级计算机		风能
	高能光源		太阳能
	纳米材料		生物燃料
能源	可再生能源	先进车辆技术	电动汽车
	提高能源效率		生物燃料
	清洁能源		先进燃烧技术
健康	新的医疗诊断与治疗方法	医疗卫生信息技术	智能抗癌疗法
	医疗记录电子化		智能假肢
	癌症研究		廉价处理放射性废物和有毒化学物质
	大型生物学项目	其他 21 世纪的重大挑战	个性化教育软件
	转化研究		亿亿级超级计算机
气候与环境	减少碳排放		便宜太阳能电池
	气象预报		智能机器人
	空间对地观测		

资料来源：根据相关资料作者自行整理得来。

在《美国创新战略：确保国内经济增长与繁荣》的第二部分，提出了5项新的行动方案，其中明确提出了要加快清洁能源的技术开发。在2012年，美国政府扩大对能源技术方面的预算，建立3个能源创新中心，以应对关键领域的挑战。预算提出对"清洁能源制造税减免"进行了重新授权，同时提供用以研究、开发和部署的资金，使美国2015年有百万辆新能源汽车上路，2035年后国内清洁能源能提供大部分的电力。

2009年的《美国复苏与再投资法案》中，美国政府支持的新能源产业包括能源效率与可再生能源、电力输送与能源可靠性、高能电池、化石能源以及科学这5个项目。在这5个项目中，美国政府拨款对能源效率与可再生能源的支持力度最大，拨款金额高达185亿美元，经费用途都做了详细的说明和解释，目的是将经费尽可能用在新能源以及高新技术产业上。

二 美国金融支持战略性新兴产业发展亮点

(一) 美国完善的多层次资本市场奠定了支持基础

美国股票市场发展较为完善，具有多层次的市场结构，呈现出金字塔形。美国证券市场包括像纽约证券交易所这样的主板市场、区域证券交易所以及场外证券交易行情公告榜这样的三板、四板市场。如图5－1所示。

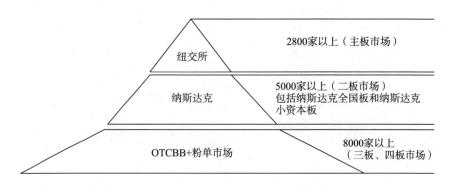

图5－1 美国股票市场层次结构

美国的股票市场为战略性新兴产业提供了大量资金支持，其纳斯达克主要为中小型科技类公司上市挂牌交易，纽交所主要为大型公司上市挂牌交易。到目前为止，许多战略性新兴产业的资金来源于此，美国致力于发展的再生性能源在纽交所选择上市的比率达到97%，融资总规模已达到了31000亿美元，还有大量的中小型战略性新兴企业会选择在纳斯达克挂牌交易，其为培育战略性新兴企业做出了巨大贡献。另外，各个市场之间的转市非常便捷，一般只需要90天就可以完成。

（二）美国成熟的风险投资提供了支持机会

相对于中国刚刚起步的风险投资市场，美国风险投资市场的发展体系比较完善，已成为美国资本市场的亮点。美国的风险投资市场中政府的角色只是提供政策上的支持和鼓励，很少干预风险投资市场，这为风险投资市场创造了宽松稳定的发展环境，这种运作方式的前提条件是，该国的资本市场要相对成熟。

2012年在国际上公认的美国十大风投公司排名见表5-3。通过表5-3的相关数据，在2012年，排名第一的美国风投公司是德丰杰。该公司在2012年全年投资企业总数为132家，平均每季度投资33家；英特尔投资公司排名第三，2012年全年的投资企业总数为81家；美国10大风投企业排名最后的Venrock Associates公司，全年投资企业总数仅为54家，每季度投资企业数平均为14家。

表5-3　　　　美国十大风险投资公司排名排行榜（2012年）

公司名称	全年投资企业总数	每季度平均投资企业数
德丰杰	132	33
New Enterprise Associates	92	23
英特尔投资	81	20
Kleiner Perkins Caufield & Byers	79	20
Polaris Venture Partners	67	17
红杉资本	65	16
U. S. Venture Partners	65	16
Warburg Pincus	55	14
Atlas Venture	55	14
Venrock Associates	54	14

资料来源：根据相关资料作者自行整理得来。

美国的风险投资发展很快，并为战略性新兴企业提供了大量资金，因此，美国90%的风险投资投向了科技型公司，硅谷是风险投资的最大受益者，2005—2012年以来，有100亿美元的风险投资投向了硅谷的新能源产业。2011年美国为3673个项目提供风险投资总金额为284.3亿美元，第四季度中，初创阶段364家企业共融资22.7亿美元，成长阶段222家企业共融资23.6亿美元，这些资金主要投向了软件行业和生物技术产业。其中，2011年New Enterprise Associates所进行IPO的公司数为5个，分别为Groupon、Fusion-io、Clovis Oncology、Boingo、BCD Semiconductor，总投资额为1.35亿美元，获利金额为25.7亿美元。红杉资本在2011年所进行的IPO公司为Jive Software、LinkedIn、奇虎360、网秦共4个，投资额为8300万美元，该年获利金额为15.3亿美元。NEA是美国最大的风险投资基金之一，在新能源领域已经投资了20多家企业，投资总额超过5亿美元。

美国风险投资的迅速发展得到了政府的支持，政府不但通过了大量的促进风险投资发展的法案，而且还在税收方面给予减少，包括减少风险投资收益税等，其将收益税由49%减少到28%和20%，税率降低21%和29%对美国风险投资发展起到了很大的促进作用。

第二节　德国战略性新兴产业的金融支持

一　德国战略性新兴产业选择

德国的工业制造全球闻名，包括汽车、机械、化工等方面，强大的工业基础为其战略性新兴产业选择奠定了基础，其战略性新兴产业涵盖节能环保业、光学技术领域、生物智能业、高端装备制造业、新能源产业和新材料产业。但由于其对能源消费的依赖，该国将战略性新兴产业发展重心放在新能源产业。

（一）德国战略性新兴产业发展方向

德国联邦政府在2010年7月正式通过了《德国2020高技术战略——思想·创新·增长》法案。该法案规定了德国未来战略性新兴领域的5个发展方向（详见表5-4），分别是：气候/能源、健康/营养、交通、安全和通信，通过这5个方向产生了德国2020年高技术战略11项未来规划，以期通过它们带动德国整个社会科技进步和发展。这5个发展方向决定了德国战略性新兴产业的领域，涵盖节能环保产业、光学技术产业、生物智能产业、高端装备制造业、新能源产业和新材料产业。

表5-4　　　　　　德国未来战略性新兴领域的5个发展方向

五大领域	行动计划	对应"未来计划"
气候/能源领域	联邦政府第6套能源研究计划	"二氧化碳中和、能源高效且适应气候的城市""能源供给的智能化改造""可再生原料作为石油的取代物""更多地使用低能耗的网络"
	可持续发展研究的框架计划	
	生物经济框架计划	
	获得核技术领域的能力	
	煤化工技术作为过渡技术	
	非洲气候变化研究和服务中心以及合理的土地管理	
	气候系统研究	
	全方位地球观测	
营养/健康领域	新的医疗研究计划（2010年公布）	"通过个性化医疗，更好的治疗疾病""针对性的饮食，更健康""高龄人士也能自主生活"
	个性化医疗	
	常见病	
	加强预防研究	
	营养研究	
	基因研究/系统生物学	
	保健产业	
	老年病学	
交通领域	第3套交通与交通工程研究计划	"至2020年，100万辆电动车在德国"
	电动车辆	
	未来交通总规划	
	国家航空研究计划	
	国家海运技术总体规划	
	显著降低噪声的道路货物运输的研究和开发项目	

续表

五大领域	行动计划	对应"未来计划"
安全	制订保护现代化民主社会的解决方案	"更有效地保护通信网络"
	发展明晰的能力范围	
	开发抵御危害、保护重要基础设施的民用安全解决方案	
	使德国成为民用安全解决方案的领导市场	
通信	联邦政府 2010 信息通信技术战略	"能源供给的智能化改造""更多地使用低能耗的网络""数字化且便宜地获取知识"
	IT 峰会	
	IT 安全研究计划	
	智能电网	
	智能化事物	
	电子身份	
	嵌入式系统国家路线图	
	通信基础设施	
	卫星通信	
	信息通信技术的专业人员	
	互联特网的文化内容	
	信息通信技术活动方案"云计算"	

资料来源：根据 Ideen. Innovation. Wachstum. Hightech – Strategie 2020 für Deutschland, http：//www. hightech – strategie. de/index. php，作者自行整理得来。

（二）德国战略性新兴产业对新能源的聚焦

由于德国所进口原油高达 97% 以上，所以能源政策成为历届德国政府所关注的焦点。在德国，新能源主要包括德国光伏技术、太阳能产业、风能产业等可再生新能源产业。在全球二氧化碳排放量急剧增加并导致全球气温升高的今天，传统能源产业已经不能满足人们的可持续发展的要求，所以德国从 20 世纪 90 年代就颁布了一系列法案。

德国新能源法案主要包括了 1991 年颁布的电力供应法、2000 年的可再生能源法案、2004 年的优先利用可再生能源法、2009 年的新取暖法案以及 2011 年新修订的可再生能源法案。这些法案主要从财税政策和法律层面来促进新能源产业的开发和应用，包括概念设计和商业化产品开发等方面予以扶持，并且从公司创立直到全球市场扩张等方面都给予财税优惠。通过这些法案的实施，德国的新能源产业发展很快，据统计显示，2015 年德国总用电量的 1/3 是可再生能源，由 2000 年的 6.6% 增长到 2015 年的 33%。

二　德国金融支持战略性新兴产业发展亮点

（一）德国政府财政大力支持

1. 政府资金的直接投入

德国政府对战略性新兴产业投入资金包括研发投入和生产运营投入，其投入量在全球都是相当多的，2011 年，德国政府在新能源的资金直接投入达到了 18 亿欧元。在研发费用方面，德国政府投资了太阳能、风能、光伏、电动汽车等项目的研发，在 2005—2011 年期间，政府投资了 5 亿欧元用于电动汽车研发，陆续投入 9800 万欧元、62 亿欧元、23 亿欧元、2.48 亿欧元用于可再生资源的项目研发以及设备安装。

2. 政府对新能源产业各环节的高补贴

为促进可再生能源的发展，德国给予新能源产业大规模的补贴，在 1991—2015 年期间，德国对新能源产业年补贴额已经超过了 200 亿欧元。由于高补贴额，促进了德国新能源产业的极度发展，但同时也带来了绿电产业的"相对过剩"，因此，德国政府在 2016 年实行了"范式转化"，即改变过去补贴政策过度集中在生产端的弊端，在新能源产业的"发电、送电、储电、用电"等各个环节实行相对均衡补贴关注，保持新能源产业均衡持续发展。

3. 成立基金发展中小企业

德国政府在支持中小企业发展发面做了较多努力，其与银行共同出资成立了支持中小企业发展基金，政府资金以补贴形式注入，该基金对中小企业采取直接投资或者贷款形式进行支持，资助额度在 5%—50%。由于大部分战略性新兴企业处在成长期，中小企业发展基金的建立对其资金支持提供了很大帮助。

（二）德国全能银行的银行信贷支持体系

德国是以银行主导的金融体系，在银行结构方面，具有"全能银行"的美称，功能主要包括贷款服务、资产定价、承销证券、人寿保险等方面，还配备有政策支持以及完备的担保体系，其在战略性新兴产业发展方面发挥了重要作用。

德国的银行信贷体系主要包括专业银行和综合性银行。综合性银行是德国银行的主要组成部分，也属于全能银行，功能齐全。其中，综合性银行又被分为商业银行、储蓄银行和合作银行，商业银行又是全能银行的典型代表，集合了证券业务、银行业务和保险业务，主要为中小企业提供融资服务。

由于德国是银行主导的金融体系，企业上市的不多，主要依靠银行来进行融资，因此，对于战略性新兴产业也不例外，其主要的融资渠道是银行。复兴信贷银行是德国的政策性银行，它在战略性新兴产业的发展中起着重要作用，尤其是对中小型战略性新兴企业。据统计显示，首先，该银行 2009—2012 年期间为新能源产业贷款 525 亿欧元，为节能环保产业贷款 95 亿欧元，这其中为中小型战略性新兴产业贷款达到 400 亿欧元。其次，该行还为新能源产业提供低息贷款，其利率比市场利率低了 50%。最后，银行与企业的关系不止信贷关系，还包括为企业发行证券，持有企业的股票等方面，银企之间的这种关系不但能使企业获得银行长期稳定的资金，还增强了管理层实现企业长期目标的动力。

（三）德国完善的信贷担保体系

担保是银行贷款重要的一个环节，德国的信贷担保体系非常完善，是一种联合担保性质。首先，该国的担保机构由多家组织联合成立，包括行业工会和银行共同组成，可为中小企业信贷总额的 80% 提供担保，信贷担保期间也较长，15 年以内。其次，政府出面成立担保银行，配合担保机构发放贷款，该担保银行的信贷可以获得政府 80% 的再担保，由担保机构和担保银行的配合，以及政府的再担保的保障，德国的信贷担保体系扩大了该企业在其他银行的正常贷款额度。最后，由于该担保银行是非营利机构，获得国家免交所得税的优惠。

第三节　日本战略性新兴产业的金融支持

一　日本战略性新兴产业选择

（一）日本战略性新兴产业的发展方向

日本主导产业演变历经波折，由轻工业到重工业进而转向高新技术产业，每一步的背后都是因素驱动，时至今日，战略性新兴产业已被提上发展议程，顺应科技革命的时代潮流，日本政府主攻高新技术产业和服务业、电子、通信等新兴产业，新兴产业崛起冲击了传统产业，带动产业结构优化升级。日本主导产业的演进见表 5 - 5。目前，日本政府主要发展以下的战略性新兴产业：①与环境技术有关的环保汽车、LED、节能家电；②工程机械技术；③云技术、半导体技术；④太阳能、核能、天然气在内的天然能源技术；⑤生物燃油技术、微生物燃料电池技术；⑥与新材料技术有关的锂离子电池、太阳能电池；⑦载人航天技术。范围之广泛，可见一斑。

表 5 - 5　　　　　　　　　　日本主导产业的演进

时间	日本主导产业
20 世纪 60 年代	轻工业、纺织工业和农业
20 世纪 70 年代	重工业和化工业
20 世纪 80 年代	知识密集型产业
20 世纪 90 年代	高新技术产业、服务业
21 世纪以来	信息通信产业、健康和福利产业、光电子产业、环境和新能源产业

资料来源：本表由笔者整理得来。

由于日本资源匮乏，只有 17% 的能源自给率，因此，金融危机之后，日本将战略性新兴产业重心放在新能源和节能环保产业上。

（二）日本出台多项政策支持重点战略性新兴产业发展

为重点发展新能源与节能环保产业，日本政府打出一系列的政策组合拳，包括财政、税收、信贷等方面的政策，形成系列政策支持体系。日本节能政策体系建立与完善阶段见表 5 - 6。

表 5 - 6　　　　　　　　　　日本节能政策体系建立与完善

时间	日本节能政策体系建设
20 世纪 70 年代	政府规制
20 世纪 80 年代	大型开发计划为主，财税补贴为辅
20 世纪 90 年代	加大对节能领域金融支持
21 世纪	从战略角度加强节能

资料来源：本表由笔者整理得来。

从 1974 年日本制订《阳光计划》开始，到 2010 年的《产业结构展望（2010）》，期间出台了 13 个关于新能源和节能环保产业的发展政策（见表 5 - 7）。

表 5 -7　　　　日本支持战略性新兴产业颁布的相关法案

时间	方案和举措	目标
1974 年	阳光计划	新型环保能源技术，降低对石油的依赖度，开发新能源
1980 年	促进石油替代能源的开发	促进新能源技术开发，环节能源紧张局面
1993 年	新阳光计划	开发新能源技术
1997 年	"天使税收待遇"条例	扶持高科技中小企业，提供税收优惠
2001 年	低公害车开发普及行动计划	普及以天然气和甲醇为燃料动力的汽车、电动汽车、混合动力汽车，制定排污和燃放限定标准
2004 年	新能源产业化远景构想	太阳能和风能发电等新能源技术
2006 年	新国家能源战略	到 2030 年，能源效率提升 30%，石油依赖度降低 10%
2008 年	美丽星球促进计划	节能减排技术
2009 年 3 月	信息技术紧急计划	促进 IT 技术在医疗、行政领域应用
2009 年 4 月	第四次经济刺激计划、新增长战略	发展方向为环保型汽车、电力汽车、低碳排放、医疗护理、太阳能发电、文化旅游等
2009 年 12 月	新经济刺激计划	节能减排、清洁能源
2009 年	新国家能源战略	8 个能源战略重点：节能领先计划、新一代运输能源计划、新能源创新计划、核能立国计划、综合资源确保战略、亚洲能源环境合作战略、强化能源紧急应对和制定能源技术战略①
2010 年	产业结构展望（2010）	十大尖端技术领域在发展战略：机器人、航空航天、生物医药、高温超导、纳米、功能化学、碳纤维、IT 新材料等

资料来源：本表由笔者整理得来。

---

① 田丰：《发达国家战略性新兴产业发展的启示》，《现代商业》2013 年第 14 期。

近年来，日本政府推出"新一代汽车发展计划"，日本四大车企：丰田、本田、三菱、日产以此为契机，不遗余力开发新能源汽车，领先全球。据日本汽车业界团体公布的统计表明，2011 年日本新能源汽车销量同比增 4.8%。由图 5 - 2 可以看出，日本新能源汽车销量节节攀升，特别是 2009 年，日本连续推出革新型蓄电池尖端科学基础研究专项、绿色税制等多项鼓励政策，对购买新能源汽车税收减免，新能源汽车销量大幅增加。

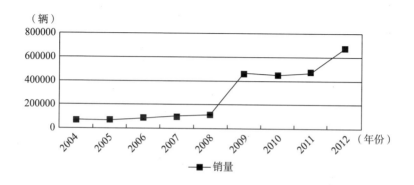

图 5 - 2　2004—2012 年日本新能源汽车销量

二　日本金融支持战略性新兴产业发展亮点

日本为实现战略性新兴产业发展目标，在政府财政、税收、银行信贷等方面给予了大力支持。

（一）日本政府财政对重点战略性新兴产业大力支持

日本政府财政对战略性新兴产业的支持表现在政府资金的直接投入、税收减免和政府补贴等方面。

1. 政府资金的直接投入

日本致力于发展新能源和节能环保产业，因此，对这两大产业的政府资金直接投入力度最大，投入的领域包括：技术推广占 58%，技术开发占 26%，实证实验占 16%①。政府直接投入的资金来源主要包括日本中央政府和日本地方政府，在 20 世纪 90 年代两者的比例是 2:3，

---

① 曹玲：《日本新能源产业政策分析》，硕士学位论文，吉林大学，2010 年，第 78 页.

从 1994—2004 年期间，日本政府对新能源的直接投入增加了 236.7%；在节能环保产业方面，日本除在国家预算内安排专门资金外，还通过资源能源厅对该产业进行直接投入，2006 年通过该途径投入资金 4.76 亿美元；在新能源汽车方面，日本早在 1965 年就开始投入研制电动汽车，1971 年投入 200 亿日元研究燃料电池，1993 年日本投入 140 亿日元建设快速充电站，2006 年投入 232 亿日元用于燃料电池技术开发和实验，2009 年日本预计 7 年内投入 210 亿日元用于蓄电池尖端技术研究。

2. 政府对重点战略性新兴产业的税收减免和补贴

日本政府除了对新能源、节能环保以及新能源汽车给予直接资金投入外，还采取了税收减免和财政补贴政策。在税收减免方面，日本政府在节能设备投资和绿色汽车购买时给予税收优惠，包括企业节能项目免除 6% 的所得税同时，还给予购买节能设备时资本额 7% 的免除，2009 年 4 月日本政府购买绿色汽车时开始实行"绿色汽车税制"，最高给予 75% 的减免税政策，2009 年 6 月为了鼓励绿色汽车消费，又制订了"新一代汽车"计划，个别汽车享受 50% 车税减免，特殊汽车可享受新车 100% 的重量税和取得税。

日本政府对新能源产业采取了很多财政补贴，在 2003—2010 年期间共发放新能源补贴达到 2600 亿日元。从 2009 年开始，日本政府加强了新能源汽车的补贴，补贴政策主要包括换购补贴、政府购车补贴、混合动力车补贴和私人购车补贴，本年度财政补贴达到 3700 亿日元。新能源汽车详细补贴说明在表 5 - 8 中，可以看出，日本对新能源汽车的补贴方式多样，补贴额度之高。

表 5 - 8　　　　　　　　　　本新能源汽车补贴详细说明

补贴政策	日本新能源汽车补贴细则
换购补贴	消费者购置一辆混合动力车平均可以得到 25 万日元的补贴，前提是在更换使用的旧车达到 13 年以上
政府购车补贴	所有政府机关全部使用"低公害车"、地方团体或企业法人购置"低公害车"都会有相应现金补助，补助额最高可以达到同等级普通汽车价格差额的 1/2 或者车辆价格的 1/2

续表

补贴政策	日本新能源汽车补贴细则
混合动力车补贴	在日本国内，丰田普锐斯的售价在 200 万—300 万日元（相当于人民币 20 万—30 万元，目前普锐斯在国内售价在 30 万元左右），但日本政府给予消费者 20 万日元的补贴（相当于人民币 2 万元左右）
私人购车补贴	在日本，私人购买电动车，政府补助电动车与燃油车价格差额的一半平均约 78 万日元（约合 6 万元人民币），地方政府也相应追加补贴如横滨市就再补助 100 万日元（约合 7.8 万元人民币）

资料来源：本表由笔者根据《新能源汽车行业研究报告（2012）》整理得来。①

（二）日本以银行为主导金融体系的支持基础

日本是以银行为主导的金融体系，银行体系是日本战略性新兴产业的主要资金来源，跟德国相似，日本银行和企业之间的关系也比较密切，政府规定银行可以持有企业的股份（5%），这为战略性新兴产业提供了长期稳定的资金保障。

1. 商业银行和政策性银行对战略性新兴产业的双重保驾

日本的银行体系主要包括商业银行体系和政策性银行体系，两者在战略性新兴产业发展中起着重要作用。日本商业银行体系既包括三进住友银行、瑞穗银行和三菱 UFJ 银行的三大银行，也包括中小型金融机构。2008 年，三进住友银行不仅自身为新能源产业融资 2.1 亿欧元，还由其牵头进行群融资，为太阳能电厂融资 5.2 亿欧元；瑞穗银行也为新能源和环保产业进行多次融资，2009 年为 2238 个项目提供资金支持，共提供资金 1368.39 亿日元，2010 年为 2707 个项目提供资金支持，共提供资金 1400.36 亿日元，可见，资金支持呈上升趋势。日本中小型商业银行主要针对中小型战略性新兴企业提供资金，通过建立地方银行和第二地方银行协会加盟等方式对接中小企业融资。

日本政策性银行在 20 世纪 50 年代就已经成立，主要有日本输出银行、开发银行、商工组合中央公库、国民金融公库、中小企业金融公库，日本政策性银行以低息、优惠贷款期限和贷款条件支持企业科技

---

① 本表根据《新能源汽车行业研究报告（2012）》整理而来。

创新。

日本政策性银行中更具特色的是政策金融公库，旨在为中小企业提供中长期贷款。2008年10月1日，国民生活金融公库、中小企业金融公库、农林渔业金融公库和国际协力银行的国际金融部门四大金融机构合并成立了日本政策金融公库，日本金融公库由日本政府提供100%的资金支持，日本政策金融公库资金来源于政府专项拨款和依靠借贷资金的财政投资融资体制，当小企业信用额度较低拿不到贷款时，政策金融公库为其提供担保，解决中小企业资金需求。这些贷款的特点是利息低、周期长、稳定充足、信用好，一般来说都是3—5年的中长期贷款，一方面弥补民间金融借贷的不足，另一方面为中小企业提供信用担保解决融资难的问题。日本政策金融公库资金来源和运作如图5-3所示。

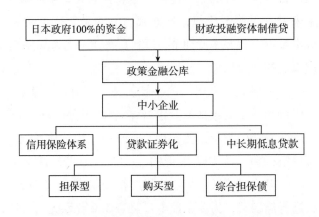

图5-3　日本政策金融公库资金来源和运作

2. 建立主银行制度为大型战略性新兴企业提供长期稳定资金

日本新兴产业发展外部融资主要来源于银行，大型企业为获取长期稳定资金，可以由一个实力雄厚的主银行牵头，联系其他银行，为大型企业服务，这就是主银行制度。2008年，三进住友银行联合其他银行为太阳能电厂群融资就是主银行制度的体现。由于战略性新兴产业发展需要科技创新，资金需要额度大、周期长，主银行制度不但能满足大型战略性新兴企业资金需求，还相应地分散了各个银行的风险。

第四节　芬兰战略性新兴产业的金融支持

一　芬兰战略性新兴产业选择

享誉"千岛之国""千湖之国"的芬兰，早在 20 世纪 70 年代就确立其主导产业为电子信息业，几十年来，重视教育、技术创新的芬兰科研支出仅次于美国和日本，位居第三，这益于芬兰企业、大学、研究机构三位一体科技创新体制，为芬兰的战略性新兴产业铺就康庄大道。作为北欧小国，地处北欧、气候寒冷能源资源匮乏，芬兰政府通过制定一系列的政策和战略，公私协作式金融支持技术创新，才使得芬兰创新力在目前保持全球第二，这种金融模式也为我国战略性新兴产业发展提供了很好的借鉴。

（一）芬兰战略性新兴产业发展方向

根据表 5 – 9 的芬兰主导产业发展历程可以看出，芬兰的主导产业从 20 世纪 50 年代的现代造纸业、造纸机械业，在经历了 60 年代的现代造船业、先进装备制造业，70 年代的电子信息业，80 年代的信息通信业，90 年代的高科技产业，进入 21 世纪，芬兰的主导产业转变为以新能源、环保为主的战略性新兴产业。

表 5 – 9　　　　　　　　　　芬兰主导产业发展历程

时间	主导产业
20 世纪 50 年代	现代造纸业、造纸机械业
20 世纪 60 年代	现代造船业、先进装备制造业
20 世纪 70 年代	电子信息业
20 世纪 80 年代	信息通信业
20 世纪 90 年代	高科技产业
21 世纪以来	以新能源、环保为主的战略性新兴产业

资料来源：笔者自行整理而来。

（二）芬兰出台多项政策支持战略性新兴产业发展

通过表 5 – 10，可以看出芬兰从 1886 年至今，出台了 14 部关于先

进制造业和战略性新兴产业的相关法案。比较著名的有 1992 年的投资
32 亿由于环保技术研究开发主要用于大气、水、废物管理的法案；
2003 年的可再生能源国家行动计划，将可再生能源的使用再提高 30%。
这些法案的颁布，对芬兰的产业发展具有一定的导向性，能加快芬兰从
传统制造业转型为战略性新兴产业。

表 5 –10　　　芬兰出台关于战略性新兴产业发展政策和方向

时间	政策	目标
1886 年	森林法	保护森林资源
1970 年	建立国家研究与发展基金	支持中小型高科技企业
1977 年	建立芬兰独立庆典基金	保障重要课题的科研经费
1983 年	建立技术发展中心	资助企业开发高新技术
1985 年	建立科学商务园区	引进市场机制，转化科技成果
1992 年	投资 32 亿由于环保技术研究开发	投资主要领域大气、水、废物管理。
1995 年	建立国家环保中心和 13 个地区环保中心	加强环境监测
2000 年	环境保护法	保护环境
2002 年	建筑物节能新标准	新的建筑物的墙体必须要有绝热层，以改善房子的保温效果
2003 年	可再生能源国家行动计划	将可再生能源的使用再提高 30%，这意味着到 2010 年，生物能源的发电量将占到芬兰整个电力消费的 31.5%
2005 年	能源企业富腾公司（Fortum）兴建了世界上第一座专门生产生物柴油的加工厂	计划以植物油和动物脂肪为原料，生产高质量的柴油供应供以柴油为燃料的机动车辆使用，还可减少废气排放量
2008 年	气候与能源战略	到 2020 年，将以生物能源、水利、风能、地热等可再生能源占能源总消耗的 38%
2012 年	投资 3000 万至 4000 万欧元设立首个生物燃煤颗粒发电厂	年产生物碳颗粒 20 万吨，可以替代热电联产电站一半的燃煤用量
2014 年	新气候法于 2015 年开始实施	到 2050 年，将在 1990 年水平上至少减少 80% 的温室气体排放

资料来源：笔者自行整理而来。

二　芬兰公私协作式金融支持战略性新兴产业发展亮点

芬兰资源相对匮乏，因此，在发展战略性新兴产业方面并没有采取美国市场资源配置方式，而是以政府资金引导私人资本，扶持战略性新兴产业的发展。

（一）芬兰国家技术创新局带动私人资本投资战略性新兴产业

芬兰国家技术创新局是国家和企业合作的主导者，是政府成立的机构，致力于创新科技产业，给予专项研发补贴，促进科技成果的研究与保护。这一政府机构的设立，对芬兰的战略性新兴产业具有非凡的意义，其资金主要用于研发支出，33%的资金用于全国研发，67%的资金比例用于企业研发，其中2/3的资金又用于中小型企业的研发。近年来该机构对于创新科技企业的拨款逐年上升，芬兰统计局最新数据表明，2013年芬兰用于研发支出约20.016亿欧元，占政府总支出的比例为3.8%。该机构对研发的巨大投资带动了私人资本投资的积极性，这种公私协作的投资模式不但可以使成果快速转化，还可以促进中小型企业的发展。

在国家技术创新局专项支持下，芬兰目前建有两大科技园：图尔库科技园和赫尔辛基科技园。依托毗邻大学的地理优势，犹如美国硅谷，芬兰科技园不仅是发展新兴产业的孵化基地，也是培养创新科技人才的摇篮（见表5-11）。

表5-11　　　　　　　　芬兰两大科技园介绍

科技园名称	主要研究领域	地位
图尔库科技园	制药、生物技术、通信工程	芬兰医药产业的主要集中地
赫尔辛基科技园	生命科学技术、食品加工、分子生物	欧洲第二大生命科技研究中心、欧洲研究领域最宽生命科学研究基地

资料来源：笔者自行整理而来。

芬兰国家技术创新局对科技园支持的具体措施如表5-12所示，采取的是公私联合模式，政府投入40%的资金，企业投入60%的资金，支持范围包括科技成果评价保护和企业孵化补贴，支持的形式是拨款和低息贷款。

表 5－12   芬兰国家技术创新局对科技园支持

政策	具体措施
投资技术研发	政府投入 40%，企业投入 60%
科技成果评价和保护	申请国际专利、制订新型保密合同
企业孵化补贴	企业入驻门槛低、政府专项基金支持

资料来源：笔者自行整理而来。

（二）芬兰建立公共基金架起科技转化的桥梁

芬兰通过政府大部分出资建立芬兰发明基金会和 LIKSA 基金等，资金来自于芬兰政府财政。芬兰发明基金会主要是为技术创新人员提供咨询、评估和专利申请服务，促进技术发明和转化，每年经费预算为500 万美元，提供支持方式为直接拨款、贷款和补助；LIKSA 基金主要是促进技术创新商业化，资助有市场前景的创业计划书，为培育战略性新兴企业提供第一笔起步资金。

（三）芬兰国家研究发展基金为战略性新兴产业提供风险投资

国家研究发展基金是芬兰建立的旨在促进科技成果转化的公共基金，其由芬兰政府成立，每年安排财政预算，其资金运作来源于捐赠和风险投资的报酬，1982 年之后，国家研究发展基金专注于风险投资，也是最大的风险投资基金，主要是建立种子基金和发放基金启动费，投资领域为新兴企业和微型企业，支持小型企业发展。在国家研究发展基金的带动下，芬兰的风险投资得到快速增长，资金增长了 10 倍之多，私人资本参与风险投资迅速增加，并且 33% 的风险投资领域为信息技术领域，促进了芬兰信息技术行业的蓬勃发展。

第五节　战略性新兴产业的金融支持国际比较与启示

一　国际比较

美国、德国、日本和芬兰战略性新兴产业发展以及金融对产业发展的支持既有相似的地方，也有各自的特色。

（一）各国战略性新兴产业发展比较

首先，在战略性新兴产业发展方面，美国、德国、日本、芬兰都根据各自经济发展的战略需要确定了战略性新兴产业的发展方向，在能源缺乏和环境污染的大环境下，各国都把战略性新兴产业发展的重点放在新能源产业、环境保护产业以及新能源汽车产业方面，并且美国、德国、日本、芬兰等国都出台了相关政策鼓励新能源产业、环境保护产业以及新能源汽车产业的大力发展。

其次，各国在战略性新兴产业发展方面还是有所差别，表现出阶段性差异。美国从2009年开始加快发展战略性新兴产业，现阶段，美国战略性新兴产业的着力点主要集中在清洁能源、投资先进汽车生产技术、纳米技术和先进制造业，完成对主要疾病的NDA测序，驱动基因测序创新以及发展空间技术和提升应用水平；德国2010年7月正式通过了《德国2020高技术战略——思想·创新·增长》法案，规定了德国未来战略性新兴领域的5个发展方向分别是：气候/能源、健康/营养、交通、安全和通信，现阶段，德国大力支持新能源产业的发展；日本一直致力于新能源产业的发展，现阶段重点发展新能源汽车产业；芬兰战略性新兴产业发展重点由1970年的电子信息产业转变为目前的新能源和节能环保产业。

最后，专注发展有利于美国、德国、日本、芬兰在战略性新兴产业方面取得的辉煌成绩。目前，美国引领着新能源技术革命，是全球新能源的巨头，预计到2020年其新能源自给率将达到85%以上；德国主要专注于太阳能、风能、水力、生质能等可再生能源，目前，这些可再生性能源总供电量达5500万千瓦，达全德国总用电量的87%；2012年日本新能源汽车销量466.2万辆，混合动力汽车在全球市场上占据主导地位；芬兰国家虽小，但其致力于企业科技创新上的表现让芬兰目前的创新力位居全球第二的位置。

（二）金融支持战略性新兴产业发展的各国比较

首先，美国、德国、日本、芬兰在战略性新兴产业的发展中都有政府财政资金的大力支持。政府财政支持的方式大都采用直接投入资金、低息贷款、财政补贴、税收减免以及政府投入建立引导基金等形式，但是支持额度不同、侧重点也不同，低息的利率也不同，而且政府财政支持所带动私人资本对战略性新兴产业的投资效应也不相同。

其次，在市场金融支持战略性新兴产业发展方面，金融体系的不同导致美国、德国、日本、芬兰所采取的支持方式也有差别。美国和芬兰是市场金融占主导地位的金融体系，特别是美国，有完善的多层次资本市场，包括主板、二板、三板和四板市场，各个板块之间的转板机制比较完善，转板时间也较短，再加上成熟的风险投资市场，美国战略性新兴产业的发展大多依靠市场金融的支持。目前，芬兰和瑞典组建了OMX 公司后，为国际资本进入芬兰资本市场提供了一个交易平台，因此，国际化的证券交易平台为发展壮大中的战略性新兴产业发展提供了资金支持；德国和日本是以银行为主导的金融体系，因此，在战略性新兴产业的支持方面，银行表现出了强大功能。

最后，各个国家在金融支持战略性新兴产业发展方面展现了自身特色。虽然美国和芬兰是市场性金融占主导地位的金融体系，德国和日本以银行为主导的金融体系，但每个国家根据自身金融体系特点表现出了各自支持特色。美国依靠完善资本市场和成熟的风险投资，在支持战略性新兴产业发展方面表现出以市场性金融为主导，政府财政支持为调控手段的模式；德国由于具有全功能银行的美誉，在支持战略性新兴产业发展方面表现出以政策性全能银行为主导的模式；商业银行和政策性银行对战略性新兴产业的双重保驾是日本金融支持战略性新兴产业发展的主要模式；芬兰国家较小，采取的是以政府资金引导私人资本，公私协作式金融支持战略性新兴产业发展的模式。

二 对我国民族地区的启示

（一）战略性新兴产业发展方面

1. 依据各地区资源优势确定战略性新兴产业主要发展方向

在上述案例分析中可以发现，美国、德国、日本在重点战略性新兴产业发展上都选择了自己的主导产业，美国和德国依据本国能源消费依赖程度重点选择了新能源产业，日本选择了新能源汽车，关注新一代汽车计划，目前这些国家新能源产业和新能源汽车产业在全球领先的原因在于：他们依据自己的资源优势或未来急需的资源选择了重点发展的战略性新兴产业。目前，我国民族地区依据国家政策都制定了本地区的战略性新兴产业发展方向，一般都不少于 7 个方向，但是在民族地区资源和精力都有限的情况，应该重点选择 1—2 个领域作为主攻方向，并且选择的方向一定是本地区有能力发展而且是急需的战略性新兴产业，不要盲目发展，造成产能过剩。

2. 提高自主创新能力是民族地区发展战略性新兴产业的核心

第二次世界大战后芬兰和美国能把产业做到世界领先地位，主要依靠科技创新，科技创新的核心是自主创新。战略性新兴产业发展需要科技创新，而且这个技术创新还是其他地区不能模仿和复制的。目前，我国民族地区在有些战略性新兴产业发展方面面临着技术创新问题，由于外购技术成本高、更新快，而且依赖于外部因素，因此，如果依赖外部技术创新的战略性新兴产业往往出现不能持续发展的局面，这在内蒙古等民族地区的光伏产业发展中表现非常明显。但是如果民族地区自主创新能力强，那么依赖这个技术的战略性新兴产业在技术创新上不但能够领先，而且还能降低成本。因此，提高自主创新能力是民族地区发展战略性新兴产业的核心要素。

3. 政产学研高度结合，强化科技成果转化

芬兰的科技园依托高校，在国家技术科技局的桥梁作用下，将科技咨询、研发、成果转化联系起来，加快了科技园的科技转化效率。因此，我国民族地区应以政府为主导，以大学和企业为抓手，将政产学研高度结合，在政府制定的合理政策下，让高校、研究院所和企业都参与到技术研发和科技成果转化中来，提高民族地区的自主创新能力，为战略性新兴产业发展提供技术支撑。

4. 制定并实施完善的战略性新兴产业配套政策

在美国、德国、日本和芬兰战略性新兴产业发展中，政府制定了相关的产业发展政策、技术创新政策和金融支持政策，这些政策的制定为战略性新兴产业发展提供了有力制度保障，除了制定政策之外，实施政策也是关键。我国民族地区按照国家发展战略性新兴产业的相关政策规定，也相应地制定了相关配套政策，但是目前我国民族地区制定的战略性新兴产业相关政策缺乏自己特色，而且落实政策的力度也不大。因此，我国民族地区应根据国家相关发展政策，在此基础上制定操作性强的实施细则，并且落实到位。

（二）金融支持方面

1. 政府财政资金对战略性新兴产业的投入

纵观美国、德国、日本和芬兰，其新能源、节能环保、新能源汽车产业的快速发展离不开政府的大力支持，不但投入的方式多种多样，包括研发投入、财政补贴、税收减免以及发展基金的成立，而且德国和日本近期很注重产业发展的各个环节的投入，以达到该产业的均衡发展。在调研过程发现，我国民族地区财政资金对战略性新兴产业投入还很少，主要有内蒙古光伏产业的电价补贴，最近开始了新能源汽车购置补贴，而且对于民营中小型企业几乎没有关注，造成了民营中小型战略性新兴企业很难发展壮大。因此，加大政府对战略性新兴产业的资金投入，特别是对产业各个环节链的均衡投入对我国民族地区尤为重要。

2. 政策性银行和担保体系对中小型战略性新兴企业的作用

德国银行具备信贷、证券、保险等多重功能，并且银行还可以作为企业的股东保证资金的长期稳定。其政策性银行和担保体系对中小型战略性新兴企业融资所做的贡献值得我国民族地区学习。我国民族地区战略性新兴产业发展还处在起步阶段，规模还不大，大部分战略性新兴企业都属于中小型企业，资金短缺最为明显，如何解决银行"嫌贫爱富"的毛病，建立起由地方政府联合的信贷担保体系是目前民族地区需要借鉴的地方。

3. 中小型战略性新兴企业需要风险投资

美国对战略性新兴产业支持的一个特点就是成熟的风险投资，风险投资对美国战略性新兴产业发展功不可没。我国民族地区中小型企业较多，特别是对于战略性新兴产业，由于具有新兴性，该类产业的企业规模都比较小，因此，在主板和二板市场上融资很难，银行也具有嫌贫爱富的特点，特别需要风险投资的资助，因此发展风险投资，特别是建立政府引导的风险投资基金在当前阶段显得尤为迫切。

4. 多层次资本市场为大中型战略性新兴产业发展助力

美国的资本市场很发达，既包括为大型企业提供交易和融资平台的证券交易市场，也有为中型企业提供交易和融资平台的场外交易市场，更有为各个州小型企业提供交易平台的地方柜台交易市场，而且各个板块之间的转板机制很健全，完备的多层次资本市场支持体系为美国大中小型战略性新兴企业提供了资金支持，待中小型战略性新兴企业发展壮大后，可根据相应条件转板到证券交易市场，不论企业规模大小、行业性质如何，都可以获得上市的机会，交易比较灵活。完善我国多层次资本市场支持体系是国家层面考虑的事情，国家应该做好统筹规划和顶层设计，对于民族地区而言，应该多建立一些区域性交易平台，扶持中小型战略性新兴企业发展，等达到一定规模，可以转换到二板和主板市场。

5. 我国民族地区战略性新兴产业金融支持应该借鉴公私协作金融模式

芬兰国家虽小，但以政府资金建设科技园、科技局以及公共基金，并且由政府资金带动私人资金对科技创新投入，这种杠杆撬动值得我国民族地区学习借鉴。我国民族地区经济发展比较落后，在民族地区政府财力较弱的情况下，应该以政府资金撬动社会资本，发挥社会资本投资战略性新兴产业效应。

第六章　民族地区战略性新兴产业的金融支持体系和路径创新

民族地区战略性新兴产业的发展和完善，不仅需要企业本身的科技创新，更需要金融的大力支持。自从 2010 年国家发布《国务院关于加快培育和发展战略性新兴产业的决定》并确定了七大战略性新兴产业之后，民族地区根据自身情况大力发展战略性新兴产业，各地区都出台了战略性新兴产业发展相关政策，经过近几年的发展，民族地区重点战略性新兴产业已初具规模，呈现区域集聚的发展格局，并已形成一批具有特色的战略性新兴产业基地和产业链。但由于民族地区金融支持战略性新兴产业存在着资金供给不足、来源渠道单一、政府资金引导不足、风险投资支持缺位、支持效率不高等现象，造成民族地自主创新能力不足、战略性新兴产业目前体量太小、企业规模不大、增长速度放缓、产业间和区域间发展不均衡、各地区重点发展的战略性新兴产业没有差异化等问题。本章通过构建民族地区战略性新兴产业金融支持体系、创新金融支持战略性新兴产业的路径、加强金融支持战略性新兴产业的保障措施，以期解决民族地区战略性新兴产业发展中金融支持问题。

第一节　民族地区战略性新兴产业的金融支持体系

一　构建民族地区战略性新兴产业金融支持体系的思路

民族地区战略性新兴产业发展的过程中，金融支持作用能不能得到有效地发挥，主要取决于两个因素，一是民族地区经济发展的环境以及该地区战略性新兴产业的发展状况；二是民族地区战略性新兴产业发展的金融支持体系本身的完善程度，有没有提供专门针对不同区域的不同类型的战略性新兴产业发展的金融服务。上述的两个因素是相互影响、相互作用的，它们对民族地区金融支持战略性新兴产业的力度强弱和效率高低有很大影响。因此，金融支持体系、创新的金融支持路径以及支持的保障措施是提高民族地区战略性新兴产业金融支持力度和效率三个环节，而金融支持体系是三个环节中的基础，是首先要解决的问题。

目前，由于民族地区整体经济发展落后于中部和东部地区，而且民族地区之间的经济发展水平也不均衡，战略性新兴产业间和区域间发展参差不齐，再加上民族地区金融支持体系也滞后于中部和东部地区，因此，建立适合民族地区战略性新兴产业的金融支持体系显得尤为重要，这不仅需要在战略性新兴产业发展的不同时期关注民族地区金融自身建设，还需要关注民族地区金融支持体系的运行以及提高金融对战略性新兴产业的支持效率。

因此，构建民族地区战略性新兴产业金融支持体系，必须把市场性金融和政策性金融结合起来，围绕以下思路进行：一是金融机构的调整，调整金融机构的增量和存量，实行有差别的政策性金融；二是进行金融市场体系建设；三是针对不同区域不同战略性新兴产业，进行金融工具和金融政策创新；四是进行金融体制改革，更好地为民族地区战略性新兴产业发展服务。

因此，从金融功能的角度来看，需要从金融环境完善、制度创新、技术创新以及供给结构优化四个方面来推动金融对民族地区战略性新兴产业发展的支持。从金融支持体系的构成主体来看，民族地区金融支持战略性新兴产业发展的构成主体主要包括股权投资、金融机构和资本市场，它们在政策性金融引导下，经过多层次股权投资市场、多层次信贷市场和多层次资本市场的相互协调和完善，形成有针对性的、有效的和多层次的民族地区战略性新兴产业发展的金融支持体系。

二 构建民族地区战略性新兴产业金融支持体系的原则

（一）提高金融支持效率和降低金融风险为核心原则

金融支持战略性新兴产业的终极目标是提高支持效率，途径是通过制度创新、技术创新以及供给结构优化，但是在金融工具和金融组织创新的过程中会产生金融风险，因此，在构建民族地区战略性新兴产业金融支持体系时要权衡效率和风险，要求我们在引进或创新金融工具、金融组织和金融制度时要考虑民族地区实际情况，考虑民族地区的经济环境、政治环境和文化环境，提高金融支持效率的同时降低金融风险，保证金融安全。

（二）统筹兼顾和针对性相结合原则

金融对民族地区战略性新兴产业发展的支持具有特殊性，我们既要考虑到战略性新兴产业发展对民族地区区域经济的影响，也要考虑某一个特定民族地区内部经济的影响；要考虑金融业自身的经济效益和对战略性新兴产业支持效率，既要考虑国家产业的发展战略，又要考虑民族地区优势产业的具体目标，既要考虑到民族地区各地区战略性新兴产业发展的均衡性，又要考虑民族地区各个地区战略性新兴产业发展的特殊性，因此，在民族地区金融对战略性新兴产业发展的支持过程中，不但要针对性地实行各种措施，更要兼顾到企业、社会和金融机构的利益。

（三）坚持政策性金融和市场性金融相结合原则

民族地区战略性新兴产业规模小，而且金融支持效率也低于东部地区，如果完全依靠市场来配置金融资源，资金很难流向民族地区战略性新兴产业。因此，民族地区在完善战略性新兴产业金融支持体系时，应侧重于政策性金融的大力引导。在战略性新兴产业培育和发展初期，政策性金融的支持主要体现在引导资金流向民族地区战略性新兴产业，推动产业发展规模水平；在战略性新兴产业升级期，该产业已日趋成熟，需要技术创新实现产业升级，因此，该阶段政策性金融的支持主要体现在政策引导资金实现战略性新兴产业的技术创新。但是，市场性金融仍然是金融资源配置的基础，在战略性新兴产业培育和发展期，市场性金融的支持主要体现市场性金融资源的首次优化配置和二次优化配置，将资金配置到民族地区战略性新兴产业，推动该产业发展规模水平；在战略性新兴产业升级期，该产业已日趋成熟，需要技术创新实现产业升级，因此，该阶段市场性金融的支持主要体现市场性金融资源的三次优化配置，将资金配置到战略性新兴产业的技术创新中来，以实现民族地区战略性新兴产业的升级。

（四）金融支持体系与战略性新兴产业周期相匹配原则

战略性新兴产业周期包括培育、发展和升级等环节，民族地区战略性新兴产业仍然处于培育和发展阶段，因此，在构建金融支持体系时要从金融环境、金融制度、金融技术等方面多考虑民族地区战略性新兴产业发展阶段。一般来说，处于培育期的战略性新兴产业，需要技术研发和市场开拓，这个阶段需要长期资金的支持，但由于这个阶段的产业规模小、风险大，商业银行一般不会考虑，也不能通过上市和发行债券的方式融资，因此，培育期的战略性新兴产业需要天使投资、风险投资、民间借贷及小额贷款，更需要政策性金融的支持；处于发展期的战略性新兴产业，新产品已进入市场推广，因为要发展，所以需要大量的资金投入，这个阶段的产业可以考虑资本市场的创业板、中小企业板和新三板融资，还可以采用商业银行信贷模式。因此，民族地区金融支持战略性新兴产业发展的措施更多地考虑处在培育期和发展期的企业。

三　构建民族地区战略性新兴产业金融支持体系的总体框架

要实现金融有针对性地、有效地、多层次地对民族地区战略性新兴产业发展的支持，就需要构建有特色的民族地区战略性新兴产业发展的金融支持体系。我们遵循上述的思路和原则，构建的金融支持体系如图6-1所示，包括金融环境体系、金融供给体系、金融服务体系和金融制度体系。

（一）金融环境体系

民族地区金融支持战略性新兴产业发展的作用是否能够发挥，支持是否高效率，一是取决于民族地区金融支持体系本身的完善程度，二是民族地区金融支持体系的运行环境，两者之间相互影响，因此，必须将金融运行环境纳入民族地区金融支持体系中，并且将金融环境体系作为金融支持体系的基础性内容。即，民族地区战略性新兴产业金融支持体系要想有效运行，需要一个健康安全的金融环境体系。

按照广义的定义，金融环境的内容包括与金融业生存、发展和运行紧密相关的经济、文化、法律和市场环境等的总称，由于民族地区的特殊性，该地区具有自身特色的经济环境、文化环境、法律环境和市场环境。

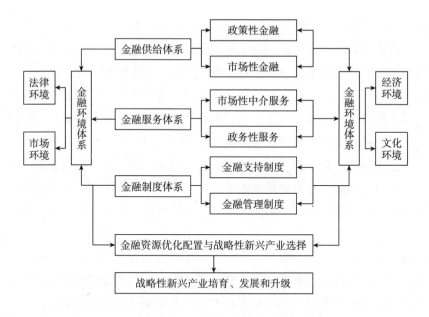

图6-1 民族地区战略性新兴产业的金融支持体系

第一，金融运行需要一个良好的经济环境，民族地区产业结构的调整、产业布局的优化、现代企业制度的建立以及经济市场化程度的提高都是经济环境体系的重要组成部分。第二，规范的法律环境不仅是市场经济发展的基石，也是民族地区金融环境优化的本质要求，具体包括经济发展、产业发展，以及金融相关的法律、法规和政策。第三，社会文化环境是法律环境的补充，它包括民族地区的社会风俗和习惯、价值观念、信仰以及行为方式等，它影响着企业的经营模式、对融资的需求和特点。第四，民族地区金融市场环境体系建立的前提是理顺企业、政府、市场三者之间的相互协调发展关系，在以市场为主导的金融体系中，就是要建立市场机制，使企业、金融机构、信用机构、担保机构，以及政府都要遵循市场发展的内在规律，结合民族地区的特点，调整金融结构，创新金融工具，完善金融服务，实现金融与战略性新兴产业的高度融合。

（二）金融供给体系

金融供给体系是民族地区金融支持体系的主体和核心要素，多层次的金融供给体系可以解决战略性新兴产业从何处融资的问题，这是金融支持方式和支持效率的基础。

首先，构建民族地区金融支持体系按照普适性用原则，采用政策性金融体系和市场性金融相结合的方式。其次，根据民族地区金融支持战略性新兴产业的问题和国外案例借鉴，民族地区金融支持体系要以政策性金融的大力支持为引导，市场性金融体系作为支持战略性新兴产业发展的基础，政策性金融支持主要是政府通过直接或间接的手段进行干预，引导金融资源向民族地区战略性新兴产业倾斜；市场性金融支持是指通过市场性金融资源的初次优化配置、二次优化配置以及三次优化配置以支持民族地区战略性新兴产业的培育、发展及升级。最后，多层次的金融支持体系包括：以资本市场为主体的直接融资体系，以及以银行信贷为主体的间接融资体系，其中，以资本市场为主体的直接融资体系包括多层次股权投资市场和多层次的证券市场，多层次的股权投资市场包括天使投资、风险与私募股权投资，证券市场包括股票市场、债券市场以及产权交易市场，而股票市场又包括主板市场、中小板、创业板及三板市场。以银行信贷为主体的间接融资体系包括信贷体系和担保体系，信贷体系又包括商业银行、政策性银行、民间借贷以及小额贷款公司，担保体系包括信用担保和互助性担保。

（三）金融服务体系

金融供给体系对战略性新兴产业的支持作用需要金融服务体系配合实施，通过市场中介提供完善的服务、对金融业务的协调服务等方面，配合金融供给体系加大对民族地区战略性新兴产业的金融支持力度，来提高金融支持效率。因此，金融服务体系是民族地区战略性新兴产业金融支持体系的重要支撑，包括健全服务类型和提高服务质量。在金融服务体系中，首先，需要在民族地区建立健全市场性中介服务机构，包括担保机构、评级机构、会计师事务所、律师事务所、信息咨询机构，这些机构在民族地区战略性新兴产业选择和融资过程中提供信息、会计、审计、评级、担保服务。其次，民族地区战略性新兴产业的金融支持还需要政务性服务，包括政府行政事业单位（发改委、财政厅、税务局等部门）在民族地区战略性新兴产业金融支持过程中的协调和引导服务。

（四）金融制度体系

任何体系的运行都需要制度进行保证，金融支持体系也不例外，金融制度体系是金融供给体系和金融服务体系的保障，对于民族地区来讲，其战略性新兴产业进程放缓，相比东部和中部地区，产业规模小，需要大力加强金融支持，针对不同区域和不同战略性新兴产业的金融政策和制度的支持倾斜，对于提高民族地区金融支持战略性新兴产业的力度和支持效率具有重要作用。

金融制度体系包括金融支持制度和金融管理制度，两者相互影响，相互作用，共同影响着金融支持战略性新兴产业的作用发挥。金融支持制度既包括中央政府和"一行三会"发布给予民族地区相关金融支持政策，也包括民族地区根据中央政府和"一行三会"精神制订的针对自身情况的相关金融支持实施办法；金融管理制度是指有针对性的金融监管和金融调控政策。

第二节　民族地区战略性新兴产业的金融支持路径创新

金融支持体系的建立只为民族地区金融支持战略性新兴产业提供了基础条件，金融支持的力度大小，以及效率如何，需要根据民族地区具体情况创新金融支持路径。民族地区金融支持战略性新兴产业过程中出现资金供给不足、来源渠道单一、政府资金引导不足、风险投资支持缺位等问题，德国、美国、日本、芬兰等国的金融支持案例也给了我们很多启发，值得民族地区借鉴。民族地区金融业存在着多元化银行信贷体系不完整、多层次的资本市场没有建立、股权投资市场没有形成、金融服务需要继续提高、金融制度亟待加强、金融环境有待改善的状况，为改善民族地区金融支持战略性新兴产业现状，提高金融支持效率，结合民族地区金融发展现状和战略性新兴产业发展现状，应该从以上六个方面继续优化，提出针对民族地区金融支持战略性新兴产业发展的路径。

一　完善多元化银行体系，满足民族地区区域间、战略性新兴产业间的融资需求

根据调研可知，民族地区战略性新兴产业外源性融资最主要的渠道是金融机构贷款，但是存在着金融机构资金供给量不足且不均衡，民族地区区域间，以及各类战略性新兴产业贷款的获取量不足且不均衡问题，因此，需要发挥主要国有商业银行作用的同时，采取完善中小企业银行体系、建立地方性银行、创新信贷工具等措施。

（一）经济发展较好的民族地区继续发挥国有商业银行的主要融资作用

银行贷款是民族地区战略性新兴产业外源融资的主渠道，在经济发展较好的民族地区，比如内蒙古、广西、云南，其战略性新兴产业发展和金融发展都要好于其他民族地区，但是这些地区的战略性新兴产业规模仍然较小，资本市场的直接融资受到限制，银行信贷是这些地区战略性新兴产业的资金来源，所以需要继续发挥国有商业银行的主要融资作用。

在国有商业银行支持民族地区战略性新兴产业方面，可以通过设置贷款的投向以及贷款条件对战略性新兴产业融资进行倾斜。比如，对于内蒙古的光伏产业和广西的新材料产业，由于发展较好，后续需要技术改造等大量资金，应该对这些产业的技术改造等环节进行中长期贷款，而对于内蒙古的新能源、高效节能产业，广西的养生长寿健康产业、海洋产业和生物农业，是该地区的特色优势产业，但发展规模较小，应该进行短期信贷支持；在抵押担保方面，由于战略性新兴产业具有高技术特征，国有商业银行除了采用固定资产等传统抵押品外，应该尝试采用知识产权抵押，确保金融资金满足战略性新兴产业的需要。

（二）完善中小战略性新兴企业银行体系

民族地区72.73%的战略性新兴企业处在成长期，属于中小型企业，而国有商业银行都具有"嫌贫爱富"毛病，而且就目前来看，民族地区的小型农村金融机构、财务公司、信托公司机构、邮政储蓄、新型农村金融机构等中小企业金融机构虽然有了一定发展，但总体发展滞后，特别是在西藏、新疆、青海、宁夏等民族地区表现更为明显，并且这些中小企业金融机构并没有特别设置贷款的投向，以及贷款条件为战略性新兴企业融资，因此，民族地区建立中小战略性新兴企业银行体系具有重要作用。

我们可以模仿台湾成立"土地银行"以及我国支持"三农"的做法，在西藏、新疆、青海、宁夏等地成立战略性新兴产业小额贷款公司，专门为处于培育期的战略性新兴产业融资。为鼓励大家成立战略性新兴产业小额贷款公司，分担风险，小额贷款公司可采用"政府出资＋民间资本"模式，以引导民间资本流入战略性新兴产业。另外，还可以在民族地区，以省、自治区的名义，设立地方银行，在各辖市、州设立分行，区、县设立支行，用于战略性新兴产业的信贷融资。对于各个区、县设立的支行，它们所吸取的存款，只用于本地区的战略性新兴企业。

（三）基于民族特性进行金融创新

首先，由于先天地理上的原因，有些民族地区较为封闭，发展相对落后，也是少数民族相对比较集中的地区，这些区域的资本要素不能自由流动。因此，应该以民族为纽带，在这些区域设立区域银行，比如，新疆和宁夏相关区域回族人口较多，可以通过设立伊斯兰开发银行将新疆和宁夏较为封闭区域通过民族纽带连接起来，使资本要素在这些区域自由流动，为较为封闭的民族地区战略性新兴产业提供资金支持。

其次，在民族地区进行金融工具创新时要考虑当地的宗教和民族信仰，比如，在新疆和西藏金融工具创新时要考虑藏族宗教和新疆伊斯兰教，在藏族可以针对风能、藏药等行业设计具有藏族特色的金融产品，在成立金融组织时可以遵循藏族的宗教信仰成立庙宇金融机构。

最后，在银行贷款的担保方面，由于民族地区战略性新兴产业规模较小，企业规模也较小，缺乏实物担保和知识产权担保，可以考虑这些地区成立以民族为纽带的共同发展基金，为中小型战略性新兴企业提供担保。

（四）实行主银行制度

民族地区银行资金供给小于东部和中部地区，存在资金供给不足和地区间不均衡现象，原因在于该地区的金融机构少，资本不充足，如果大中型战略性新兴企业需要技术改造、基础设施建设等资金，资金需要额度大、周期长，一个银行就显得力不从心。我们可以借鉴日本的主银行制度，以一家银行为主，联系其他银行为辅，主银行制度不但能满足大中型战略性新兴企业资金需求，还相应地分散了各个银行的风险。比如，内蒙古和广西的发展较好的新材料产业和先进装备制造业融资，就需要以一家国有商业银行为主，联合小型农村金融机构、财务公司、信托公司机构、邮政储蓄、新型农村金融机构等，形成资金合流，为大中型战略性新兴企业提供资金支持。

二　完善民族地区多层次资本市场，以上市公司引领战略性新兴产业聚集发展

美国多层次资本市场为其战略性新兴产业发展提供了强有力的支持，美国多次层资本市场包括主板市场、二板市场、三板市场、场外交易市场，也包括了股票、债券、期权期货等在内的形式多样的金融工具，完善的多层次资本市场可以为大中小型战略性新兴企业提供直接融资和交易平台。战略性新兴产业的集聚需要以大型企业为龙头，中小型战略性新兴企业为基础，多层次资本市场为其集聚提供资金平台，而目前我国民族地区多层次资本市场还没有形成，战略性新兴企业上市的并不多，中小型战略性新兴企业直接融资受到阻碍。因此，民族地区应大力发展战略性新兴产业，培育产业直接融资体系，促进资金通过资本市场在民族地区战略性新兴产业内合理配置，提高资本市场支持效率。

（一）民族地区战略性新兴企业可以通过上市、并购等措施，形成龙头企业

民族地区战略性新兴企业规模比较小，要想形成龙头企业，必须实行并购重组，并购重组不仅是资源在战略性新兴产业内的重新组合，也是扩大规模、增强实力的一个切实可行的办法。比如，内蒙古的光伏产业，利用内蒙古电力资源进行电价补贴，建立了一大批光伏企业，由于技术创新较快，各个企业需要大量的资金，但也正是因为技术保密问题，各个光伏企业之间不进行任何交流，目前资金和技术问题阻碍了内蒙古光伏产业的发展。如果在内蒙古光伏企业中进行并购重组，资金上形成合力，技术上形成互补，就可以形成3—4家规模较大的光伏企业，这些光伏企业再通过主板市场上市，通过主板市场实行跨地区、跨所有制以及跨行业的并购，在技术和产品上做出品牌，形成龙头企业，在带动一大批中小型光伏企业发展的同时，形成了光伏产业集聚。

除此之外，民族地区具有民族特色的战略性新兴产业，比如，中草药的开发、培育和加工，广西有天然药物、中药、壮瑶，内蒙古有中药

材的种植、新疆有天山雪莲和冬虫夏草等中药材的种植，围绕这些中草药的开发、培育和加工的企业可以开展跨地区和跨行业合作，进行兼并收购，将民族中药企业做大做强，在民族地区形成龙头企业，带动其他民族中药企业的发展。

（二）针对资本市场服务民族地区战略性新兴企业制定具体措施

2016年9月9日证监会发布了《关于发挥资本市场作用服务国家脱贫攻坚战略的意见》（以下简称《意见》），《意见》提出对于贫困地区的企业，资本市场在上市、全国中小企业股份转让系统挂牌以及发行公司债时要给予一定条件的优惠，开设绿色通道。我国民族地区有的地方属于贫困地区，其战略性新兴企业可以享受资本市场服务贫困地区企业的条件和开设的绿色通道。而对于非贫困地区的民族地区，其所属地区的战略性新兴企业可以利用我国的二板市场和新三板市场进行融资。

（三）根据民族地区特点，发展战略性新兴产业债券市场

民族地区可以通过丰富和创新债券品种来为战略性新兴产业融资，民族地区战略性新兴产业的单个中小企业由于受到信用等级、规模大小的限制，很难通过债券市场直接发行债券进行融资。但是通过对这些中小企业，尤其是从事战略性新兴产业的企业进行统一组织，然后集合发行一种企业债券。这种集合债券由于有多个发行主体，并且有相关担保机构进行担保，因此相比于单个中小企业发行的债券，投资者购买集合债券所承担的风险较低，所获得的收益也相对稳定。加快引入"新三板"挂牌公司发行中小企业债券的步伐。增加债券市场中金融衍生工具的品种，例如，发行适量的次级债、开展以应收账款证券化等企业资产为代表的信贷资产证券化等多层次、宽领域、专业化的业务。证监会等相关部门应充分切合西部大开发的国家导向，针对从事战略性新兴产业的中小企业应适当放宽发行债券的标准，保证它们在起步阶段有相应资金保障。

稳定和发展债券市场首先要保证投资结构合理，在民族地区，还缺乏相应的债券机构投资者，因此，要培育和发展民族地区债券机构投资者。首先，借鉴东部和国外机构投资者的先进做法和理念，从这些地区引进债券投资人才。然后，再对民族地区的机构投资者进行培训，提高民族地区机构投资者的水平。另外，还要扩大机构投资者群体，比如，

可以发展和支持包括保险公司、基金公司、财务公司及其他社会法人等参与战略性新兴产业企业债券的投资。除了培育和扩大投资主体之外，民族地区还应该采取一定的金融和税收政策来促进债券市场的发展。政府对投资于战略性新兴产业企业债券的机构给予一定的优惠政策，包括税费的减免，交易费用的减免等，以鼓励投资者对战略性新兴产业企业债券的长期投资。

大部分企业债券的交易是通过场外交易进行的，目前，我国债券交易大部分是通过场内交易完成，建立多层次的企业债券交易市场是扩大民族地区债券市场规模的必要措施，不仅包括搭建场外交易平台，还要完善企业债券托管和结算服务，这样不仅可以提高企业债券交易效率，还可以降低企业债券的交易成本。

另外，还要继续鼓励债券在银行间的交易流动，民族地区应采取一定的税收优惠和交易费用减免等政策，吸引企业债券在银行间流动。

三　扩大民族地区风险投资规模，为战略性新兴产业接力

风险投资支持缺位是民族地区战略性新兴产业金融支持一大问题，风险投资主要是对处在培育期和发展期的企业进行投资，这刚好可以解决民族地区中小型战略性新兴企业资金短缺问题，美国的经验也表明，成熟和活跃的风险投资可以助推战略性新兴产业的发展。因此，民族地区首先需要发展风险投资市场，才能为培育期和发展期的战略性新兴产业提供资金支持。

（一）拓宽战略性新兴产业风险投资筹资渠道

资金来源渠道狭窄一直是风险投资运行中的瓶颈，只有拓展风险投资筹资渠道，构建和完善多元化风险投资体系，才能为战略性新兴产业提供融资资金。首先，应该转换政府职能，不断发展和壮大专业化的战略性新兴产业的投资机构，在投资机构引导下，资金流向战略性新兴产业，然后通过集群，可以提高市场配置资源的效率。其次，最大程度的调动民间闲置资本，充分鼓励和调动养老基金、保险和信托公司、社会捐助等资金来充实风险投资的资本，使民间资本广泛渗入风险投资队伍中，并积极支持外资风险投资涌入战略性新兴产业当中，实现内外资本的有效结合，从而拓宽风险投资对战略性新兴产业支持的渠道，使我国

战略性新兴产业的资金能保持持续循环。最后，积极探索发展场外交易市场，有效完善风险投资进入与退出的体系。

（二）完善政策扶持体系，创造政府正确引导风险投资发展的政策环境

资料显示，我国风险投资很大一部分来自政府资金，那么创造政府正确引导风险投资发展的政策环境对民族地区风险投资健康发展显得格外重要。首先，政府应该加大扶持力度，主要应该包括：税收优惠、政府补偿机制、健全政府担保机制等。一个国家的税收政策对风险投资领域有着较大的影响，目前，我国针对高新企业有一定的优惠，如税收减免和返回等，而在风险投资机构方面却没有税收优惠。因此，政府应该在这方面尽快制定政策，来鼓励风险投资支持战略性新兴产业的发展。其次，政府对风险投资进行一定的无偿补助，既可以引导民间资金的走向，又可以分担了风险投资机构的投资风险，对风险投资资本的涌入是一个很大的鼓励。但从目前来看，在种类和数量上都要需要大量的发展。最后，可以通过建立政府担保机制来引导资金。采用政府担保模式，对风投资本来讲，可以运用经济杠杆来撬动更多资金来支持新兴战略性产业的发展。

四　以政府资金为引导，鼓励民间资本进入民族地区战略性新兴产业

芬兰国家虽小，但其利用国家技术创新局带动私人资本投资战略性新兴产业，以公私协作式的支持模式值得民族地区借鉴，民族地区政府资金和社会资本都有限，可以采用公私协作式的支持模式撬动民间资本进入民族地区战略性新兴产业。据调研显示，民族地区70%以上的战略性新兴企业没有进行过民间借贷，而大部分的企业希望能拓宽民间借贷的融资渠道。

第一，将民间借贷纳入金融监管体系，减少借贷双方的风险。商业银行贷款的目标是大中型企业，培育期的战略性新兴企业由于风险大而不会受到商业银行的青睐。以民间信贷为主导的非正规信贷体系刚好弥补了商业银行等信贷体系的不足，具有信贷条件低、程序简单方便、回报率要求高等特点，这些正符合培育期战略性新兴企业的融资要求，而

且，民族地区正规信贷体系发展落后于东部其他地区，利用民间资本可以充实民族地区资金不足的问题。但是，民间借贷为主导的非正规信贷体系具有高金融风险的特性，如果在民族地区将以民间信贷为主导的非正规信贷体系合法化，能够纳入金融监管的体系中来，在降低金融风险的同时，为民族地区培育期和发展期的战略性新兴产业提供了金融支持。

第二，以政府资金为引导，撬动民间资本。在我们调研的过程中发现，广西政府引导战略性新兴产业基金做得比较好，基金规模达2.83亿元人民币，以国家5000万元参股资金引入社会资金1.83亿元，贵州以财政科技资金投入9059.5万元，带动社会研发投入26972.83万元，而其他民族地区，比如西藏、青海、宁夏等地，缺乏政府引导的战略性新兴产业基金，这些地区应该向广西和贵州学习，成立某个行业的战略性新兴产业基金，政府资金投入一小部分，社会资本参股一大部分。另外，在民族地区，可以以省发改委下的高新技术处为主，或者设立一个技术创新局，为技术成果形成、转化提供服务，财政资金直接注入技术创新局，用以支持科技创新项目的申报、培育、孵化，在科技创新项目申报、研发和孵化过程中，可以采用招标的方式鼓励社会资本参与进来，按照出资比例签订利益风险分担的合约，通过向社会资本分配倾斜鼓励民间资本的投入。

五　加强政策性金融对民族地区战略性新兴产业的支持力度

美国、日本、德国和芬兰战略性新兴产业的发展都离不开政策性金融的支持。在我国民族地区，市场性金融发展存在不完善地方，发展滞后于中部和东部地区，其战略性新兴产业规模又小，需要政策性金融提供大量的资金支持。

（一）加大政策性银行对民族地区战略性新兴产业的支持

我国的政策性银行主要有国家开发银行、中国农业发展银行和中国进出口银行，对于国家开发银行和中国农业发展银行，可以拓展它们的业务范围来支持民族地区战略性新兴产业。民族地区都有各具特色的生物农业发展，中国农业发展银行可以将自身的业务范围拓展，根据区域的不同，开展针对性支持业务，比如广西地区，可以将中国农业发展银行的业务范围拓展到优质养生健康食品的研发和深加工环节，特色作物和农作物优良品种的培育和产业化环节，在上述的环节给予低息或免息贷款。对于国家开发银行，应根据民族地区优先发展的战略性新兴产业，改变或拓展支持的业务范围，比如新疆、西藏、内蒙古风能是特色产业，但产业规模不大，而且风能的特点是不稳定和地区差异大，国家开发银行不仅应该对风能的研发、生产环节进行资金支持，更需要在风能储备环节进行资金支持，实行供应链整体链条融资。

除了国家三大政策性银行外，还应该针对中小战略性新兴企业成立中小企业的政策性银行，德国的政策性银行和担保体系对中小型战略性新兴企业融资所作的贡献值得我国民族地区学习，德国中小型企业的大部分资金来源于银行。在民族地区，特别是在广西、贵州、云南和内蒙古的非省会城市，以及新疆、西藏和宁夏的各个地区建设专门为中小型战略性新兴企业服务的政策性银行非常必要，当然，也可以将本地的银行，比如西藏银行改为政策性银行，专门为当地中小型战略性新兴企业融资服务。

(二) 在民族地区实行差异化货币政策

民族地区区域之间战略性新兴产业和金融发展有差别，一个地区内的各个城市之间战略性新兴产业和金融发展也有差别，广西、内蒙古和新疆、西藏的差别就比较大，而在新疆的南北疆差别也较大。首先，我们可以在广西、内蒙古和新疆、西藏等民族地区实行差别化的法定存款准备金政策，在广西、内蒙古的省会城市实行全国统一的法定存款准备金政策，在广西和内蒙古的非省会城市可以比照新疆和西藏的省会城市，采取低一些的法定存款准备金政策，而在新疆和西藏的非省会城市采取更低一些的法定存款准备金政策。其次，在民族地区实行差别化的再贴现率政策，向新疆和西藏的战略性新兴产业调整贴现率以及增加贴现票据的种类。

(三) 对民族地区战略性新兴产业实行差别化财政补贴

财政补贴的种类多种，有财政资金直接支持、价格补贴、贴息以及减免税等，在民族地区，可以针对重点发展的以及弱势的行业类别实行差别化财政补贴，新能源汽车行业是民族地区战略性新兴产业发展的弱项，我们可以借鉴日本的做法，在新能源汽车研发、蓄电池的研发、电桩充电研发，以及新能源汽车消费等环节都给予不同程度的财政补贴，即可以实行项目的直接资金支持，也可以给予价格补贴，还可以在某个环节减免税，这些环节的财政补贴也可以因地实施差别化，在广西和新疆等地实行不同的财政补贴额度；而对于内蒙古发展比较好的光伏产业，可以采取额度较少的财政补贴，尽量用市场化金融去引导资金在该产业内的配置。

六　加强中介机构体系建设，提高金融服务水平

党的十八届三中全会指出：大力发展中介组织，发挥市场资源配置的基础性作用。金融机构支持战略性新兴产业作用的发挥取决于中介机构体系的建设，民族地区更是如此。建立多元化的中介机构体系是民族地区提高金融支持战略性新兴产业力度和效率需要迫切解决的问题。

首先，加强民族地区律师事务所、会计师事务所、信用担保机构、资产评估公司、证券发行公司和承销机构的建设，形成多元化的中介机构体系，特别是为中小型战略性新兴企业服务的中介机构体系。

其次，在中介机构建设过程中，可以采取政府引导，国内民间资本和外资参股或独立建设的方式，还可以通过采取一定的优惠政策，吸引东部地区、中部地区或国外的中介机构在民族地区办分所或开设分支机构。

最后，中介机构的发展需要良好的外部环境，包括整个民族地区社会信用体系的建设、法律制度的完善以及相关的文化环境氛围。

七　加强金融制度体系建设，为民族地区战略性新兴产业金融支持保驾护航

金融制度体系包括金融支持制度和金融管理制度，第一，要针对金融支持民族地区及其战略性新兴产业出台的一些特殊的金融政策，比如，出台资本市场服务民族地区的实施意见、国家政策性银行对民族地区某个战略性新兴产业的支持办法以及民族地区根据中央政府和"一行三会"精神制订的成立战略性新兴产业银行的实施办法等，都属于金融支持制度。民族地区地理位置特殊，文化、风俗和宗教都有自身的特点，其战略性新兴产业规模都不大，因此，需要根据民族地区特殊情

况，因地制宜地制定金融支持金融支持制度。

第二，民族地区经济基础薄弱，战略性新兴产业抵抗风险能力较弱，再加上需要维护民族地区金融安全，所以根据民族地区实际情况制定金融管理制度。在金融监管方面，应该成立民族地区战略性新兴产业与金融风险监控管理机构，对金融风险进行分析和量化，找出金融支持战略性新兴产业的问题，形成民族地区各个区域各具特色的金融风险监控体系，然后对金融支持民族地区战略性新兴产业的过程进行监控，提高资金使用效率。

八 建设金融环境体系，为民族地区战略性新兴产业金融支持营造良好氛围

首先，创造一个良好的经济环境。民族地区经济市场化程度都不高，很多企业都是家族式企业，没有建立起完善的公司治理制度，缺乏企业做大做强的意识，所以可以采取东部地区与民族地区对接帮扶政策，提高民族地区经济市场化程度的同时，帮助民族地区企业建立完善的公司治理制度。

其次，加强民族地区社会信用环境建设。在加强民族地区社会诚信环境建设方面，一是在立法上要充分体现保护相关利益者的利益，对于违约事件，要追究违约责任。二是法律制度需要人民来制定和执行，这些和"公民"整体品质和道德水准相关，更需要社会公民的正确判断，社会需要的是正常的商业道德，是诚实守信，这是建立民族地区社会信用体系不可缺少的部分。如果需要公民对法律制度遵守，在制定这些法律制度时就要考虑到人的本性——理性经济人，只有遵照理性经济人的规律去制定法律法规，才能使每个公民都有积极性去维持它。

最后，在民族地区营造以市场为主导的金融环境。民族地区战略性新兴产业发展虽然需要政策性金融的大力支持，但只有发挥市场配置资源的基础性作用，才能提高资源的使用效率。因此，结合民族地区和战略性新兴产业的特点，调整金融结构，创新金融工具，完善金融服务，实现金融与战略性新兴产业的高度融合。

第三节　民族地区金融支持战略性新兴
产业发展的保障措施

民族地区金融支持战略性新兴产业发展路径的实施需要有相应的保障措施，首先，民族地区应该提升战略性新兴产业发展的内在动力，以提高资金利用效率；其次，民族地区应该加快金融企业发展，提高资金支持能力。最后，资金的利用效率和支持效率需要一个健康的外部环境。

一　提升民族地区战略性新兴产业发展内在动力，提高资金利用效率

（一）依据各地区资源优势确定战略性新兴产业主要发展方向

首先，我国民族地区历来自然资源丰富，如广西、内蒙古等地区还有一定的工业基础，在确定战略性新兴产业发展方向时要根据各地区丰富的自然资源，比如内蒙古电力资源丰富，电价优惠，可以加大发展新材料产业，新疆和西藏的风能和电能资源丰富，可以加大发展新能源产业，广西、新疆、西藏和云南的生物农业和生物中药都具有地方特色，也有充足的自然资源，应该加大发展。

其次，民族地区在确定战略性新兴产业主要发展方向时要考虑工业基础，只有如此，各民族地区才能利用自身的资源优势。比如，内蒙古和西藏的特色农牧产品加工是优势特色产业，也应该作为主要发展方向。

最后，民族地区在确定战略性新兴产业发展方向时还应形成梯队格局，一是战略性新兴产业的地区梯队格局，比如广西，按照自治区北部湾经济区、珠江—西江经济带、桂西资源富集区的整体战略部署，广西战略性新兴产业地区梯队格局是以核心城市为龙头、沿江沿海新兴产业带为中坚力量，桂西优势特色资源产业带并存的集聚发展格局。二是战略性新兴产业的优先发展梯队格局，按照资源、工业基础和产业布局，确定了新材料、新一代信息技术和生物医药是战略性新兴产业第一发展梯队，海洋、节能环保、新能源、先进装备制造业和养生长寿健康是战

略性新兴产业第二发展梯队，生物农业和新能源汽车是战略性新兴产业第三发展梯队。

（二）提高民族地区自主创新力，为战略性新兴产业发展输血

科技创新是战略性新兴产业发展的核心要素，我国民族地区战略性新兴产业发展方面面临着技术创新问题，由于外购技术成本高、更新快，而且依赖于外部因素，依赖外部技术创新的战略性新兴产业往往出现不能持续发展的局面，因此，只有提高民族地区自主创新能力，才能为战略性新兴产业发展输血。

首先，自主创新需要高技术人才，我国的高技术人才大部分集中在东部和中部发达地区，引进人才比较困难，对民族地区而言，需要利用目前国家的帮扶政策，在利用发达地区人才帮扶的同时，要重点培养本地区的高技术人才。

其次，做好政产学研高度结合，强化科技成果转化。我国民族地区应以政府为主导，以大学和企业为抓手，将政产学研高度结合。可以利用自身的资源优势吸引东部地区高校科技成果在民族地区转化，内蒙古晶环电子材料有限公司就是利用本地区电力能源优势，吸引南开大学晶环电子材料团队在呼和浩特市金桥高新技术开发区建立的混合所有制企业，目前在光伏产业竞争中由于有科技创新的支持得以顺利发展，该战略性新兴企业充分体现了政产学研高度结合。

最后，加大民族地区科技创新的资金投入。科技创新周期长，回报率较低，需要大量的资金支持。但政府对民族地区的研发投入远远低于发达地区，在民族地区金融发展滞后的情况下，财政对科技创新的投入显得尤为重要。

（三）加强民族地区战略性新兴企业内部管理，建立现代企业制度

在调研的过程中发现，民族地区比较多的中型战略性新兴企业不愿意上市，对资本市场融资功能不关心，主要是因为这些企业家怕上市后分散股权，对企业的控制权分散，因此，造成民族地区很多优势产业很难形成大型的龙头企业。要改变目前状况，必须加强民族地区战略性新兴企业内部管理，建立现代企业制度，首先，改变企业家的经营理念，向他们灌输经理人制度、董事会制度和监事会制度。其次，在民族地区战略性新兴企业内部建立完善的公司法人治理结构，当然更重要的是落

实公司法人治理机制。最后,在公司法人治理结构和机制完善前提下,加强战略性新兴企业内部控制和管理制度建设,实现各项决策和管理的科学化和制度化。

二 加快民族地区金融业发展,提高资金支持能力

(一)加快金融业人才建设

任何产业的发展都离不开人才团队的支持,金融业也不例外。在民族地区金融业人才建设中要坚持以人才培养为主、引进为辅的原则,在人才知识结构中要注重普适性和特殊性的结合。

在民族地区金融业人才建设中,首先是当地人才的培养问题,大部分民族地区的学生毕业之后都会选择回到自己的家乡工作,特别是来自于广西、内蒙古、新疆和西藏的学生,在这些学生的培养中,要根据当地人才需求投放专业招生指标,如果需要金融业人才,需要针对性地投放金融专业的招生指标。在研究生培养阶段,要充分利用少数民族骨干计划政策,这批研究生和博士生要回到民族地区工作,可充分利用这批人才。其次是当地金融业人才培训问题,要选派业务骨干到外地学习先进的金融管理和金融技术,提高他们的金融管理能力和金融创新能力。最后是民族地区金融业人才引进问题,虽然比较难,但还是要通过绿色通道和一系列奖励政策引进高层次的金融人才。

在金融业人才知识结构方面,除了掌握在全国各地都能通用的金融知识外,还需要对民族地区当地的文化、宗教、信仰、习惯等方面进行全方位了解,在金融管理和金融创新时要结合民族文化、宗教、信仰和习惯等方面的特性。

(二)进行科学金融投资决策,提高金融支持效率

金融业的发展也需要效益和风险均衡,在进行金融投资决策时,要考虑金融资源的配置效益的同时降低金融机构的风险,以达到提高金融支持效率的目的。首先,金融投资决策时要考虑民族地区产业发展,尽量选择主导产业和朝阳产业。其次,金融投资决策时要考虑不同区域、不同行业的金融需求,根据金融需求创新金融产品,做好金融与产业的对接,提高金融支持效率。最后,对于政策性金融,要充分利用政策性金融的扶持政策,需要根据国家和民族地区的相关政策来选择支持的地

区和产业，以达到扶持产业发展的功能。

三 充分协调好产业、市场与政府的关系，创建一个健康的外部环境

（一）正确处理好政府与市场的关系

由于民族地区战略性新兴产业以及金融发展都落后于东部地区，因此，在战略性新兴产业发展过程中需要政府的大力支持，包括制定针对性的产业发展政策、金融政策和金融支持政策。而且美国、德国、日本和芬兰的战略性新兴产业发展经验也表明，政府强有力的支持是战略性新兴产业发展的关键。但是这只能说明民族地区战略性新兴产业发展要加大政府引导，但政府在产业发展中作为辅助性作用，还要发挥市场配置资源的基础性作用。

（二）放松对民族地区金融市场的管制

一是放松对银行机构的管制。民族地区银行分支机构较少，中小型企业银行体系还没形成，如果按照当前银监会的审批标准，在民族地区设立银行较难，所以，应该鼓励民族地区民间银行的成立，在银监会审批时可给予适当程序简化，标准降低，为民族地区中小型战略性新兴企业拓宽融资渠道。二是放松对资本市场的管制。为提高民族地区资本市场资源配置效率，应该将企业的上市、融资、退市等事情交由资本市场决定，资金可以流向附加值高、风险小的企业，这样不但提高资金的使用效率、降低资金风险，还可以促使战略性新兴企业完善法人治理结构，转变经营理念。

（三）建立民族地区产业、市场与政府的协调机制

民族地区经济发展需要产业、市场和政府的通力配合，其战略性新兴产业发展需要产业政策、金融政策、财政政策，以及民族地区人力资源市场、金融市场等方面的协调与配合。

一方面，在战略性新兴产业发展方面，既需要金融政策和财政政策的大力支持，又需要市场促进企业的优胜劣汰和产业的优化升级。所以，希望在民族地区战略性新兴产业发展中，市场的资源配置和政府的政策支持能够全面覆盖到各个地区和各个战略性新兴产业，市场发挥不了作用的地方，比如不发达的民族地区和发展不好的战略性新兴产业，

就需要加强政府的政策支持，以引导资金相对均衡地流向民族地区战略性新兴产业，实现民族地区战略性新兴产业区域间和产业间的均衡发展。

另一方面，要建立民族地区产业、市场与政府之间的交流平台，通过该平台，实现产业与市场和政府之间的对接，政府首先制订产业发展规划，确定重点支持的产业方向和产业类型，金融市场定期将自己开发的新金融工具和利率调整信息、金融发展信息进行公布，政府发布当年的财政预算并定期公布财政支持项目类型，企业根据金融市场选择合适的金融工具，申报各类财政支持项目，通过交流平台设立，将产业、市场和政府的需求与供给紧密联系在一起，实现金融资源的充分利用和合理流动，提高资金利用率，推动民族地区战略性新兴产业的发展。

附　　录

全国战略性新兴产业发展及金融支持政策

区域	时间	发文机关	文件名
战略性新兴产业发展整体政策			
全国战略性新兴产业发展及金融支持政策	2009 年 2 月 27 日	国务院	关于发挥科技支撑作用，促进经济平稳较快发展的意见（国科发高〔2009〕379 号）
	2009 年 6 月 25 日	国家统计局	战略性新兴产业分类（2012）（试行）
	2010 年 2 月 25 日	国家标准委	战略性新兴产业标准化发展规划
	2010 年 10 月 10 日	国务院办公厅	国务院关于加快培育和发展战略性新兴产业的决定（国发〔2010〕32 号）
	2010 年 10 月 18 日	教育部	教育部办公厅关于战略性新兴产业相关专业申报和审批工作的通知
	2011 年 1 月 16 日	国务院	国务院关于加快培育和发展战略性新兴产业的决定
	2011 年 4 月 27 日	国家发展改革委员会	关于鼓励和引导民营企业发展战略性新兴产业的实施意见
	2011 年 7 月 23 日	商产发	知识产权局关于促进战略性新兴产业国际化发展的指导意见（商产发〔2011〕310 号）

区域	时间	发文机关	文件名
	战略性新兴产业发展整体政策		
全国战略性新兴产业发展及金融支持政策	2011 年 8 月 19 日	国家发展改革委员会	关于鼓励和引导民营企业发展战略性新兴产业的实施意见
	2011 年 9 月 8 日	国务院办公厅	国务院办公厅转发知识产权局等部门关于加强战略性新兴产业知识产权工作若干意见的通知
	2011 年 10 月 21 日	商务部、知识产权局	关于促进战略性新兴产业国际化发展的指导意见（商产发〔2011〕310 号）
	2012 年 1 月 19 日	国务院	国务院关于进一步促进贵州经济社会又好又快发展的若干意见（国发〔2012〕2 号）
	2012 年 2 月 1 日	统计局	战略性新兴产业分类（2012）（试行）
	2012 年 3 月 29 日	国家发展改革委员会	战略性新兴产业重点产品和服务指导目录
	2012 年 4 月 20 日	科技部	科技部发布国家"十二五"科学和技术发展规划
	2012 年 7 月 9 日	国务院	国务院关于印发"十二五"国家战略性新兴产业发展规划的通知（国发〔2012〕28 号）
	2012 年 7 月 11 日	工业和信息化部	关于印发战略性新兴产业关键共性技术和关键产品推进重点（第一批）的通知
	2013 年 1 月 15 日	国务院	国务院关于印发"十二五"国家自主创新能力建设规划的通知（国发〔2013〕4 号）（工信部规〔2012〕318 号）
	2013 年 1 月 28 日	国务院办公厅	国务院办公厅关于强化企业技术创新主体地位全面提升企业创新能力的意见（国办发〔2013〕8 号）

续表

区域	时间	发文机关	文件名
	战略性新兴产业发展整体政策		
全国战略性新兴产业发展及金融支持政策	2013 年 8 月 8 日	发改委	2012 年西部大开发工作进展情况和 2013 年工作安排（发改西部〔2013〕1529 号）
	2014 年 8 月 20 日	发改委	西部地区鼓励类产业目录（2014 年第 15 号令）
	2015 年 3 月 2 日	发改委	左右江革命老区振兴规划（发改西部〔2015〕388 号）
	2015 年 6 月 8 日	发改委	国家发展改革委关于实施新兴产业重大工程包的通知（发改高技〔2015〕1303 号）
	各种战略性新兴产业发展政策		
	新能源		
	2010 年 4 月 2 日	国务院办公厅	国务院办公厅转发发展改革委等部门关于加快推行合同能源管理促进节能服务产业发展意见的通知（国办发〔2010〕25 号）
	2011 年 8 月 25 日	国家能源局	国家能源局关于印发风电开发建设管理暂行办法的通知》（国能新能〔2011〕285 号）
	2013 年 1 月 1 日	国务院	国务院关于印发能源发展"十二五"规划的通知（国发〔2013〕2 号）
	2013 年 5 月 10 日	工业和信息化部	工业和信息化部关于促进太阳能热水器行业健康发展的指导意见（工信部消费〔2013〕170 号）
	2013 年 8 月 29 日	国家能源局	光伏电站项目管理暂行办法（国能新能〔2013〕329 号）
	2013 年 10 月 18 日	国家能源局	生物质能供热项目建设技术导则（国能综新能〔2013〕497 号）
	2013 年 12 月 27 日	国家能源局	分布式光伏发电项目管理暂行办法（国能新能〔2013〕433 号）

续表

区域	时间	发文机关	文件名
		新能源	
全国战略性新兴产业发展及金融支持政策	2014 年 11 月 1 日	国家发展改革委	国家发展改革委关于促进抽水蓄能电站健康有序发展有关问题的意见（发改能源〔2014〕2482 号）
	2014 年 12 月 9 日	国家发展改革委	国家发展改革委办公厅关于加强和规范生物质发电项目管理有关要求的通知（发改办能源〔2014〕3003 号）
	2015 年 3 月 20 日	国家发展改革委	国家发展改革委　国家能源局关于改善电力运行调节促进清洁能源多发满发的指导意见（发改运行〔2015〕518 号）
	2015 年 7 月 6 日	国家发展改革委	国家发展改革委　国家能源局关于促进智能电网发展的指导意见（发改运行〔2015〕1518 号）
	2016 年 1 月 7 日	工业和信息化部	工业和信息化部关于公布国家资源再生利用重大示范工程的通知（工信部节〔2015〕468 号）
	2016 年 2 月 24 日	国家发展改革委	关于推进"互联网＋"智慧能源发展的指导意见（发改能源〔2016〕392 号）
		新一代信息技术	
	2011 年 1 月 28 日	国务院	国务院关于印发进一步鼓励软件产业和集成电路产业发展若干政策的通知（国发〔2011〕4 号）
	2012 年 3 月 27 日	发改委	下一代互联网"十二五"发展建设的意见（发改办高技〔2012〕705 号）
	2012 年 6 月 28 日	国务院	国务院关于大力推进信息化发展和切实保障信息安全的若干意见（国发〔2012〕23 号）

续表

区域	时间	发文机关	文件名
	新一代信息技术		
全国战略性新兴产业发展及金融支持政策	2012 年 8 月 5 日	国务院	国务院关于无锡国家传感网创新示范区发展规划纲要（2012—2020 年）的批复（国函〔2012〕96 号）
	2013 年 2 月 5 日	国务院	国务院关于推进物联网有序健康发展的指导意见（国发〔2013〕7 号）
	2013 年 7 月 4 日	国务院	国务院关于促进光伏产业健康发展的若干意见（国发〔2013〕24 号）
	2013 年 9 月 17 日	工业和信息化部	光伏制造行业规范条件（2013 年第 47 号）
	2013 年 9 月 26 日	国务院办公厅	国务院办公厅关于印发国家卫星导航产业中长期发展规划的通知（国办发〔2013〕97 号）
	2013 年 10 月 11 日	工业和信息化部	工业和信息化部关于印发《光伏制造行业规范公告管理暂行办法》的通知（工信部电子〔2013〕405 号）
	2014 年 1 月 30 日	国务院办公厅	《国务院办公厅关于促进地理信息产业发展的意见》（国办发〔2014〕2 号）
	2014 年 7 月 18 日	国家发展改革委国家测绘地信局	关于印发国家地理信息产业发展规划（2014—2020 年）的通知（发改地区〔2014〕1654 号）
	2014 年 10 月 13 日	国家发展改革委员会	关于印发 2014—2016 年新型显示产业创新发展行动计划的通知（发改高技〔2014〕2299 号）
	2015 年 1 月 6 日	国务院	国务院关于促进云计算创新发展培育信息产业新业态的意见（国发〔2015〕5 号）

区域	时间	发文机关	文件名
	新一代信息技术		
	2015 年 7 月 1 日	国务院	国务院关于积极推进"互联网＋"行动的指导意见（国发〔2015〕40 号）
	2015 年 8 月 25 日	国务院办公厅	国务院办公厅关于印发三网融合推广方案的通知（国办发〔2015〕65 号）
	2015 年 12 月 14 日	工业和信息化部	工业和信息化部关于印发贯彻落实《国务院关于积极推进"互联网＋"行动的指导意见》行动计划（2015—2018 年）的通知工信部信软〔2015〕440 号
	2015 年 12 月 22 日	国家发展改革委员会	国家发展改革委关于完善陆上风电光伏发电上网标杆电价政策的通知（发改价格〔2015〕3044 号）
全国战略性新兴产业发展及金融支持政策	新能源汽车		
	2009 年 6 月 25 日	中华人民共和国工业和信息化部	新能源汽车生产企业及产品准入管理规则（工产业〔2009〕第 44 号）
	2012 年 6 月 28 日	国务院	国务院关于印发节能与新能源汽车产业发展规划（2012 — 2020 年）的通知（国发〔2012〕22 号）
	2014 年 1 月 28 日	财政部	关于进一步做好新能源汽车推广应用工作的通知（财建〔2014〕11 号）
	2014 年 7 月 14 日	国务院	国务院办公厅关于加快新能源汽车推广应用的指导意见》（国办发〔2014〕35 号）
	2015 年 4 月 29 日	中华人民共和国工业和信息化部	关于开展符合《汽车动力蓄电池行业规范条件》企业申报工作的通知（工装函〔2015〕164 号）
	2015 年 6 月 4 日	国家发展改革委员会和工业和信息化部	《新建纯电动乘用车企业管理规定》（2015 年第 27 号）

区域	时间	发文机关	文件名
	新能源汽车		
	2015 年 9 月 29 日	国务院办公厅	国务院办公厅关于加快电动汽车充电基础设施建设的指导意见（国办发〔2015〕73 号）
	2016 年 2 月 5 日	中华人民共和国工业和信息化部	工业和信息化部公告《新能源汽车废旧动力蓄电池综合利用行业规范条件》和《新能源汽车废旧动力蓄电池综合利用行业规范公告管理暂行办法》（公告〔2016〕6 号）
	生物产业		
全国战略性新兴产业发展及金融支持政策	2007 年 4 月 8 日	国务院	国务院办公厅关于转发发展改革委生物产业发展"十一五"规划的通知（国办发〔2007〕23 号）
	2009 年 4 月 21 日	国务院	国务院关于扶持和促进中医药事业发展的若干意见（国发〔2009〕22 号）
	2009 年 6 月 2 日	国务院	国务院办公厅关于印发促进生物产业加快发展若干政策的通知（国办发〔2009〕45 号）
	2010 年 10 月 11 日	国务院办公厅	国务院办公厅关于促进我国热带作物产业发展的意见（国办发〔2010〕45 号）
	2011 年 4 月 10 日	国务院	国务院关于加快推进现代农作物种业发展的意见（国发〔2011〕8 号）
	2012 年 1 月 13 日	国务院	国务院关于印发全国现代农业发展规划（2011—2015 年）的通知（国发〔2012〕4 号）
	2012 年 12 月 29 日	国务院	国务院关于印发生物产业发展规划的通知国发〔2012〕65 号
	2015 年 8 月 1 日	国务院	国务院关于印发全国海洋主体功能区规划的通知国发〔2015〕42 号

区域	时间	发文机关	文件名
		生物产业	
	2016 年 3 月 4 日	国务院办公厅	国务院办公厅关于促进医药产业健康发展的指导意见（国办发〔2016〕11 号）
		节能环保产业	
全国战略性新兴产业发展及金融支持政策	2011 年 10 月 17 日	国务院	国务院关于加强环境保护重点工作的意见（国发〔2011〕35 号）
	2012 年 4 月 19 日	国务院办公厅	国务院办公厅关于印发"十二五"全国城镇污水处理及再生利用设施建设规划的通知（国办发〔2012〕24 号）
	2012 年 6 月 16 日	国务院	国务院关于印发"十二五"节能环保产业发展规划的通知（国发〔2012〕19 号）
	2013 年 1 月 30 日	国家发展改革委	关于印发半导体照明节能产业规划的通知（发改环资〔2013〕188 号）
	2013 年 8 月 1 日	国务院	国务院关于加快发展节能环保产业的意见（国发〔2013〕30 号）
	2013 年 12 月 2 日	工业和信息化部、财政部、发展改革委	关于印发《节能产品惠民工程节能工业产品推广信息监管核查实施方案》的通知（工信部联节〔2013〕479 号）
	2014 年 5 月 15 日	国务院办公厅	国务院办公厅关于印发 2014—2015 年节能减排低碳发展行动方案的通知（国办发〔2014〕23 号）
	2014 年 9 月 18 日	国家发展改革委	关于印发重大环保装备与产品产业化工程实施方案的通知（发改环资〔2014〕2064 号）
	2014 年 10 月 28 日	国家发展改革委	关于印发燃煤锅炉节能环保综合提升工程实施方案的通知（发改环资〔2014〕2451 号）

续表

区域	时间	发文机关	文件名
	节能环保产业		
	2014 年 12 月 19 日	工业和信息化部、科技部、环境保护部	关于发布《国家鼓励发展的重大环保技术装备目录（2014 年版）》的通告（工信部联节〔2014〕573 号）
	2015 年 3 月 6 日	工业和信息化部	两部委发布关于联合组织实施工业领域煤炭清洁高效利用行动计划的通知（工信部联节〔2015〕45 号）
	2015 年 5 月 6 日	工业和信息化部办公厅	工业和信息化部办公厅关于开展国家资源再生利用重大示范工程建设的通知（工信厅节函〔2015〕322 号）
	2015 年 12 月 30 日	国家发展改革委	《国家重点节能低碳技术推广目录（2015 年本，节能部分）》（2015 年第 35 号）
全国战略性新兴产业发展及金融支持政策	2015 年 12 月 30 日	国家发展改革委	《高效节能锅炉推广目录（第一批）》（2015 年年 33 号）
	先进装备制造		
	2006 年 2 月 13 日	国务院	国务院关于加快振兴装备制造业的若干意见（摘要）（国发〔2006〕8 号）
	2009 年 4 月 29 日	国务院	国务院关于推进上海加快发展现代服务业和先进制造业建设国际金融中心和国际航运中心的意见（国发〔2009〕19 号）
	2011 年 9 月 16 日	国务院	关于印发海洋工程装备产业创新发展战略（2011—2020）的通知（发改高技〔2011〕1675 号）
	2012 年 7 月 8 日	国务院	国务院关于促进民航业发展的若干意见（国发〔2012〕24 号）

区域	时间	发文机关	文件名
	先进装备制造		
	2012 年 9 月 16 日	国务院	国务院关于印发全国海洋经济发展"十二五"规划的通知（国发〔2012〕50 号）
	2013 年 1 月 14 日	国务院	国务院办公厅关于印发促进民航业发展重点工作分工方案的通知（国办函〔2013〕4 号）
	2014 年 10 月 27 日	国家发展改革委	国家发展改革委　工业和信息化部关于印发重大节能技术与装备产业化工程实施方案的通知（发改环资〔2014〕2423 号）
全国战略性新兴产业发展及金融支持政策	2015 年 5 月 13 日	国务院	国务院关于推进国际产能和装备制造合作的指导意见（国发〔2015〕30 号）
	2015 年 12 月 29 日	国家发展改革委	国家发展改革委关于印发中德（沈阳）高端装备制造产业园建设方案的通知（发改振兴〔2015〕3141 号）
	新材料		
	2005 年 6 月 6 日	国务院	国务院办公厅关于进一步推进墙体材料革新和推广节能建筑的通知（国办发〔2005〕33 号）
	2011 年 5 月 10 日	国务院	国务院关于促进稀土行业持续健康发展的若干意见（国发〔2011〕12 号）
	2013 年 3 月 11 日	中华人民共和国工业和信息化部	工业和信息化部关于促进耐火材料产业健康可持续发展的若干意见（工信部原〔2013〕63 号）
	2014 年 10 月 23 日	国家发展改革委	关于印发关键材料升级换代工程实施方案的通知（发改高技〔2014〕2360 号）

区域	时间	发文机关	文件名
		新材料	
全国战略性新兴产业发展及金融支持政策	2014 年 12 月 26 日	国务院办公厅	国务院办公厅关于加快木本油料产业发展的意见（国办发〔2014〕68 号）
	2015 年 9 月 11 日	中华人民共和国工业和信息化部、国家税务总局	《免征车辆购置税的新能源汽车车型目录》（第五批）（2015 年第 58 号）
	2015 年 10 月 23 日	住房城乡建设部工业和信息化部	住房城乡建设部 工业和信息化部关于印发《绿色建材评价标识管理办法实施细则》和《绿色建材评价技术导则（试行）》的通知（建科〔2015〕162 号）
	2015 年 12 月 28 日	中华人民共和国工业和信息化部	工业和信息化部关于支持筹建中国玻璃纤维及复合材料产业发展联盟的复函（工信部原函〔2015〕584 号）
	2015 年 12 月 28 日	中华人民共和国工业和信息化部	工业和信息化部关于支持筹建中国石墨产业发展联盟的批复（工信部原函〔2015〕427 号）
	2015 年 12 月 28 日	中华人民共和国工业和信息化部	工业和信息化部关于支持筹建中国绿色建材产业发展联盟的复函（工信部原函〔2015〕313 号）
		财政、金融、税收支持战略性新兴产业发展政策	
	2009 年 1 月 23 日	财政部、科技部	关于开展节能与新能源汽车示范推广试点工作的通知（财建〔2009〕6 号）
	2009 年 2 月 3 日	国务院办公厅	国务院办公厅关于进一步明确融资性担保业务监管职责的通知（国办发〔2009〕7 号）
	2009 年 9 月 7 日	财政部	关于调整重大技术装备进口税收政策的通知（财关税〔2009〕55 号）

区域	时间	发文机关	文件名
	财政、金融、税收支持战略性新兴产业发展政策		
全国战略性新兴产业发展及金融支持政策	2010 年 3 月 8 日	中国银行业监督管理委员会等	融资性担保公司管理暂行办法（中国银行业监督管理委员会令 2010 年第 3 号）
	2010 年 3 月 19 日	中国证券业监督管理委员会	证监会公告〔2010〕8 号——关于进一步做好创业板推荐工作的指引
	2010 年 5 月 31 日	中国人民银行中国银行业监督管理委员会	关于进一步做好支持节能减排和淘汰落后产能金融服务工作的意见（银发〔2010〕170 号）
	2010 年 5 月 31 日	财政部、科技部、工业和信息化部、国家发展改革委	关于扩大公共服务领域节能与新能源汽车示范推广有关工作的通知（财建〔2010〕227 号）
	2010 年 9 月 27 日	中国银行业监督管理委员会	融资性担保公司董事、监事、高级管理人员任职资格管理暂行办法 2010 年第 6 号
	2010 年 7 月 22 日	国务院办公厅	国务院办公厅关于鼓励和引导民间投资健康发展重点工作分工的通知（国办函〔2010〕120 号）
	2011 年 11 月 10 日	财政部、科技部、工业和信息化部、国家发展改革委	关于增加公共服务领域节能与新能源汽车示范推广试点城市的通知（财建〔2010〕434 号）
	2010 年 6 月 4 日	财政部、科技部、工业和信息化部、国家发展改革委	关于开展私人购买新能源汽车补贴试点的通知（财建〔2010〕230 号）；
	2010 年 12 月 31 日	财政部、海关总署、国家税务总局	关于调整重大技术装备进口税收政策暂行规定有关清单的通知（财关税〔2010〕17 号）
	2011 年 4 月 11 日	财政部	关于印发《物联网发展专项资金管理暂行办法》的通知（财企〔2011〕64 号）

续表

区域	时间	发文机关	文件名
	财政、金融、税收支持战略性新兴产业发展政策		
全国战略性新兴产业发展及金融支持政策	2011 年 9 月 2 日	财政部工业和信息化部国家发展和改革委员会科学技术部	关于加强节能与新能源汽车示范推广安全管理工作的函（国科办函高〔2011〕322 号）
	2011 年 11 月 10 日	财政部	关于进一步做好节能与新能源汽车示范推广试点工作的通知（财办建〔2011〕149 号）
	2011 年 8 月 17 日	财政部、国家发展改革委	新兴产业创投计划参股创业投资基金管理暂行办法（财建〔2011〕668 号）
	2011 年 9 月 19 日	中国证券业监督管理委员会	创业板专家咨询委员会工作规则（试行）证监会公告〔2011〕25 号
	2012 年 3 月 7 日	财政部	关于节约能源使用新能源车船车船税政策的通知（财税〔2012〕19 号）
	2012 年 3 月 14 日	发改委	国家发展改革委办公厅关于组织实施 2012 年企业技术中心创新能力建设专项的通知（发改办高技〔2012〕582 号）
	2012 年 3 月 12 日	财政部、工业和信息化部海关总署国家税务总局	关于调整重大技术装备进口税收政策有关目录的通知（财关税〔2012〕14 号）
	2012 年 3 月 22 日	财政部	战略性新兴产业发展专项资金管理暂行办法（〔2012〕111 号）
	2012 年 10 月 15 日	财政部	关于组织开展新能源汽车产业技术创新工程的通知（财建〔2012〕780 号）
	2012 年 10 月 24 日	工业和信息化部	关于申报第三批节约能源　使用新能源车辆减免车船税车型目录的通知（工信装函〔2012〕427 号）
	2012 年 10 月 18 日	财政部	关于组织申报 2012 年度新能源汽车产业技术创新工程项目的通知（财办建〔2012〕141 号）

区域	时间	发文机关	文件名
	财政、金融、税收支持战略性新兴产业发展政策		
全国战略性新兴产业发展及金融支持政策	2012 年 11 月 30 日	财政部	《物联网发展专项资金管理暂行办法》（财企〔2012〕225 号）
	2013 年 7 月 1 日	国务院办公厅	国务院办公厅关于金融支持经济结构调整和转型升级的指导意见（国办发〔2013〕67 号）
	2013 年 8 月 8 日	国务院办公厅	国务院办公厅关于金融支持小微企业发展的实施意见（国办发〔2013〕87 号）
	2013 年 11 月 14 日	中国银行业监督管理委员会	银监会发布主席令修订完善《中资商业银行行政许可事项实施办法》
	2014 年 2 月 19 日	工业和信息化部办公厅、国家开发银行办公厅	关于组织推荐 2014 年光伏产业重点项目的通知（工信厅联电子函〔2014〕116 号）
	2014 年 5 月 5 日	工业和信息化部办公厅、财政部办公厅	关于做好 2014 年物联网发展专项资金项目申报工作的通知（工信厅联科〔2014〕74 号）
	2014 年 8 月 6 日	中华人民共和国财政部、国家税务总局、中华人民共和国工业和信息化部	关于免征新能源汽车车辆购置税的公告（公告 2014 年第 53 号）
	2014 年 8 月 6 日	中华人民共和国财政部、国家税务总局、中华人民共和国工业和信息化部	《财政部　国家税务总局　工业和信息化部关于免征新能源汽车车辆购置税的公告》（公告 2014 年第 53 号）
	2014 年 10 月 31 日	国务院	国务院关于扶持小型微型企业健康发展的意见国发〔2014〕52 号
	2014 年 12 月 29 日	工信部、中国进出口银行	关于加大重大技术装备融资支持力度的若干意见（工信部联装〔2014〕590 号）

续表

区域	时间	发文机关	文件名
	财政、金融、税收支持战略性新兴产业发展政策		
全国战略性新兴产业发展及金融支持政策	2015 年 3 月 2 日	保监会	中国保监会关于开展首台（套）重大技术装备保险试点工作的指导意见（保监发〔2015〕15 号）
	2015 年 3 月 10 日	国家发展改革委	国家发展改革委 国家开发银行关于推进开发性金融支持政府和社会资本合作有关工作的通知（发改投资〔2015〕445 号）
	2015 年 3 月 18 日	国家发展改革委	国家发展改革委办公厅关于组织申报资源节约和环境保护 2015 年中央预算内投资备选项目的通知（发改办环资〔2015〕631 号）
	2015 年 3 月 31 日	国家发展改革委	国家发展改革委办公厅关于印发《战略性新兴产业专项债券发行指引》的通知（发改办财金〔2015〕756 号）
	2015 年 4 月 22 日	财政部	关于 2016－2020 年新能源汽车推广应用财政支持政策的通知（财建〔2015〕134 号）
	2015 年 5 月 8 日	中华人民共和国工业和信息化部、国家税务总局	两部门发布《免征车辆购置税的新能源汽车车型目录》（第四批）公告 2015 年第 30 号
	2015 年 5 月 14 日	财政部、工业和信息化部、交通运输部	关于完善城市公交车成品油价格补助政策 加快新能源汽车推广应用的通知（财建〔2015〕159 号）
	2015 年 5 月 19 日	财政部、国家税务总局、工业和信息化部	三部门关于节约能源使用新能源车船税优惠政策的通知（财税〔2015〕51 号）
	2015 年 11 月 13 日	工业和信息化部	工业和信息化部办公厅关于开展产业园区基础设施建设 PPP 项目摸底调研的通知（工信厅产业函〔2015〕742 号）

续表

区域	时间	发文机关	文件名
	财政、金融、税收支持战略性新兴产业发展政策		
全国战略性新兴产业发展及金融支持政策	2015 年 11 月 25 日	中华人民共和国工业和信息化部、国家税务总局	《免征车辆购置税的新能源汽车车型目录》（第六批）（公告 2015 年第 76 号）
	2016 年 1 月 21 日	财政部	关于开展新能源汽车推广应用核查工作的通知（财办建〔2016〕6号）
	2016 年 1 月 21 日	财政部	关于"十三五"新能源汽车充电基础设施奖励政策及加强新能源汽车推广应用的通知（财建〔2016〕7 号）
	2016 年 2 月 6 日	国家发展改革委	国家发展改革委办公厅关于请组织申报环保领域创新能力建设专项的通知（发改办高技〔2016〕378号）
	2015 年 3 月 10 日	国家税务总局	国家税务总局关于执行〈西部地区鼓励类产业目录〉有关企业所得税问题的公告（国家税务总局公告 2015 年第 14 号）

民族地区战略性新兴产业金融支持调查问卷

民族地区战略性新兴产业金融支持调查问卷

　　您好！我们是国家社会科学基金项目"民族地区战略性新兴产业发展的金融支持研究"课题组，为更好地开展科学研究，促进贵地区战略性新兴产业的发展，特向您及所在企业开展调查。我们保证对所收集的资料绝对保密。麻烦您百忙之中抽出时间，认真填写该调查问卷，谢谢！（答案可多选）

（一）企业基本概况

1. 贵企业在哪个省份（　　　）

2. 贵企业的职工人数（　　　）

A. 50 人以下　　　B. 50—100 人　　C. 100—300 人　D. 300—500 人

E. 500—2000 人　F. 2000 人以上

3. 贵企业的主要经济指标

营业收入：_____资产总额：_____净利润：_____

4. 贵企业专职研发人员占职工人数的比重（　　　）

A. 1% 以下　　　　B. 1%—5%　　　C. 5%—10%　　　D. 10%—15%

E. 15%—20%　　F. 20% 以上

5. 贵企业是属于以下哪个行业？（　　　）

A. 新能源　　　　B. 生物医药　　C. 新材料　　　D. 节能环保

E. 节能环保　　　　　　　　F. 新一代信息技术

G. 高端装备制造　　　　　　H. 其他行业

6. 贵企业所处的发展阶段（　　　）

A. 种子期　　　　B. 初创期　　　C. 初步发展期　D. 高速发展期

E. 成熟期

7. 贵企业的信用评级为（　　　）

A. AAA$^+$　　　　B. AAA　　　　C. AA$^+$　　　　D. AA

E. A$^+$　　　　　F. A　　　　　G. B　　　　　H. C

I. 其他

8. 贵企业的研发费用占营业收入的比重为（　　　）

A. 1% 以下　　　　B. 1%—3%　　　C. 3%—5%　　　D. 5%—10%

E. 10%—20%　　F. 20% 以上

9. 贵企业是否有研发部门（　　　）

A. 有　　　　　　B. 否

10. 贵企业拥有多少项专利（　　　）项

11. 贵企业的技术水平处于（　　　）

A. 国际领先　　B. 国内领先　　C. 区域领先　　D. 区内一般水平

12. 贵企业认为是否在该区域内形成了产业集群（　　　）

A. 是　　　　　B. 否

13. 制约贵企业进一步发展的主要障碍（　　　）

A. 资金短缺　　　　　　　　B. 融资渠道不畅

C. 政策环境不理想　　　　　D. 人才缺乏

E. 市场竞争激烈　　　　　　F. 内部管理不科学

G. 市场有效需求不足　　　　H. 其他

（二）产业融资需求分析

1. 贵企业是否有融资需求（　　　）

A. 有　　　　　　　B. 否

2. 如果有融资需求，资金需求量为（　　　）

A. 100 万元以下　　　　　　B. 100 万—500 万元

C. 500 万—1000 万元　　　　D. 1000 万—3000 万元

E. 3000 万元以上

3. 贵企业资金来源主要为（　　　）

A. 自由资金　　　　　　　　B. 所有者投入

C. 银行贷款　　　　　　　　D. 其他金融机构贷款

E. 风险投资　　　　　　　　F. 民间借贷

G. 政策性扶植　　　　　　　H. 上市融资

I. 其他商业资金

4. 贵企业最近三年内是否向银行申请过贷款（　　　）

A. 是　　　　　　　B. 否

5. 近三年贵企业获得银行贷款金额（　　　）

A. 无贷款　　　　　　　　　B. 100 万元以下

C. 100 万—500 万元　　　　D. 500 万—1000 万元

E. 1000 万—3000 万元　　　F. 3000 万元以上

6. 贵企业是否发生过民间借贷（　　　）

A. 无贷款　　　　　　　　　B. 100 万元以下

C. 100 万—500 万元　　　　D. 500 万—1000 万元

E. 1000 万—3000 万元　　　F. 3000 万元以上

7. 近三年贵企业获得风险投资金额（　　　）

A. 无贷款　　　　　　　　　B. 100 万元以下

C. 100 万—500 万元　　　　D. 500 万—1000 万元

E. 1000 万—3000 万元　　　　　F. 3000 万元以上

8. 贵企业能承受的利率是（　　　）

A. 基准利率或低于基准利率的浮动利率

B. 银行贷款基准利率的 1.1—1.3 倍

C. 银行贷款基准利率的 1.4—1.6 倍

D. 银行贷款基准利率的 1.7—2.0 倍

E. 银行贷款基准利率的 2.1—3.0 倍

F. 银行贷款基准利率的 3 倍上

9. 贵企业在借贷过程中遇到的主要问题（　　　）

A. 抵押不足　　　　　　　　B. 找不到担保人

C. 手续烦琐　　　　　　　　D. 贷款利率高

E. 其他

11. 贵企业考虑上市的打算（　　　）

A. 已上市　　　　　　　　　B. 正准备改造

C. 正在改制，尚未完成　　　　D. 拟做国内上市准备

E. 拟做海外上市准备　　　　F. 尚无上市打算

12. 如果未上市，贵企业上市的障碍（　　　）

A. 上市成本太高

B. 上市披露制度太严格

C. 上市的风险太大

D. 上市门槛过高

E. 政策法规上的障碍

F. 企业改制的困难

G. 企业自身产权、财务、管理等问题

H. 寻找保荐机构难

I. 审批程序复杂、手续烦琐

J. 其他

13. 中小企业信用担保机构对缓解融资难问题是否起到了应有的作用（　　　）

A. 有重要作用　　　　　　　B. 有作用

C. 作用不大　　　　　　　　D. 没有作用

14. 民间投资作为一种重要的融资方式，贵企业更愿意选择哪种民间融资方式（　　　）

　　A. 企业或单位间拆借

　　B. 向个人借入

　　C. 向股东、职工、社会集资

　　D. 商业票据转让或贴现

　　E. 向典当行等借入

　　F. 其他

15. 贵企业认为产权融资的主要障碍为（　　　）

　　A. 成交率低　　　　　　　　B. 产权市场不规范

　　C. 产权市场服务水平低　　　D. 防止技术外泄

　　E. 避免控制权分散　　　　　F. 产权评估定价困难

　　G. 融资过程复杂　　　　　　H. 企业不能达到进入要求

　　I. 不了解　　　　　　　　　J. 融资费用高

　　K. 其他

（三）政策性金融供给调查

1. 贵企业目前了解以下哪些税收优惠政策（　　　）

　　A. 高新技术企业所得税优惠15%

　　B. 企业研发费用税前扣除

　　C. 技术转让所得的优惠政策

　　D. 软件和集成电路企业税收优惠

　　E. 战略性新兴企业"三免三减半"

　　F. 其他

　　G. 不了解

2. 贵企业是否享受过上述税收优惠政策（　　　）

　　A. 享受过　　　　　　　　　B. 没有享受

3. 贵企业目前享受过的财政支出政策有（　　　）请在下面括号内填写享受的金额。

　　A. 专项建设资金（　　　万元）　B. 财政直接补贴（　　　万元）

　　C. 财政贴息（　　　万元）　　　D. 财政担保（　　　万元）

　　E. 其他（　　　万元）

4. 如果贵企业享受过专项建设资金，请将获得专项建设资金项目的个数填在下面括号内。

A. 省财政战略性新兴产业资金（　　）

B. 省级重大科技专项资金（　　）

C. 省级产学研专项资金（　　）

D. 省级挖潜改造专项资金（　　）

E. 国家或省科技型中小企业创新资金（　　）

F. 省级科技其他专项（　　）

G. 国家火炬计划（　　）

H. 地方政府财政支持情况（　　）

I. 财政补足收入（　　）

J. 其他支持（　　）

K. 无（　　）

（四）银行信贷支持调查

1. 银行向贵企业第一次贷款时考虑的因素有（　　）

A. 担保情况　　　　　　　B. 盈利能力

C. 企业财务制度　　　　　D. 抵押品权证

E. 规模　　　　　　　　　F. 企业社会信誉

G. 行业因素　　　　　　　H. 管理层素质

I. 信贷风险　　　　　　　J. 银企关系

K. 其他

2. 贵企业是否能第一次顺利获得贷款（　　）

A. 是　　　　　　B. 否

3. 贵企业第一次成功贷款所需时间（　　）天

4. 银行主要为贵企业提供贷款的种类（　　）

A. 抵押担保贷款　　　　　B. 信用贷款

5. 银行为企业提供的信用贷款种类为（　　）

A. 企业联保贷款　　　　　B. 企业小额信用贷款

C. 企业财务制度　　　　　D. 抵押品权证

E. 其他

6. 银行为贵企业发放贷款时普遍使用的抵押物为（　　）

A. 厂房　　　　　　　　　B. 企业内部自然人的个人财产

C. 土地　　　　　　　　　D. 设备

E. 存货　　　　　　　　　F. 知识产权

7. 银行为贵企业发放贷款时要求的抵押品所占贷款额的比例为
（　　　）

A. 30% 以下　　B. 30%—50%　　C. 50%—70%　　D. 70% 以上

8. 银行为贵企业发放贷款的期限为（　　　）

A. 1 年以下　　　B. 1—3 年　　　C. 3—5 年　　　D. 5 年以上

9. 如果银行为贵企业发放贷款中断，原因为（　　　）

A. 企业经营状况发生变动　　　　B. 企业管理层变动

C. 突发性负面因素　　　　　　D. 其他

10. 银行为贵企业发放贷款，可承担的违约贷款损失比例为（　　　）

A. 10% 以下　　　B. 10%—20%　　C. 20%—30%　　D. 30% 以上

11. 贵企业向银行申请贷款时引起融资障碍的因素为（　　　）

A. 贷款利率和其他成本过高

B. 审批程序复杂、手续烦琐、审批时间长

C. 缺乏足够的抵押品，没有合格的担保人

D. 贷款政策不透明

E. 财务报表难以达到银行要求

F. 所属行业为新兴产业，风险高

G. 企业规模小、企业抗风险能力弱

H. 企业资产负债率较高

I. 企业信用度较低

J. 企业自身产权、财务、管理等存在问题

（五）风险投资调查

1. 贵企业没有获得专业投资机构支持的原因为（　　　）

A. 避免控制权分散

B. 引入成本过高

C. 防止技术外泄

D. 对创业投资缺乏了解

E. 技术、市场前景等企业自身问题

F. 创投机构选择时存在问题

G. 创投机构和企业合作条件分歧

H. 其他

2. 贵企业认为创投机构的加入对企业发展的重要程度为（   ）

A. 基本不起作用　　　　　　　B. 可能有作用

C. 有作用　　　　　　　　　　D. 作用比较大

E. 举足轻重

3. 贵企业更愿意哪个阶段引进风险投资（   ）

A. 种子期　　　　　　　　　　B. 初创期

C. 初步发展阶段　　　　　　　D. 高速发展阶段

E. 成熟阶段

参考文献

艾洪德、徐明圣、郭凯：《我国区域金融发展与区域经济增长关系的实证分析》，《财经问题研究》2004 年第 7 期。

白千文：《战略性新兴产业研究述析》，《现代经济探讨》2011 年第 11 期。

白天楠、刘春：《美国企业债券市场发展状况对我国的启示》，《企业经济》2010 年第 11 期。

蔡李峰：《国外天使投资的发展及借鉴》，博士学位论文，吉林大学，2010 年。

陈晨：《银行业支持战略性新兴产业发展的创新、问题与对策——基于上海市 15 家商业银行的调研》，《证券市场导报》2013 年第 6 期。

陈丽琳：《韦诗麓民族地区污染治理与经济发展方向转变研究——以西南卡斯特地貌的地区为例》，《西南民族大学报》（人文社会科学版）2013 年第 6 期。

陈蕊、周铅、李学坤：《云南农业战略性新兴产业选择与培育研究》，《改革与战略》2013 年第 10 期。

程新章、吴勇刚：《中国发展战略性新兴产业的政策选择——主流经济学和演化经济学的比较分析》，《江苏社会科学》2011 年第 1 期。

邓超、郑元婷、王昌东：《政府促进天使投资发展的国际比较及启示》，《经济问题探索》2010 年第 1 期。

董金玲：《江苏区域金融发展水平测度及聚类》，《华东经济管理》2009 年第 12 期。

豆晓利、王文剑：《中国区域金融发展差异、变动趋势与地方政府行

为——兼论分税制改革对中国区域金融差异的影响》,《上海金融》
　　2011 年第 2 期。

杜朝运:《区域金融与经济发展协调的模型研究》,《厦门大学学报（哲
　　学社会科学版)》2007 年第 3 期。

杜家廷:《中国区域金融发展差异分析——基于空间面板数据模型的研
　　究》,《财经科学》2010 年第 9 期。

段世德、徐璇:《科技金融支撑战略性新兴产业发展研究》,《科技进步
　　与对策》2011 年第 14 期。

樊茗明:《战略性新兴产业发展评价研究》,《科技进步与对策》2011
　　年第 21 期。

樊星:《科技金融理论与实践悖论分析》,《中国科技论坛》2011 年第
　　3 期。

范学俊:《金融政策与资本配置效率——1992—2005 年中国的实证》,
　　《数量经济技术经济研究》2008 年第 2 期。

高连和:《自和谐与共和谐相洽的区域金融和谐发展》,《现代经济探
　　讨》2011 年第 3 期。

龚惠群、黄超、王永顺:《战略性新兴产业的成长规律、培育经验及启
　　示》,《科技进步与对策》2011 年第 23 期。

辜胜阻、王敏、刘波:《发展文化创意产业推动我国经济转型》,《科技
　　进步与对策》2010 年第 6 期。

顾海峰:《信贷体系支持战略性新兴产业演进的机理及政策研究》,《当
　　代经济研究》2011 年第 8 期。

顾海峰:《战略性新兴产业演进的金融支持体系及政策研究——基于市
　　场性金融的支持视角》,《经济问题探究》2011 年第 11 期。

顾海峰:《战略性新兴产业演进的金融支持体系及政策研究——基于政
　　策性金融的支持视角》,《科学学与科学技术管理》2011 年第 7 期。

顾海峰:《资本市场支持战略性新兴产业政策设计》,《开放导报》2013
　　年第 1 期。

郭葆春、张丹:《中小创新型企业高管特征与 R&D 投入行为研究——
　　基于高阶管理理论的分析》,《证券市场导报》2013 年第 1 期。

郭霏:《山东省区域投资效率与金融发展的相关性研究》,《经济研究》

2011 年第 4 期。

郭军华、倪明、李帮义：《基于三阶段 DEA 模型的农业生产效率研究》，《数量经济技术经济研究》2010 年第 12 期。

郭淑娟、常京萍：《战略性新兴产业知识产权质押融资模式运作及其政策配置》，《中国科技论坛》2012 年第 1 期。

韩大海、张文瑞、高凤英：《区域金融生态影响区域金融姿源配置的机理》，《财经研究》2007 年第 4 期。

韩凤永：《内蒙古战略性新兴产业发展现状分析》，《经济论坛》2013 年第 11 期。

韩雪莲、谢理、赵文霞：《战略性新兴产业中的企业进入、时机与绩效——基于 180 家上市公司的实证分析》，《财经问题研究》2011 年第 4 期。

何小三：《资本市场促进战略新兴产业成长研究》，博士学位论文，中国社会科学院研究生院，2013 年。

胡海峰、胡吉亚：《美日德战略性新兴产业融资机制比较分析及对中国的启示》，《经济理论与经济管理》2011 年第 8 期。

华红梅：《区域金融失衡的政策牲因素分析》，《经济问题探索》2007 年第 11 期。

黄朝峰：《基于模糊 DEA 的高校办学效益评价方法及应用研究》，博士学位论文，国防科学技术大学，2005 年。

黄朝晓：《广西发展战略性新兴产业财税政策问题及建议》，《经济研究参考》2013 年第 35 期。

黄志忠、谢军：《宏观货币政策、区域金融发展和企业融资约束——货币政策传导机制的微观证据》，《会计研究》2013 年第 1 期。

姜大鹏、顾新：《我国战略性新兴产业的现状分析》，《科技进步与对策》2010 年第 17 期。

姜松、曹峥林、王钊：《中国财政金融支农协同效率及其演化规律》，《软科学》2013 年第 2 期。

姜涛：《规制环境组织特征与企业效率》，《管理学报》2013 年第 3 期。

蒋岳祥、蒋瑞波：《区域金融创新、效率评价、环境影响与差异分析》，《浙江大学学报（人文社会科学版）》2013 年第 4 期。

金雪军、田霖:《金融地理学视角下区域金融成长差异的案例研究》，《河南师范大学学报（哲学社会科学版）》2004 年第 2 期。

金雪军、田霖:《我国区域金融成长差异的态势 1978—2003 年》，《经济理论与经济管理》2004 年第 8 期。

李斌、江伟:《金融发展、融资约束与企业成长》，《南开经济研究》2006 年第 3 期。

李朝晖:《建立国家级战略性新兴产业创业投资引导基金的对策建议》，《现代经济探讨》2011 年第 10 期。

李宏舟:《战略性新兴产业与创业投资体系》，《财经问题研究》2012 年第 4 期。

李敬、徐鲲、杜晓:《区域金融发展的收敛机制与中国区域金融发展差异的变动》，《中国软科学》2008 年第 11 期。

李青原、李江冰、江春:《金融发展与地区实体经济资本配置效率——来自省级工业行业数据的证据》，《经济学》2013 年第 2 期。

李晓锋、王双双:《区域战略性新兴产业核心竞争力的识别与培育——以天津市新能源产业为例》，《科技进步与对策》2011 年第 11 期。

李焰、张宁:《用综合财务指标衡量企业融资约束》，《中国管理科学》2008 年第 3 期。

林敏、王毅、吴贵生:《西部地区战略性新兴产业发展模式研究》，《科技进步与对策》2013 年第 17 期。

林学军:《战略性新兴产业的发展与形成模式研究》，《中国软科学》2012 年第 2 期。

刘凤娟、郭胜大:《科技金融及创业投资的发展对策——以江苏省为例》，《技术经济与管理研究》2012 年第 4 期。

刘红玉、彭福扬、吴传胜:《战略性新兴产业的形成机理与成长路径》，《科技进步与对策》2012 年第 11 期。

刘名远:《我国战略性新兴产业发展基础与支撑体系构建研究》，《科技进步与对策》2012 年第 12 期。

刘铁、王九云:《区域战略性新兴产业选择过度趋同问题分析》，《中国软科学》2012 年第 2 期。

陆妙燕、王静:《长三角两省一市区域金融差异的实证分析》，《改革与战略》2011 年第 11 期。

吕岩威、孙慧：《中国战略性新兴产业技术效率极其影响因素研究——基于 18 个大类行业面板数据的分析》，《科学学与科学技术管理》2013 年第 11 期。

马军伟、王剑华：《战略性新兴产业的金融支持效率评价及影响因素研究》，《中国科技论坛》2016 年第 8 期。

马军伟：《我国七大战略性新兴产业的金融支持效率差异及其影响因素——基于上市公司的经验证据》，《经济体制改革》2013 年第 3 期。

蒲祖河：《中小企业融资需求层次研究——基于美国经验数据的分析及政策启示》，《财贸经济》2007 年第 10 期。

乔军华：《战略性新兴产业发展金融环境比较研究——美国、芬兰的公私协作经验及其对中国的启示》，《科技进步与对策》2013 年第 17 期。

任志军：《中国总需求结构调整与西部民族地区经济发展》，《西南民族大学报（人文社会科学版）》2013 年第 4 期。

沈能、刘凤朝：《我国地区资本配置效率差异的实证研究：1980—2003》，《财经从论》2006 年第 2 期。

沈能、赵建强：《我国资本配置效率的区域差异分析及其成因分解》，《金融研究》2005 年第 6 期。

史跃峰、葛红玲、彭博：《中国区域金融和谐指标体系构建及和谐程度评价》，《财经理论与实践》2012 年第 6 期。

孙光慧：《地区金融市场发展与民族中小企业融资》，《西北民族大学学报（哲学社会科学版）》2010 年第 1 期。

孙烨、罗党论：《政府竞争、资本配置与上市公司"壳资源"转让》，《管理科学》2011 年第 1 期。

汤汇浩：《科技金融创新中的风险与政府对策》，《科技进步与对策》2012 年第 6 期。

田菁：《中国区域金融发展：差异、特点及政策研究》，《财经问题研究》2011 年第 2 期。

田霖：《区域金融综合竞争力的差异比较与模糊曲线分析》，《南开经济研究》2005 年第 6 期。

王健、张卓：《战略性新兴产业发展效率测度与金融支持》，《中南财经政法大学学报》2014 年第 1 期。

王维强：《我国区域金融政策问题研究》，《财经研究》2005 年第 2 期。

王新新：《战略性新兴产业的理论研究及路径选择》，《科技进步与对策》2012 年第 8 期。

王永剑：《基于金融发展视角的中国资本配置效率研究》，博士学位论文，浙江大学，2011 年。

王永剑、刘春杰：《金融发展对中国资本配置效率的影响及区域比较》，《财贸经济》2011 年第 3 期。

王宇伟、范从来：，《发展战略性新兴产业的金融支持——江苏省建设区域性私募股权投资中心的考察》，《现代经济探究》2011 年第 4 期。

王宇昕、吕伟：《促进内蒙古战略性新兴产业发展的财政政策研究》，《科学管理研究》2013 年第 31 期。

吴先满：《江苏发展战略性新兴产业的现状分析与对策研究》，《东南大学学报（哲学社会科学版)》2011 年第 3 期。

吴宗法、张英丽：《所有权性质、融资约束与企业投资——基于投资现金流敏感性的经验证据》，《经济与管理研究》2011 年第 5 期。

肖兴志、王建林：《谁更适合发展战略性新兴产业——对国有企业与非国有企业研发行为的比较》，《财经问题研究》2011 年第 10 期。

熊勇清、李世才：《战略性新兴产业与传统产业的良性互动发展——基于我国产业发展现状的分析与思考》，《科技进步与对策》2011 年第 5 期。

熊正德、林雪：《战略性新兴产业上市公司金融支持效率及其影响因素研究》，《经济管理》2010 年第 10 期。

熊正德、詹斌、林雪：《基于 DEA 和 Logit 模型的战略性新兴产业金融支持效率》，《系统工程》2011 年第 6 期。

胥嘉国：《我国区域金融发展差距以及对经济增长影响的实证研究》，《当代经济科学》2006 年第 6 期。

徐玉莲、王宏起：《科技金融对技术创新的支持作用：基于 Bootstrap 方法的实证分析》,《科技进步与对策》2012 年第 3 期。

余东华、吕逸楠:《政府不当干预与战略性新兴产业产能过剩》,《中国工业经济》2015 年第 10 期。

易开刚:《民营企业进入战略性新兴产业的瓶颈与路径》,《商业经济与管理》2011 年第 5 期。

于林:《我国天使投资发展现状与对策研究》,《改革与战略》2012 年第 10 期。

袁青松:《支持战略性新兴产业发展的信贷政策研究》,《宏观经济管理》2011 年第 5 期。

翟华云:《战略性新兴产业上市公司金融支持效率研究》,《证券市场导报》2012 年第 11 期。

张宏彦:《基于科技创新导向的金融支持政策研究》,《科技进步与对策》2012 年第 14 期。

张烁、程家瑜:《我国战略性新兴产业发展阶段研究》,《中国科技论坛》2011 年第 6 期。

张云:《区域金融发展与经济增长、产业结构调整的关系——以上海经济为例》,《上海经济研究》2008 年第 12 期。

赵平:《我国县域金融发展方式转型与生产效率提升——浙江县(市)数据经验证据》,《财经论丛》2012 年第 6 期。

赵奇伟:《金融发展、外商直接投资与资本配置效率》,《财经问题研究》2010 年第 9 期。

赵伟、马瑞永:《中国区域金融发展的收敛性、成因及政策建议》,《中国软科学》2006 年第 2 期。

钟海燕:《城镇化、工业化与民族地区经济发展方式转变》,《广西民族研究》2013 年第 2 期。

周晶、何锦义:《战略性新兴产业统计标准研究》,《统计研究》2011 年第 10 期。

周元、孙新章:《以节能和新能源产业为主导推进战略性新兴产业发展》,《中国人口资源与环境》2010 年第 12 期。

Andrea Caggese. , "Entrepreneurial Risk, Investment and Innovation", Pompeu Fabra University, 2006.

Arestis, P., Demetriades, P., "Financial Development and Economic Growth: Assessing the Evidence", *Economics Journal*, Vol. 107, No. 5, 1997, pp. 783 – 799.

Ayyagari, M., A., Demirgus – Kunt, and V., Maksimovic, "Fromal versus Informal Finanacnce: Evidence from China", *Review of Financial Studies*, Vol. 23, No. 8, 2010, pp. 3048 – 3097.

Balkin, D. B., Markman, G. D., and Gomez – Mejia, L. R., "Is CEO Pay in High – technology Firms Related to Innovation?", *Academy of Management Journal*, Vol. 43, No. 6, 2000, pp. 1118 – 1129.

Beck, T., Levine, R., Loayza, "Finance and the Sources of Growth", *Journal of Financial Economics*, Vol. 58, 2000, pp. 261 – 300.

Besley, Timothy, and Andrea Pratt, "Handcuffs for the Grabbing Hand? The Role of the Media in Political Accountability", *American Economic Review*, Vol. 196, 2006, pp. 1720 – 7361.

Binh, K. B., Sang Yong Park, and Sung Shin, "Financial Structure and Industrial Growth: A Direct Evidence from OECD Countries", *Working Paper*, 2005.

Craig L., Moore, Gerald J., Karaska, Joanne M., Hill, "The Capital Account and Regional Balance of Payments Problems", *Regional Studies*, No. 1, 1985, pp. 29 – 35.

Chakrabarty, D., and A., Chaudhuri, "Formal and Informal Sector Credit Institutions and Interlinkage", *Journal of Economic Behavior and Organization*, No. 46, 2001, pp. 35 – 47.

Chi Schive, "Industrail Policies In a Maturing Taiwan Economy", *Journal of Industry Studies*, No. 8, 1995, pp. 87 – 98.

Beck, H. L., Demiruc – Kunt, A, and Levine, R, "Finance, Inequality and the Poor", *Journal of Economic Growth*, No. 12, 2007, pp. 27 – 49.

Beck, T., Levine, R. and Loyaza, N. V., "Financial Intermediation and Growth: Causality and Causes", *Journal of Monetary Economics*, No. 1, 2000, pp. 31 – 77.

Beck, T., and R. Levine, "Industry Growth and Capital Allocation: Does Having a Market or Bank Based System Matter", *Journal of Financial Economics*, Vol. 64, 2002, pp. 147 – 180.

Butler, A. W., Cornaggia, J, "Does Access to External Finance Improve Productivity? Evidence from a Natural Experiment", *Journal of Financial Eeonomics*, No. 1, 2011, pp. 184 – 203.

Cheng, X., Degryse, H. A., "The Impact of Bank and Non – Bank Financial lnstitutions on Local Economic Growth in China", *Journal of Financial Services Researeh*, No. 2, 2010, pp. 179 – 199.

Da Rin, Marco and Hellmann Thomas, "Banks as catalysts for industrialization", *Journal of Financial Intermediation*, Vol. 11, No. 4, 2002, pp. 366 – 397.

Deidda, L. and Fattouh, B., "Non – linearity between Finance and Growth", *Economics Letters*, No. 74, 2002, pp. 339 – 345.

Demetriades, P. J. Du, S. Girma, and C. Xu, "Does the Chinese Banking System Promote the Growth of Firms", *University of Leicester working paper*, 2008.

Dyck, A. and Zingales, L., "Private Benefits of Control: An International Comparison", *Journal of Finance*, Vol. 59, No. 12, 2004, pp. 1537 – 6001.

Dyck, A., Morse, A. and Zingales, L., "Who Blows the Whistle on Corporate Fraud", *Journal of Finance*, No. 6, 2010, pp. 2213 – 2254.

Dyck, A., Volchkova, N. and Zingales, L, "The Corporate Governance Role of the Media: Evidence from Russia", *Journal of Finance*, Vol. 163, No. 13, 2008, pp. 11093 – 11351.

Fama, Eugene F., "Agency Problems and the Theory of the Firm", *Journal of Political Economy*, Vol. 188, 1980, pp. 1288 – 3071.

Fama, Eugene F. and Jensen, Michael C., "Separation of Ownership and Control", *Journal of Law & Economics*, Vol. 126, No. 12, 1983, pp. 301 – 251.

Fich, E. M. and A. Shivdasani, "Are Busy Boards Effective Monitors?",

The Journal of Finance, Vol. 156, No. 12, 2006, pp. 1689 - 7241.

Goldsmith, R. W. , *Financial Structure and Development*, Yale University Press, 1969.

Greenwood, J. and B. D. Smith, "Financial Markets in Development and the Development of Financial Markets", *Journal of Economic Dynamics and Control*, Vol. 21, No. 1, 1997, pp. 145 - 181.

Greenwood, J. and Jovanovic, B. , "Financial Development, Growth, and the Distribution of Income", *Journal of Political Economy*, Vol. 98, No. 5, 1990, pp. 1076 - 1107.

Helena Svalery, Jonas Vlachos, "Financial Markets、the Pattern of Industrial Specialization and Comparative Advantage: Evidence from OECD Countries", *European Economic Review*, No. 49, 2005, pp. 113 - 144.

Jianfeng Wu, Rungting Tu, "CEO Stock Option Pay and R&D Spending: A Behavioral Agency Explanation ", *Journal of Business Research*, Vol. 60, No. 5, 2007, pp. 482 - 492.

Jiang Luo, "The Impact of External Financing on a Firm's Project Selection Decision", Revista de Cercetare şi Intervenţie Socială, No. 26, 2011, pp. 87 - 98.

Joe, J. , H. Louis and D. Robinson, "Managers' and investors' responses to media exposure of board ineffectiveness", *Journal of Financial and Quantitative Analysis*, Vol. 144, 2009, pp. 1579 - 6051.

Jeffrey Wurgler, "Financial Markets and the Allocation of Capital", *Journal of Financial Economics*, Vol. 58, No. 1 - 2, 2000, pp. 187 - 214.

Joshua Aizenman and Vladyslav Sushko, "Capital Flow Types, External Financing Needs, and Industrial Growth: 99 countries (1991 - 2007)", *NBER Working Paper*, 2011.

Kellee S. Tsai, "Imperfect Substitutes: The Local Political Economy of Normal Finance and Microfinance in Rural China and India", *World Deved*, No. 9, 2004, pp. 1487 - 1507.

King, R. and Levine, R. , "Finance and Growth: Sehumpeter May be

Right?", *Quarterly Journal of Economics*, No. 3, 1993, pp. 717 – 738.

King R. G. and Levine, R., "Finance, Entrepreneurship, and Growth: Theory and Evidence", *Journal of Monetary Economics*, No. 32, 1993, pp. 513 – 542.

Levine, A., Lin, C. F. and Chu, J., "Unit Root Tests in Panel Data: Asymptotic and Finite Sample Properties", *Journal of Econometrics*, No. 102, 2002, pp. 1 – 24.

Levine, R., "Financial Development and Economic Growth: Views and A-genda", *Journal of Economic Literature*, No. 35, 1997, pp. 688 – 726.

Levine and Ross, "Bank – Based or Market – Based Financial Systems: Which Is Better?", *University of Minnesota mimeo*, 2000.

Leopold Simara and Paul W. Wilson, "Estimation and Inference in Two – stage, Semi – parametric Models of Production Processes", *Journal of Econometrics*, Vol. 136, No. 1, 2007, pp. 31 – 64.

Lucas, R. E., "On the Mechanics of Eeonomic Development", *Journal of Monetary Eeonomics*, No. 1, 1988, pp. 3 – 42.

Lu D., "Rural – urban Income Disparity: Impact of Growth, Allocative Ef-ficiency and Local Growth Welfare", *China Econ*, No. 13, 2002, pp. 419 – 429.

Marco Da Rin, Thomas Hellmann, "Banks as Catalysts for Industrializa-tion", *Financial Intermediation*, No. 10, 2002, pp. 366 – 397.

Modigliani, F. and S. L. Cao, "The Chinese Saving Puzzle and the Life – Cycle Hypothesis", *Journal of Economic Literature*, Vol. 42, No. 1, 2004, pp. 145 – 170.

Raghuram G. Rajan and Luigi Zingales, "Financial Dependence and Growth", *The American Economic Review*, Vol. 88, No. 3, 1998, pp. 559 – 586.

Raghuram G. Rajan and Luigi Zingales, "Power in a Theory of the Firm", The Quarterly Journal of Economics, MIT Press, Vol. 113, No. 2,

1998, pp. 387 – 432.

Parguez, A. and M. Seccareccia, "The Credit Theory of Money: the Monetary Circuit Approach", London: Routledge, 2000.

Schumpeter, J. A. , *The Theory of Eeonomic Development*, Harvard University Press, 1911.

Skeel, D. , "Shaming in Corporate Law", *University of Pennsylvania Law Review*, Vol. 149, 2001, pp. 11811 – 18681.

Suo R. X. and Wang F. L. , "Evaluation of the Effectiveness of Financial Support to Agriculture Based on the DEA Method", *Journal of Northeast Agricultural University*, Vol. 16, No. 3, 2009, pp. 46 – 51.

Wang, Y. and Y. D. Yao. , "Sources of China's Economic Growth 1952 – 1999: Incorporating Human Capital Accumulation", *China Economic Review*, Vol. 14, No. 1, 2003, pp. 32 – 52.

Wurgler, J. , "Financial Markets and the Allocation of Capital", *Journal of Financial Economics*, Vol. 58, 2000, pp. 34 – 52.

Xu, Z. , "Financial Development, Investment, and Growth", *Economic Inquiry*, No. 38, 2000, pp. 331 – 344.

Yao Shujie and Zhang Zongyi, "On Regional Inequality and Diverging Clubs: A Case study of Contemporary China", J Comp Econ, Vol. 29, No. 3, 2001, pp. 466 – 484.

Yoshiro Miwa and J. Mark Ramseyer. , "Japanese Industrial Finance at the Close of the19th Century: Trade Credit and Financial Intermediation", *Explorations in Economic History*, Vol. 43, No. 1, 2006, pp. 94 – 118.